［著者紹介］

益田美樹（ますだ みき）

ジャーナリスト、ライター。読売新聞社会部記者などを経て、主にオンライン・メディアで、フリーランサーとして執筆。英国カーディフ大学大学院（ジャーナリズム・スタディーズ専攻）修了。主な著書に『消防官になるには』『救急救命士になるには』（ぺりかん社）などがある。

中高生の防災ブック──今からできる自分の命の守り方

2023年9月20日　初版第1刷発行

著　者　益田美樹
発行者　廣嶋武人
発行所　株式会社ぺりかん社
　　　　〒113-0033　東京都文京区本郷1-28-36
　　　　TEL　03-3814-8515（営業）
　　　　　　　03-3814-8732（編集）
　　　　http://www.perikansha.co.jp/
印刷所・製本所　モリモト印刷株式会社

なるには BOOKS 「なるにはBOOKS」は株式会社ぺりかん社の登録商標です。

＊「なるにはBOOKS」シリーズは重版の際、最新の情報をもとに、データを更新しています。

※ 一部品切・改訂中です。

2023.08.

はじめに

　前作『**危険ドラッグ大全**』の執筆に私が着手したのは、2014（平成 26）年末のこと。

　得体の知れないハーブを吸った男が、自動車事故を起こしたり、隣人を切りつけたりするという事件が起こっていた。その実体を多くの人に知ってもらいたいと思い、可能な限りの情報を集めながら執筆を続けたが、毎日のように危険ドラッグ関連のニュースが報道され、数カ月おきに**新しい規制薬物**（指定薬物や麻薬の指定）が発表され、そのたびに原稿を書き直さなければならなかった。

　ようやく『危険ドラッグ大全』を発刊できたのは、2016（平成 28）年3月だった。その間に、取り締まりの強化によって、次第に危険ドラッグ関連の事故や事件の報道は減り、2015 年7月には、「危険ドラッグを販売する国内の店舗がゼロになった」と厚生労働省から発表された。まるで、危険ドラッグが私たちの周りから無くなったように思えたが、問題は解決していなかった。

　その後も新たな危険ドラッグ成分が市場に出回っているのが見つかり、危険ドラッグを含めた薬物関連事犯は一向に減っていない。前作の発表から 5 年が経過し、その間の危険ドラッグ関連情報を追記する形で、本書『**危険ドラッグ＜増補版＞**』をこのたび上梓することとした。

　前作をお読みでない方のために、まずは、基本事項として**「危険ドラッグ」**や**「指定薬物」**という言葉の意味から解説しよう。

　違法薬物と言えば、**「麻薬」**や**「覚醒剤」**を思いつく方が多いだろう。

麻薬や覚醒剤などの多くは、もともと**医療目的**で開発されたものである。ところが、本来の用法や用量を逸脱して乱用されたときに、個人の健康を害するだけでなく、**社会的にも悪影響を及ぼす恐れ**がある。そのため、法律で厳しく規制されるようになった。

　日本では、1948年に**「大麻取締法」**、1951年に**「覚せい剤取締法」**、1953年に**「麻薬取締法」**（1990年の法改正に伴い「麻薬及び向精神薬取締法」となる）、1954年に**「あへん法」**が制定された。

　これら法律の中に書かれている**「麻薬」**や**「覚せい剤」**などを作ったり売ったり使ったりすると、厳罰に処される。

　法律によるドラッグの規制は、乱用の歯止めになると期待されたが、実際には、新しいドラッグに対する需要を生み出した。

　「規制薬物に似ているけれど、化学構造が少し違う化合物」を作れば、法律で規制されていないために、ドラッグを求める者にとっては、「合法な代替薬になる」と考えられた。

　新しく作られた薬物に「乱用の危険がある」と判断されると、それは法律のリストに加えられて規制されるが、その代わりにまた次の新しい薬物が登場するという、まさに**「いたちごっこ」**が始まったのである。

　その対策として、日本では2007年4月に薬事法が改正され、**「指定薬物制度」**が導入された。

　それまでの法律では決めるまでに非常に時間がかかり、問題になるドラッグが出回っていても、法律のリストに含まれていなければ取り締まることができなかった。そこで、もっと迅速に禁止できるようにしたのだ。

　まず事件の捜査上で押収したり、店で売られているハーブやアロマなどを行政が買い入れ、それらに入っている成分を分析する。

その結果、法律のリストにない化合物が見つかり危険があると判断された場合には、速やかに**「指定薬物」**として公表し、製造・販売などを禁止するという制度だ。

　規制後に指定薬物を扱っていたら処罰の対象となるが、麻薬や覚醒剤の場合よりは少し科料が軽い。もし規制後も指定薬物の流通が収まらず、もっと規制しなければならないと判断されたときには、そのドラッグは**「麻薬」**に格上げされ、違反者は厳罰を受けるというわけだ。

　指定薬物制度の導入によって、新種のドラッグが見つかった場合に、以前よりも早く取り締まれるようにはなったのだが、「いたちごっこ」は解消されずに、むしろスピードが速くなった。

　市場で見つかったドラッグを速やかに違法化すればするほど、**代わりになる新種のドラッグが次々と現れる**という皮肉な結果となっている（本文中に「○○が指定薬物になった」という文が出てくるが、それは「○○が実際に出回っているのが見つかった」と同じであると理解しておいてほしい）。

　法律の規制がない代替ドラッグは、2000年半ばごろまでは**「合法ドラッグ」**と呼ばれていた。まるで「使ってもよいドラッグ」と誤解されかねないため、ようやく行政が腰を上げ、**「脱法ドラッグ」「違法ドラッグ」**と新しい呼び名を提唱してキャンペーンを行ったが、これもあまり効果はなかったようだ。

　そして、2012年ごろから**「脱法ハーブ」**を吸引した者が、車を暴走させて歩行者を死亡させたり、路上で人を刺し殺したり、自身が心臓発作で倒れて死亡したりするような事件が、次々と報道されるようになった。

　以前のドラッグは、錠剤のように一見してドラッグと分かるような形

態で流通していたが、「脱法ハーブ」は、ドラッグの粉末が植物の葉にふりかけられたものであり、一見しただけでは人体に使用するものと思われないように偽装販売されている。しかもその成分は、**従来のドラッグよりも有害性が極めて高く危険なもの**が多い。

「このままではまずい」と、その危険性を啓蒙するために、厚生労働省と警視庁が、新しい呼び名を募集した。

かくして、本書のタイトルにある**「危険ドラッグ」**という言葉が2014年7月に誕生した。

「いたちごっこ」を解消するには、「最初からすべての薬を禁止にすればいいじゃないか」という意見もあるだろう。しかしそうは簡単にはいかないのだ。

たとえ麻薬であっても、病気の治療や予防に役立つものもある。病気の原因究明や新薬開発のためには、**「研究用試薬」**として役立つものもある。もし全面禁止にしてしまったら、薬の良い面まで消してしまうことになる。とても難しい選択だが、それでも何とかして「いたちごっこ」を解消しなければならないのだ。

そこで、一つの切り札として**「包括指定」**という新しい仕組みが2013年から導入されている。

近年出回っている危険ドラッグには、化学構造が似ているものが多く、特に「合成カンナビノイド」「カチノン類」と総称される薬物群が大半を占めている。

合成カンナビノイドやカチノン類は、合成が比較的簡単な化学構造をしており、今の化学の技術で作り出せそうな新種の化合物もだいたい予想がつく。

しかもこれまでに開発された薬物を見ても、医薬品として役立ちそうなものは限られている。となれば、まだ流通していないものも先取りして、まとめて規制してしまおうという制度だ。

その第一弾として、2013 年 3 月に新たに 759 種類の合成カン
ナビノイド（指定範囲に含まれる 775 種類から、すでに麻薬あるい
は指定薬物として指定されていた 16 種類を差し引いた数）が、第
二弾として、2014 年 1 月には新たに 474 種類のカチノン類（指定
範囲に含まれる 504 種類から、すでに麻薬あるいは指定薬物として
指定されていた 30 種類を差し引いた数）が、さらに第三弾として、
2015 年 5 月には新たに 827 種類のカチノン類（指定範囲に含ま
れる 840 種類から、すでに指定薬物だった 13 種類を差し引いた数）
が包括指定（施行）された。
　薬事法に基づく指定薬物は、2015 年 6 月までで、2303 種類と
なっている。

　2014 年 7 月には初めて**「緊急指定」**が行われた。「指定薬物
制度の導入により、以前より早く取り締まれるようになった」と先に
述べたが、実は、正式な手続きを取るとやはりそれなりの時間がか
かる。
　買い取り調査から成分の分析として 1 ～ 2 カ月、審議会の開催に
2 ～ 3 カ月、パブリックコメントの募集に 30 日間ほどかかってしまう
うえに、さらに指定されてから 30 日後に施行されるので、トータル
で半年以上かかってしまうこともある。
　これでも以前よりは早いのだが、この間にも危険ドラッグは規制を
受けずに出回ってしまう。そのため、緊急性があるときは審議会以
降の手続きを省略することができる**「緊急指定」**という特例措置が
設けられていたのだが、それまで一度も使われたことがなかった。
　2014 年 6 月 24 日、東京・池袋駅近くで、ハーブを吸った男が
乗用車を暴走させ、8 人が死傷するという事件が起きた。当該製品
から未指定の 2 成分「AB-CHMINACA」と「5F-AMB」が見
つかったと発表されたのは 7 月 11 日で、それから 4 日後の 7 月 15

日にはこの2成分が緊急指定されたのだ。施行は7月25日で、事件発生からわずか1カ月後だった。

　全国各地で同じような事件が同時期に頻発したこともあり、誰も疑うことなく「緊急に禁止すべき」と判断できたケースであろう。

　「包括指定」や**「緊急指定」**はすべてのドラッグに適用できるわけではないが、危険ドラッグを供給する業者にとってはそれなりの圧力になったはずだ。

　従来の指定薬物の取り締まり方法だと、検査開始から最終的に指定されるまでのしばらくの間は、そのドラッグを流通させることができたし、次の未指定ドラッグに切り替える準備もできたが、「未指定のものも先取りして規制されることがある」「見つかったらすぐに規制されることもある」という認識を持たせることで、一定の歯止めになっているのではないかと思う。

　また、危険ドラッグの問題は、供給する側だけの問題では片付けられない。買う人間がいるからこそ、売られるのだ。つまり、危険ドラッグに手を出す消費者にも責任がある。

　このため、2014年4月からは、**指定薬物の購入、使用、所持等も禁止**されることになった。

　誰かがあなたのカバンに、こっそりと指定薬物入りのハーブを入れたとしよう。その後、そのカバンを検査されることでハーブが見つかれば、あなたが逮捕されてしまうのだ。

　また、買った当時は違法ではなかった危険ドラッグを家にしまいこんでいるうちに、成分が指定薬物となってしまったら、たとえ**使用していなかったとしても犯罪**となる。

　そうならないためには、とにかく、危険ドラッグそのものばかりでなく、**怪しい人や、危ないインターネットサイト**などには近づかないことである。

今、アメリカ合衆国では、大麻合法化の是非を問う住民投票が進行しており、地域によって賛否が分かれている。

　実は現在のオランダでは、個人の大麻使用は違法ではない。

　大麻の合法化を支持する人の中には、「オランダでは合法」を根拠にあげる人が多い。しかし、オランダは「大麻が安全だ」と認めているわけではない。危険なのは分かっているが、大麻を厳しく規制すると、その代わりに麻薬や覚醒剤が乱用されることを恐れて「大麻の方がまだマシ……」「使って害があっても個人の問題」とあきらめて、決められた小売店が一定量の大麻を取り扱うことや、個人が少量を使用することを容認しているにすぎない。

　危険ドラッグに関しても、規制すればするほど新しい危険ドラッグが出てくるのだから、「むしろ規制しない方がよい」「解放するべきだ」という意見もある。しかし、法規制の必要性を議論する前に、考えるべきことがないだろうか。

　危険ドラッグを作ったのは人間で、使っているのも人間なのである。まずは「人間の愚かさ」を謙虚に認めるべきではないだろうか。

　誰もが簡単に手に入れることができる形で危険ドラッグをばらまくことは、**「人体実験」**、あるいは**「テロ行為」**といっても過言ではない。また、得体の知れない危険ドラッグをとりあえず試してみるというのは**自殺行為**にほかならない。

　そして、危険ドラッグに手を出して事件を起こした犯罪者たちのほとんどは、薬に対してひどく無知である。分かっているうえで手を出しているのではなく、よく分かっていないから手を出しているのだ。

　「危険ドラッグに関する書籍を出版することは、知らなくてもいいドラッグの情報を提供し、危険ドラッグの拡散をまねくのではないか」

とのご批判があれば、私は甘んじてそれを受けよう。

　これ以上、危険ドラッグによって私たちが脅かされないためには、**「すべての人が正しい知識を身につけることが絶対に必要だ」**と確信し、私は本書を執筆することにした。

　本書を手に取ってくださった方の動機はいろいろあると思うが、そのすべてに応えたいと思い、本書には贅沢な内容を盛り込むことにした。

　まず第1章は、必ず読んでいただきたいと思う。

　「危険ドラッグって何?」「何がいけないの?」といった、**ドラッグの実体と危険性**についての全体像が、ざっくりと把握できる内容になっている。

　「危険ドラッグの成分」などについてもっと詳しく知りたい人は、ぜひ第2章も読んでほしい。現存する危険ドラッグにはどんなものがあり、作られた経緯や最近の事件との関係などを中心にまとめている。

　ドラッグを生み出し、自らを滅ぼそうとしている人間の愚かな歴史をあぶり出している。未来へ向けて「私たちが何をしなければならないのか」を考えるきっかけとしてもらいたい。

　ドラッグは脳に作用するが、「どうして効くのか」ということを知りたい人も多いだろう。**精神や感覚を変容させるメカニズム**について、第3章で解説した。

　ドラッグの一番恐ろしい点は「一度手をつけたらやめたくてもやめられなくなる」という依存性があることだ。依存はドラッグに限ったことではなく、ギャンブルや買い物、スマホなど、一般生活の中でも起きている。依存がどうしてできるのか、なおせるのかなど、**依存**

症について第4章で解説した。

　法規制によって取り締まりが強化されつつも、まだまだ課題が多い。

　「自分は危険ドラッグを買わないから無関係な世界だ」と思っている方も多いと思うが、あなたの家の庭にケシや大麻が自生していたら、それだけで犯罪となることはご存じだろうか。

　「麻は衣服や食用に利用されているが大丈夫なのか?」「薬局で買える風邪薬にも麻薬成分が入っているらしいが大丈夫なのか?」など、身近な疑問もたくさんあるだろう。そうした**ドラッグ関連の法律や注意点**について第5章でとりあげた。

　第6章では、これから先どうすればよいのか、みなさんと一緒に考えてみたい。

　第1～6章は、一部の修正点を除き、前作『危険ドラッグ大全』と同じ内容である。本書『危険ドラッグ大全＜増補版＞』では、前作でカバーしきれなかった 2015（平成 27）年 7 月～ 2021（令和 3）年 9 月現在までの、危険ドラッグ成分の動向を第7章として追補した。

　章の合間には、ちょっとした豆知識をまとめたコラムを入れた。危険ドラッグの話ばかりだと少々暗くなってしまうので、気休めのつもりで読んでもらえたらうれしい。

　本書でこだわった点を3つあげておく。
　一つは、**用語の使い分け**だ。特に薬に関しては、「化合物」「薬物」「医薬品」「ドラッグ」などいろいろな表現ができる。
　薬のプロでない方はどうでもよいと思うかもしれないが、私がもっとも訴えたい**「薬には良い面と悪い面がある」**ということを理解して

もらうために、使い分けにはこだわった。

　例えば、危険ドラッグ製品を分析したときに、何か物質が見つかったとして、それが体に作用するかどうかが分からない段階では単なる**「化合物」**、それが体に作用するものなら、良し悪しにかかわらず**「薬物」**、それが医療目的で開発されたり、現在、実際に病気の治療に使われているものならば**「医薬品」**、体に作用するが医療に役立つ見込みがなく、乱用の危険性があると疑われるものなら**「ドラッグ」**と表現した。

　同じ薬物でも医薬品とドラッグの2つの顔をもっていることがあるが、医療に役立つ面を述べるときは「医薬品」、乱用について述べるときは「ドラッグ」と使い分けた。また、体に作用するものであっても、主に研究利用されるだけで人への使用を想定していないものは**「試薬」**とした。

　なお**「危険ドラッグ」**は、危険性が疑われるにもかかわらず、実際に市場に出回っている**未規制のドラッグ**を指す用語であるから、漠然と危険なものを意味するような使い方はしないように注意した。

　2つめは、**可能な限りドラッグの化学構造を図示した**こと。

　私は大学の市民講座で薬に関する講座を担当しており、時々化学構造を使って解説することがあるが、受講生の中には「化学構造を見ると頭が痛くなる」と拒絶反応を示す方が少なからずいらっしゃる。

　確かにアルファベットの元素記号が線で結ばれた図形を見ても意味が分からないかもしれない。しかし、危険ドラッグは、既知の化合物と少し化学構造が違うだけで規制を逃れているものであるから、危険ドラッグの「顔」である化学構造を見ないとその本質は理解できない。

　「業者がどうやって規制の網をかいくぐろうとしたのか」「化学構造に基づいた規制をどう進めていけばよいのか」など、危険ドラッグ

問題を考えるうえで化学構造は必要不可欠である。

　細かいことは気にしなくもいいので、2つのドラッグのどこが違うのか、「間違い探し」のつもりで化学構造の図形を見比べてもらいたい。

　また、ドラッグの化学構造の中には、「ここが作用や毒性を決めている」という核になる部分がある。化学構造を見ることで何となくその作用が分かり、「化学構造って案外、おもしろいな」と思ってもらえたら、私としては大成功である。また、馴染みのない専門用語は一度見ただけでは頭に入りにくいだろう。

　3つめは、**薬物名と重要なキーワードの索引を巻末に加えた**こと。薬物名はカタカナや番号などで表記されるので、なかなか馴染みにくいし、混乱しやすい。また、なじみのない専門用語は、一度見ただけでは頭に入りにくいだろう。

　「これって前のページで見たけど何だったっけ……?」

　というとき、巻末の索引を頼りに関連するページをたどって、リンクさせながら読み返してもらいたい。

阿部和穂

● 本書の処方箋 ●

◎「覚醒」と「覚せい」の表記が混在する点について

「覚せい剤取締法」が制定された当時は、「醒」の字が当用漢字から外されていたため、「せい」と平仮名表記になっていた。しかし2010年に改定されて、「醒」の文字が常用漢字となり、一般には「覚醒」の文字を報道等でも用いるよう合意がなされた。さらに、2020年4月1日から法令名も「覚醒剤取締法」と改められた。したがって、本書中では、法律が制定された当時の歴史を語るときにはそのまま平仮名表記とし、それ以外（薬物及び現法律に関する説明等）の場合は「覚醒」と書くことにした。

◎「乱用」と「濫用」の表記が混在する点について

薬物を医療目的外に不正に使用することを「乱用」というが、各種法律の条文中では難しい「濫用」という漢字表記が用いられている。したがって、法律の条文を引用するときには「濫用」、それ以外の場合は「乱用」と書くことにした。

◎「薬事法」の表記について

医薬行政に関する事項を定めた「薬事法」（昭和35年8月10日法律第145号）は、平成26年11月25日の「薬事法等の一部を改正する法律」（平成25年法律第84号）の施行により、法律名が「医薬品、医療機器等の品質、有効性及び安全性の確保等に関する法律」（略称：医薬品医療機器等法、薬機法）に変わった。話題にしている事柄が行われた当時が改正前であるときは旧名称の「薬事法」をそのまま用い、改正後の出来事や現行法の条文を引用するときなどは「薬事法（現・医薬品医療機器等法）」と記すことにした。

〈 増 補 版 〉危 険 ド ラ ッ グ 大 全

c o n t e n t s

はじめに

第 **1** 章

危険ドラッグの
何がいけないのか

1 ≫ 薬物乱用と依存

危険ドラッグとは、指定薬物と少々化学構造が違う
だけで、既存の法律の規制対象とならないものを指す。

法規制の網をかいくぐって、次々と登場する新しいド
ラッグは、すでに規制されているドラッグよりも有害性
が極めて高く、危険度は増すばかりである。

日本の薬物乱用防止キャンペーンのスローガンは
「ダメ。ゼッタイ。」^{※01}である。

「危険なのでよくない」くらいのことは誰でも分かるだ
ろうが、ただダメといわれても説得力がない。もっと具
体的に、「危険ドラッグの何が危険なのか」という問題
の核心となるこの素朴な疑問に、ズバリとお答えしたい。

※01
「公益財団法人 麻薬・覚醒
剤乱用防止センター」のH
Pより。
(http://www.dapc.
or.jp/)

● 薬物の乱用と依存

薬物の乱用とは、本来は病気の治療に使用する医
薬品を医療目的以外に使用することや、医療目的にな
い薬物を不正に使用することをいう。

これまでに乱用の危険があると認められている薬物
は多種多様であるが、すべてに共通しているのは、「脳
に作用して精神に影響を及ぼす作用がある」ということ
である。

乱用の恐れがある薬物の脳に対する作用は、興奮性
か抑制性か、幻覚（実在しない異常な感覚）を生じる

かどうかによって、大きく3つに分けられる。

　第一に、神経を抑制させる作用が主なものは、俗に**ダウナー系**と呼ばれる。神経を麻痺させ、お酒に酔ったときにボーッとするのに似た陶酔感を生じる。幻覚を起こす作用はないか、少ない。[*02]

　第二に、神経を興奮させる作用が主なものは、俗に**アッパー系**と呼ばれる。気分が高揚して眠気や疲労感がなくなり、頭が冴えたような錯覚を引き起こす。幻覚を起こす作用はないか、少ない。

　第三に、幻覚を生じる作用が主なものは、俗に**サイケデリック系**と呼ばれる。神経に対する作用は興奮性のものもあれば、抑制性のものもある。

　ダウナー、アッパー、サイケデリックのいずれにせよ、異常な精神状態をまねく作用が、使用者の興味を引くばかりでなく、一度手を出したらやめられなくなってしまう要因となっている。

　薬物の摂取を繰り返した結果、その薬物を求める抑えがたい欲求が生じ、摂取していないと不快な症状が起こるようになった状態を**薬物依存**という。薬物依存は、大きく**精神的依存**と**身体的依存**に分けられる。

　精神的依存が形成されると、「薬物を使用したい」という精神的な欲求をコントロールできなくなり、薬物がきれるといても立ってもいられなくなる。

　身体的依存では、薬物がきれると、手足のふるえ、吐き気、意識障害などの身体的な**禁断症状**が現れる。禁断症状を抑えるためには再び薬物を使用するしかなく、「常に薬物がないとまともにいられない」という薬漬けの状態から逃れられなくなってしまうのだ。

※02
ただし禁断症状として幻覚
は起こる。

●ダウナー系

ダウナー系の代表は、**アヘン、**および**モルヒネ類**である。アヘンとは、ケシの未熟な実に傷をつけて得られる白い乳液を乾燥させた加工品のことで、アヘンに含まれる薬効成分の一つが**モルヒネ**[※01]である。

モルヒネは、強力な鎮痛作用を示し、とくに末期がん患者の緩和医療には欠かせない医薬品だが、正常な人がモルヒネを反復使用すると、強い精神的依存、および身体的依存が形成され、使用をやめられなくなってしまう。

乱用を防ぐため、ケシの栽培とアヘンの輸入、輸出、生産、流通、所持等は**「あへん法」**によって規制され、アヘンに加工が施されたアヘン製剤やモルヒネその他の関連薬物は「麻薬」として規制されている。

また、最近では、医療用麻薬の**フェンタニル**の化学構造を少し変えた、**アセチルフェンタニル**[※02]という化合物が、危険ドラッグとして出回っている。

向精神薬とは、脳に作用して精神機能に影響を及ぼす医薬品の総称であるが、そのうちダウナー系で乱用の危険性があるものとして、**フェンシクリジン**[※03]、**ケタミン**などの麻酔薬、**バルビツール酸系、**および**ベンゾジアゼピン系**の催眠薬などがある。

特にフェンシクリジンやケタミンには、幽体離脱または臨死体験のような幻覚[※04]をもたらす作用があるため、乱用の対象となった。

いずれも連用によって精神的依存と身体的依存の両方を形成するため、**「麻薬及び向精神薬取締法」**で規制されている。

※01
モルヒネの化学構造を少し変えて作られた化合物や、まったく別の目的で作られたがモルヒネと似た作用を示す化合物などがたくさんあり、麻薬性鎮痛薬として医療に広く用いられている。アヘンにはモルヒネ以外にも多くの薬効成分が含まれる。

※02
通称「チャイナホワイト」と呼ばれる。

※03
PCP。現在は麻酔薬として使用されない。

※04
幻覚を生じるのでサイケデリック系に分類することも可能だが、大脳を抑制するのが主な薬理作用なので、本書ではダウナー系に分類する。

お酒に含まれる**アルコール**（正確にはエタノール）もダウナー系ドラッグとみなせる。モルヒネ等に比べると弱いものの、大量のお酒を毎日飲み続けると、精神的依存と身体的依存を含むアルコール依存に陥ることがある。[05]

●アッパー系

アッパー系の代表は、**コカインと覚醒剤**である。

コカインは、南米産のコカノキの葉（コカヨウ）に含まれる化合物で、脳の神経を興奮させる作用が強いため、「眠くならず疲れ知らずに活動できる」と評され、乱用されている。

精神的依存を形成しやすく、きれると激しい不快感に襲われ、効果が長く続かない。一日に何度も乱用するようになってしまうため、「麻薬」として規制されている。

また、漢方薬の研究を行う過程で作られた、**アンフェタミン**、**メタンフェタミン**という人工化合物が、強い神経興奮作用を示すことが分かり、覚醒剤と呼ばれるようになった。

戦後の一時期は医薬品として売られていたこともあるが、精神的依存性が強く、**「覚せい剤取締法」**で規制されるようになった。

向精神薬の一つ、**メチルフェニデート**[01]には、覚醒剤に似た中枢神経興奮作用があり、精神的依存を形成する。近年、不正譲渡や不正販売が社会問題となり、**第一種向精神薬**として規制されている。

タバコに含まれる**ニコチン**も、アッパー系ドラッグとみなせる。覚醒剤やコカインに比べると弱いものの、神

※05
成人の飲酒は禁止されていないので、これ以上本書では取り扱わないが、健康を害さないように節度ある飲酒が望ましい。

※01
販売名は、リタリン®、コンサータ®。

| 表1 | | | 乱用の恐れがある薬物の作用と分類 | | | |

	中枢神経に対する作用	幻覚を起こす作用	精神的依存	身体的依存	分類
アヘン、モルヒネ類	抑制	－	＋＋＋	＋＋＋	ダウナー系
バルビツール酸系催眠薬	抑制	－	＋＋	＋＋	
ベンゾジアゼピン系催眠薬	抑制	－	＋	＋	
アルコール	抑制	－	＋＋	＋＋	
コカイン	興奮	－	＋＋＋	－	アッパー系
覚醒剤	興奮	－	＋＋＋	－	
ニコチン	興奮	－	＋＋	±	
メスカリン、LSD	興奮	＋＋＋	＋	－	サイケデリック系
MDMA	興奮	＋＋	＋＋＋	－	
大麻	抑制／興奮	＋＋	＋	±	
シンナー（トルエン）	抑制	＋	＋	±	
危険ドラッグ	？	？	？	？	？

＋の数が多いほど、その作用が大きい。

経を興奮させる作用と精神的依存性があり、喫煙習慣によって**ニコチン依存**に陥ることがある。

　愛煙家が「タバコを吸うと落ち着く」というのは、タバコによって精神が安定するのではなく、タバコを吸わないとイライラする、つまりニコチン依存症に陥っている証拠である。[※02]

※02
成人の喫煙は禁止されていないので、これ以上本書では取り扱わないが、健康を害さないように注意したい。

●サイケデリック系

メスカリンは、メキシコ原産のペヨーテというサボテンに含まれる化合物で、幻覚作用が強い。身体的依存性はないが、中程度の精神的依存性があり、「麻薬」として規制されている。

MDMA[※01]は、覚醒剤とメスカリンの化学構造をヒントに合成された薬物で、乱用性が高く「麻薬」として規制されている[※02]。

覚醒剤、メスカリン、MDMA は共通して、化学構造中にフェネチルアミン（またはフェニルエチルアミン）という構造を含んでいる。そのため、フェネチルアミン構造があれば、覚醒作用や幻覚作用が現れると考えられ、多数の**フェネチルアミン系合成ドラッグ**[※03]が作られた。近年危険ドラッグとして流通したが、作用や毒性については十分に研究されていない。

カチノンは、アフリカ原産のカートという植物に含まれる化合物で、覚醒剤のアンフェタミンに似た構造を持ち、覚醒作用を示す。合成が比較的容易なため、多数のカチノン類[※04]が次々と合成された。

カチノン自体は覚醒剤より弱いが、合成されたカチノン類には覚醒剤より強いものもあり、覚醒剤の代わりになるドラッグとして流通するようになった。

特に近年出回った**バスソルト**と呼ばれる危険ドラッグ製品には、カチノン類が含まれており、死亡事件も起きている。

現在までに 6 つのカチノン類が「麻薬」として規制され、他のカチノン類は 2014 年 1 月と 2015 年 5 月に施行された包括指定により大部分が**指定薬物**となっ

※01
正式な化学名は、3,4-メチレンジオキシメタンフェタミン。

※02
覚醒剤と同様の神経興奮作用に加え、幻覚を起こす作用もあるので、ここではサイケデリック系に分類する。

※03
DOB、DOET、DOM などの Dox シリーズ、2C-B、2C-I、2C-T-2、2C-T-4 などの 2C シリーズがあり、「麻薬」として規制されている。また、25I-NBOMe などの NBOMe シリーズもある。

※04
bk-MDMA（メチロン）、MDPV、メフェドロン、エトカチノン、α PVP、bk-MDEA など。

ている。

ピペラジン誘導体の中には、抗精神病薬、抗うつ薬、鎮咳薬、抗菌薬、高血圧治療薬など医薬品として使用されているものもあるが、一部が危険ドラッグとして出回っている。[※05] 覚醒剤と類似した中枢興奮作用を示し、MDMA や覚醒剤の錠剤に一緒に入っていることが多い。

アマゾンで儀式に用いられる**アヤワスカ**という飲み物には幻覚作用があり、その主成分である化合物にはトリプタミンという構造が含まれていることが分かった。これをヒントに、多数の**トリプタミン系ドラッグ**が次々と合成され、サイケデリック系の危険ドラッグ[※06]として流通するようになった。

LSD[※07] は、麦角[※08]に含まれるリゼルグ酸を原料として合成された化合物で、幻覚作用が見いだされたものである。また、**マジックマッシュルーム**は、幻覚を引き起こすキノコ類の俗称で、**サイロシン、サイロシビン**という成分を含有している。いずれも「麻薬」として規制されている。

大麻は、大麻草の葉や花穂、およびそれから作られる加工品のことを指し、特に乾燥させたものが**乾燥大麻**、または**マリファナ**と呼ばれる。

大麻の中枢神経に対する作用は、基本的に抑制性であるが、抑制性神経を抑制することによって興奮が現れることもある。陶酔感をもたらす一方で、精神活動が活発になって感覚が鋭くなったり、思考が分裂して情緒不安定に陥ったり、さらには幻覚や妄想に襲われる。そのために、幻覚を主とするサイケデリック系に分類されることが多い。主な薬効成分は、**テトラヒドロ**

※ 05
ベンジルピペラジン、TFMP、3CCP が現在までに「麻薬」として規制され、他は「指定薬物」として規制されている。

※ 06
DMT、エトリプタミン、DET、AMT、5-MeO-DIPT、5-MeO-DALT が「麻薬」として規制され、他にも多くのドラッグが「指定薬物」として規制されている。

※ 07
リゼルグ酸ジエチルアミド。

※ 08
ばっかく。麦に菌が寄生して穂に表れる黒い爪のようなもの。

カンナビノール（THC）という化合物であるが、それ以外にも多数の独特な活性物質が大麻には含まれていて、**カンナビノイド**と総称される。

さらには、カンナビノイドの研究から、化学構造を少しずつ変えた類似化合物が数多く作り出され、**合成カンナビノイド**[09]と総称されている。

大麻と大麻由来のカンナビノイドは、**大麻取締法**で規制され、合成カンナビノイドは、**麻薬及び向精神薬取締法**で規制されている。なお、少々ややこしいが、大麻から取られたTHCは「大麻取締法」の対象であるが、純粋に化学合成されたTHCは「麻薬及び向精神薬取締法」の対象である。

近年出回った危険ドラッグ製品に含まれていた成分のうち、最も多かったのが合成カンナビノイドである。2014年に多数の死者を出した**ハートショット**と呼ばれる危険ドラッグや、2014年6月の池袋暴走事件の犯人が吸ったとされるハーブに含まれていたのも、まさに合成カンナビノイドであるとされている。

ラッカー、ペイント、ワニスなどの塗料を薄めるのに用いられる有機溶剤は、**シンナー**（paint thinner）と呼ばれ、トルエン、酢酸エステル類、アルコール類などが含まれる。神経を抑制する作用があるので、吸い込むと酔ったようになる。[10]

日本では、蒸気吸引が「シンナー遊び」として青少年の間で流行し社会問題となり、「毒物及び劇物取締法」で規制されている。依存性は強くない。

※09
現在までに、カンナビシクロヘキサノール、JWH-018、JWH-073、JWH-122、AM2201、MAM-2201、XLR-11、5F-QUPICが「麻薬」として規制され、他の合成カンナビノイド類は2013年3月に施行された包括指定により多くが「指定薬物」となっている。ただし、包括指定に含まれなかった新種の合成カンナビノイド類が今なお次々と出現している。

※10
ダウナー系に分類されることもあるが、幻覚を起こす作用があるので、ここではサイケデリック系とした。

●得体の知れない危険ドラッグ

さて問題の「危険ドラッグ」だが、P20の表1では、作用に関するすべての欄が「?」となっている。これは分からないというよりも、危険ドラッグには、「麻薬に似たもの」「覚醒剤や幻覚薬に似たもの」「カチノン類や合成カンナビノイド」などいろいろあって、**その作用がはっきりと分類できない**からである。

市場に出回っている危険ドラッグ製品が、押収や買い取り調査で、検出されていなかった成分が見つかった場合は、薬事法に基づく指定薬物となって規制されてきた。

指定薬物の数は、危険ドラッグが関係した事故や事件が次々と明るみになり出した、2011年ごろから急激に増えている。厚生労働省のホームページ上で公開されている指定薬物のリストを分類してみると、次のページの表2のようになった。

指定薬物制度ができた2007年から2015年5月までに、指定薬物として個別指定されたことのある薬物は、261個にのぼる。[※01]脳に対する作用でみると、サイケデリック系が多いが、複数のドラッグが混ざっている場合には、どんな作用が現れるかは予想できない。

精神的依存性のないドラッグはないので、[※02]おそらくすべての危険ドラッグに精神的依存性はあるといっていいだろう。しかし、その強さや身体的依存性の有無は、分からないのである。

「危険ドラッグ」とは、危険であるにもかかわらず法規制を受けていないドラッグを指す。ということは、指定薬物となった時点で、「危険ドラッグ」ではなくなるのかもしれないが、呼び名はともかく、人間にとって危険であ

※01
これらは実際に市場に出回っていたものとみなせる。約37%が合成カンナビノイド、約24%がカチノン類、約22%がフェネチルアミン系だ。

※02
精神的依存性があるからこそ乱用にむすびつく。

ることに変わりはない。

　この「いたちごっこ」が続く限り、この先どんな新し
い危険ドラッグが出てくるかは分からない。

　とにかく、危険ドラッグは得体が知れないのである。

表2	平成 19 年～平成 27 年 6 月に指定薬物（薬事法）として規制された薬物（261 化合物）の内訳			
分類	薬物数	%	備考	
麻薬性鎮痛薬	2	0.8	フェンタニル誘導体など	
麻酔薬	5	1.9	PCP・ケタミン誘導体、他の解離性麻酔薬	
コカイン類	1	0.4		
中枢興奮薬	4	1.5	メチルフェニデート類縁体、ピプラドール類縁体を含む	
フェネチルアミン系	57	21.8	覚醒剤・メスカリン・MDMA に類似した薬物も含む	
カチノン類	62	23.8		
ピペラジン誘導体	7	2.7		
トリプタミン系	19	7.3		
合成カンナビノイド	97	37.2		
その他	7	2.7	亜硝酸系、サルビノリン A	

平成 27 年 3 月 25 日公布の薬事法に基づく指定薬物一覧表で個別指定されていた薬物 206
＋平成 25 年 2 月以前に指定薬物だったが包括指定によって個別指定から外れた合成カンナビノイド 11
＋平成 25 年 12 月以前に指定薬物だったが包括指定によって個別指定から外れたカチノン類 20
＋指定薬物から麻薬に格上げ指定されたため、平成 27 年 3 月の指定薬物リストにない薬物 18
＋平成 27 年 5 月 22 日公布で新たに指定薬物とされた薬物 6
＝ 261 種類は、実際に市場に出回っているのが発見されたものであるから、これらについて、化学構造に基づく分類を行った（著者の基準による）。
過去に個別指定されたことがないまま包括指定された合成カンナビノイドおよびカチノン類は、実際に出回ったかどうか分からないものが大部分なので、解析から除外した。

2 » 危険ドラッグの 何がいけないのか

●個人レベルでの問題 1

　危険ドラッグがダメな理由は、まず、本人の健康を害するからである。得体の知れない危険ドラッグは、あなたの生命を脅かす「毒物」だと考えてほしい。

　毒物の作用は、**急性毒性**、**慢性毒性**、**依存性**の3つに分けて考えることができる。毒物のことを正しく理解していない人は、これらを区別しないで、漠然と**麻薬中毒**や、**覚醒剤中毒**のように表現するが、危険ドラッグの本質を理解するためには、急性毒性、慢性毒性、依存性の違いを知ることが重要だ。

　まず**急性毒性**とは、ドラッグを一度使用しただけで、すぐに現れる有害な作用である。危険ドラッグを使用すると、間もなく体調がおかしくなったり、吐き気やめまいが起こり、意識を失うこともある。精神が錯乱して暴れるなど、さまざまな行動異常が現れ、運動機能にも影響が出る。[01]

　また、危険ドラッグの**急性毒性**によって死亡することもある。危険ドラッグの使用が原因で死亡したと疑われる人は、2012年が8人、2013年が9人だったのに対し、2014年は112名にのぼったと報道されている。

　2014年9月には横浜市の45歳の男性が自宅でうつ伏せの状態で悶え苦しみ死亡。東京・板橋区のマン

[01]
危険ドラッグを含んだハーブを使用した人が、自動車を暴走させて、尊い命を奪ってしまったという事件が多発しているが、これらのほとんどは、危険ドラッグの急性毒性によるものと考えられる。

ションで32歳の男性が浴室で裸のまま死亡。また10月には横須賀市で座ったままの姿勢で苦悶の表情を浮かべた22歳の女性の遺体が発見された。

いずれの遺体のそばからも、**ハートショット**と呼ばれる危険ドラッグ製品が発見されている。

報道されていない件を含め、9月中旬から10月中旬のわずか1カ月間で、ハートショット吸引が原因とみられる15名の死亡が明らかになっている。^{※02}

違法薬物のうち、アッパー系の覚醒剤やコカインは、心拍数や血圧を上昇させる作用があり、その結果、**心不全、不整脈、胸痛**などを起こし、**心臓発作**や**呼吸不全**で**突然死**をもたらすことがある。

ハートショットによる死亡の直接的原因は明らかでないが、「心臓にくる」といった使用者の証言もあるようで、どちらかというと覚醒剤やコカインに似ているようだ。

ただし、後に分かったことであるが、ハートショットの問題となるドラッグ成分は、合成カンナビノイドである。

つまり化学的には大麻に近いものだが、急性毒性は大麻よりはるかに強く、さらには覚醒剤やコカインよりも強い作用があるとみなすべきかもしれない。

危険なのはハートショットだけではない。合成麻薬に似たアセチルフェンタニル（チャイナホワイト）や、カチノン類を主な成分とする危険ドラッグ製品の**バスソルト**などでも、使用者が急性毒性で死亡した例が多数報告されている。同じことが、すべての危険ドラッグで起こりうるのだ。

本来の医薬品は、実際に医療に使用できるようになるまでに、効果や安全性について、何度も試験を繰り返し、健康を害することなく十分な治療効果が期待で

※02
2014年の9月11～17日に札幌市内のハーブ販売店でハートショットを購入した12名の客が、ハートショット吸引後に自動車を運転して人身事故を起こしたり、意識がもうろうとして倒れて救急搬送された……、という事件も報道されている。

きる用法・用量が定められている。非常に厳格な基準をクリアしなければ医薬品にはならないのだ。[※03]

さらに、医薬品でなくても、従来の規制薬物は、多くの使用データから、「どれくらいの量をどのように使うと危ないか」が、だいたい分かっている。

ところが、全く新しい危険ドラッグの場合は、何が含まれているかも分からない。また、たとえ成分が明らかになったとしても、今までに使用されたことがなければ、その危険性を推測することさえできない。

使用後に倒れたときに、幸いにも病院に救急搬送してもらえたとしても、ドラッグ成分が何か分からなければ治療の施しようがなくて、手遅れになることもある。

「いたちごっこ」の中で、規制が進めば進むほど、その隙間をぬって出てくる危険ドラッグは、その毒性がどんどん強くなってきている。

合法ドラッグ→脱法ドラッグ→違法ドラッグ→危険ドラッグと呼び名が変わってきたとおりに、危険度は増すばかりだ。

以前のように医療目的で化合物を開発するときには、試験をして本当に危険なものは除外されてきた。しかし近年は、新しいドラッグを供給する側が、規制を逃れることを最優先に考えて、新しい化合物が合成できたら危険度を確認することなく、いきなり市場にバラまいている可能性がある。

無差別な人体実験、もっと過激な表現をすれば**テロ行為**ともいえる。

また、最近の危険ドラッグは、**お香**、**バスソルト**、**ハーブ**、**アロマ**など、人体への使用を目的としていないかのように**偽装販売**されている。

※03
実用化されて医療現場で使用されるようになっても、ごく一部の人に重い副作用が現れたら、認可が取り消されることもある。

もちろんパッケージには用法・用量など記されていない。純度の高いドラッグならば、その重さを量ったり、錠剤が何粒と数えることで、使用量をある程度コントロールできるが、ハーブやバスソルトに混ざっている危険ドラッグの割合はまったく分からない。

結果として、危険ドラッグを含むハーブ等を購入者が自分に使用するときには、目安で試すしかない。

安全性が十分に確かめられた医薬品でも、用法・用量を誤ると害を被ることがあるというのに、得体の知れない危険ドラッグを「とりあえず試してみる」というのは**自殺行為**にほかならない。

多くの医薬品のうちから患者の症状に合ったものを選択して使用する場合には、化合物の性質や作用の詳細な情報が非常に重要になってくるが、危険ドラッグはそもそも人体に使用すべきものではないし、「こちらの方が安全だから」といって選んで使用するものでもない。[※04]

さらには、ドラッグ経験者は、「一種類だけの使用」にとどまることが少なく、さまざまなものに手を出してしまう。気軽な気持ちで危険ドラッグを試したつもりが、いつしか麻薬や覚醒剤に手を出してしまうケースも少なくない。

入り口は違っても、途中で命を落とすか、最期は廃人に追い込まれるか、出口はさほど変わらない。

すべての危険ドラッグでほぼ同じことが起こりうると考えるべきであろう。

知らず知らずのうちに**人体実験**にはめられ、**自殺**に追い込まれないためには、とにかく**手を出さない**ことに尽きる。

※04
ドラッグの種類によって、急性毒性が体のどこに現れやすいかなどはあるが、危険ドラッグの成分ごとに毒性の違いを議論しても意味がないので、本書ではあえて省略する。

●個人レベルでの問題2

使用した危険ドラッグが比較的少量で、幸いにもほとんど急性毒性が現れなかったときには、再び同じ効果を期待して使用を続けることだろう。

ところが、精神に作用する薬には、**耐性**を生じる性質があり、繰り返し使用するとだんだん効き目が弱くなってくる。

前と同じか、より高い効果を求めて、使う量がどんどん増えたり、短時間で頻繁に使用するようになる。

そして長期間にわたり危険ドラッグにさらされた体には、さまざまな障害が出てくる。これが**慢性毒性**である。

危険ドラッグの慢性毒性については、まだ情報が少ないので分からない点も多いが、麻薬や覚醒剤をマネて作られたものであるから、麻薬や覚醒剤と似たように神経や骨、筋肉、心臓、肝臓、腎臓、呼吸器系、生殖器官などに重度の障害を起こす可能性がある。

特に恐ろしいのは、**脳が委縮**してしまうことである。知的障害になることもあり、委縮してしまった脳は決して元に戻らない。[※01]

アヘンの常用では、精神錯乱を伴う衰弱状態に至る。

また覚醒剤常習者では、食欲が著しく減退し、何も食べなくなるため骨がもろくなる。

覚醒剤の俗称「シャブ」の語源は、「骨までシャブられる」という意味だとの説もある。遺体を火葬するとすべて灰になり、拾える骨は見つからないという。

普通の医薬品なら、気分が悪くなったり体調に異変が現れたら、使用したくなくなるものだが、なぜドラッグの常習者はやめないのだろうか?

※01
アメリカの薬物乱用防止のスローガンは "Keep your brain healthy.（自分の脳を健康に守ろう）" である。

鍵となるのは**依存性**である。

繰り返しの使用によって薬物依存が形成されてしまうと、薬物がきれたときに**禁断症状**[02]が現れる。

耐え難い不快感や肉体の異常に襲われ、それから解放されるためには再びドラッグを使用するしかない。

ドラッグを使用した際に起こる不都合よりも、使用していないときの苦痛の方がはるかに大きく、頭ではやめたいと思ってもどうにもならないのだ。

健康を害するものは世の中にたくさんある。

ふだん私たちが口にしている食べ物や飲み物も、私たちの健康を害することがあるかもしれない。有害なものを規制するなら、何も食べたり飲んだりしてはいけないことになる。

ドラッグを特別に規制しなければならないのは、単に毒性があるばかりでなく、自ら苦しい思いをしてその有害性に気づきやめようと思っても、どうしてもやめられないという**悪循環に陥る**からだ。

どんなに意志の強い人でも、**「一度はまってしまうと自力では決してやめられない」**といっても過言ではない[03]。

危険ドラッグに依存性があるかどうかは、正確には分かっていないし、成分によって多少違うかもしれないが、「どの危険ドラッグが比較的危なくないか」ということを考えても無意味である。

入り口がどの危険ドラッグだろうが、次々と別の危険ドラッグに手を出したり、いつしか麻薬や覚醒剤にはまってしまい、廃人に追い込まれるという末路は変わらないからだ。

※02
専門用語では、「退薬症候」あるいは「離脱症状」という。

※03
薬物依存が形成されるしくみについては、第4章で詳しく解説する。

●社会的悪影響

「何も知らない人が、危険ドラッグを入浴剤やお香だと思って間違って買ってしまうかも……」

と心配する声もあるかもしれない。

ところが普通に考えて、入浴剤をタバコのように燃やしたり、お香を注射したりするだろうか。

こうした行為は、「知らないで誤って」ではなく、「故意」であることは明らかだ。

乱暴にいえば、自分で自分の身を滅ぼすのは、その人の勝手かもしれない。また、当人だけでなく、周囲の家族や知人に迷惑がかかっても、しょせん、ごく一部の人の問題ということもできる。ところが、それだけでは済まないのである。

通り魔殺人や、小学生殺害などの痛ましいニュースを聞き、「その犯人が薬物乱用者だった」と聞くたびに私は悲しくなる。

特に近年、危険ドラッグ吸引が原因と思われる交通事故が多発している。

2011年は0件だったのが、2012年に42件、2013年には67件、そして2014年は、7月の時点で前年を上回る84件も起きたと報道されている。

2014年の東京・池袋（6月）、大阪・御堂筋（9月）、福岡・天神（10月）などの繁華街で、乗用車が暴走したというニュースも記憶に新しい。[01]

報道されているのは氷山の一角にすぎず、何の罪もない多くの命が全国で犠牲になっている。

また、2012年10月には、東京・練馬区の小学校に、危険ドラッグ（当時は脱法ハーブと言われていた）を吸っ

※01
2014年8月には、東京・大田区でタクシー運転手が、勤務時間中に危険ドラッグを吸引し、運転していたとして逮捕された。

た男が侵入して児童約 40 人を追いかけまわし、女子児童一人にけがをさせた。

2013 年 3 月東京・吉祥寺の路上で 22 歳の女性が刺殺され財布などが奪われた事件で、逮捕された 18 歳の少年の所持品から危険ドラッグ（脱法ハーブ）が見つかった。

2014 年 11 月には、東京・世田谷区のマンションで危険ドラッグを吸った 31 歳の男が、隣人女性を切りつけるという事件も起きている。

大量の危険ドラッグを吸引して意識もうろうの状態で乗用車を運転したら事故につながるのは当然だろう。

加えて、薬物乱用者は、**幻覚**や**妄想**に悩まされる。

「殺せ」という声が聞こえたり、誰かに殺されるという妄想をいだき、通りすがりの人を傷つけてしまうことになる。

殺人に至らなくても、薬物がきれると、どんな手段を使ってでも薬物を手に入れようとして、盗みなどを犯すこともある。私もあなたも、いつかどこかで事件に巻き込まれるかもしれない。

また、危険ドラッグ製品の売買によって生じた利益は、新たな危険ドラッグを生み出したり、犯罪組織の資金となっていることも忘れてはならない。

「興味でちょっとだけ」であっても、**犯罪組織に加担している**ことにほかならない。

●人類の未来を左右する悪影響

直接、薬物乱用者と接触しなくても、私たち、あるいは私たちの子孫に悪影響があるかもしれない。

妊娠と薬物の関係が研究され、確定的ではないが、薬物乱用者の妊娠女性から生まれた子どもには、知的障害が出やすいとの報告がある。

妊娠だからといって、女性だけの問題ではない。

薬物乱用者の男性の精子から、次世代への悪影響があるかもしれない。薬物乱用は、人類の未来を左右するかもしれないと考えておいた方がよい。

また、規制薬物のうち、特に覚醒剤やMDMAは、性的興奮が得られると期待して使用されるケースが少なくない。

2009年に、元アイドルの女性芸能人が覚醒剤を所持・使用したとして逮捕され、同年に有罪判決を受けたことは多くの人が覚えているだろう。使い始めたきっかけは、夫から勧められ、覚醒剤を使用して性交渉に及んでいたという。強烈な快楽を感じるように錯覚し、繰り返すうちに脳が障害され、やめられなくなってしまったものと思われる。[01]

こうした覚醒剤等の使用は、不特定多数との性交渉をうながすとともに、同じ注射器を使って薬を回しうつことで、性感染症の流行につながりやすい。

特に問題となるのが、**エイズ**[02]である。エイズは、**ヒト免疫不全ウイルス**[03]（HIV）の感染によって免疫機能が衰え、他の病原体に感染したときに体を防御できなくなった状態で、致命的になることもある。

正確にいうと、症状の有無によらずHIVに感染した

※01
2014年10月に逮捕された、人気男性デュオの歌手とパートナーのケースも、同様だといわれている。

※02
AIDS。後天性免疫不全症候群（aquired immune deficiency syndrome）。

※03
「Human Immunodeficiency Virus」の略。

のが HIV 感染症で、実際に免疫不全になってしまった
のがエイズである。

　1981 年に初めての症例が報告され、当時は原因不明の死の病として世界中を震撼させたが、その後治療薬が開発されるなどして、ある程度の対応が可能になっている。

　近年は報道も少なくなり、まるでエイズの流行は終焉したかのように思っている人もいるかもしれないが、それは大きな誤解である。世界中で HIV 感染症の患者数は今なお増え続けており、2013 年末現在で HIV 陽性者数は 3500 万人、新規 HIV 感染者数は年間 210 万人と報告されている。[※04]

　HIV の主な感染経路として、**性交渉や注射器の使いまわしによる血液感染**があり、この拡大に覚醒剤などのドラッグが加担しているのだ。

　危険ドラッグと HIV 感染の関係は、まだ議論されていないが、近年出回った危険ドラッグの大部分は、カチノン類と合成カンビノイドで、性的興奮を期待して使用するケースが多いようだ。

　「危険ドラッグは覚醒剤じゃないから大丈夫」と思ったら大間違いで、危険ドラッグは覚醒剤に似ているのだ。だから、今はまだ「危険ドラッグによって HIV 感染が拡大する」という指摘がなされていなくても、遅かれ早かれそうなることは見えている。

　「私はドラッグなんかやらないから関係ない」と思っている人にも、いつしかふりかかってくるかもしれない、非常に大きな問題なのである。

※04
国立感染症研究所が発表した平成 25 年の年間報告では、日本の新規 HIV 感染者報告数が 1,077 件、新規エイズ患者報告数が 469 件となっている。

■■■ 麻薬の「麻」と大麻の「麻」 ■■■

マヤクというと「魔薬」を連想するためか、危険で恐ろしい薬すべてをさすように誤解している人が少なくない。また、マヤクは漢字で「麻薬」と表記されるため、植物の「麻」と関係があると思われがちだ。しかし、これらは大きな誤解である。麻薬の「麻」は、植物の「麻」とは本来関係がないし、大麻は麻薬ではない。非常にややこしい話だが、重要なことなので、丁寧に説明しておきたい。

そもそも麻薬とは、厳密には、アヘン類とその成分であるモルヒネ等やそれと類似した化合物のことである。

私たち人類は、ケシからとれるアヘンを使用すると神経がしびれて感覚が鈍くなったり意識が薄れて眠くなることを見つけた。感覚が失われた状態をマヒというが、漢字では、「しびれる」を意味する「痲」をあてて「痲痺」と書いたそうだ。戦前までこの漢字が使われ、例えば芥川龍之介の作品『侏儒の言葉』の原文中に「痲痺」の文字が見当たる。感覚を失う薬の作用をマスイというが、戦前までは「痲酔」と書いたそうだ。そして、痲酔作用を示す薬のことを指して「痲薬」という言葉が使われた。つまり「痲薬」はダウン系なのである。

一方、植物のアサを意味する漢字は、もともと「麻」だった。小屋の中でアサの茎から繊維を取り出す作業をしている様子を表しているそうだ。〈广〉が小屋、〈朩〉が繊維のばらける様に相当する。

第5章で詳しく解説するが、植物学上のアサは、大麻草である。大麻草は、古来から非常に身近な植物であり、繊維・食用・燃料などとして広く活用されてきた。なんと、明治時代のある小学理科テキストには、大麻の栽培法と繊維の取り方が紹介されていたくらいだ。

「痲」と「麻」は、一見すると似ているが、部首に注目すると、その意味するところが全く違うことは明らかだ。「痲」は、疒（やまいだれ）の漢字であり、「病」「症」「痛」「療」「癌」などの仲間である。つまり「痲」は病気と関係する。

一方の「麻」は、广部（げんぶ）の漢字の一種とみなせる。「广」は崖を利用して作った家屋（岩屋）をかたどった部首で、「床」「店」「座」「庭」「庫」「庵」など建物や住居に関連する漢字に含まれている。代表的な漢字である「麻」についた「垂れ」だから、日本では「まだれ」ともいう。つまり「麻」は建物に関係するのだ。

　ところが、第二次世界大戦後になって、日常的に使用する漢字の字体を整理しようという試みの中で、「麻」は「麻」に替えられた。「麻」という漢字を見ると、アサが林に生えている様子を想像したくなるが、実はハヤシとは全く関係ないのである。

　「痲」も同じように「麻」に替えればよかったのだが、実は「痳」という漢字は、淋病（性病の一種）を表す別の漢字として既にあったので、使えなかった。その結果、なんと「麻」に替えられてしまったのだ。

　こうして、文字の上では、麻薬と大麻が区別つかなくなってしまった。

　ひらがな、カタカナ、漢字が混在する日本語において、漢字には表意文字としての意義がある。「橋」と「端」と「箸」のように、同じ音でも漢字が違うと意味の違いが伝わる。テレビドラマの中で金八先生が「人という字は……」と説いていたように（この内容が正しいかどうかはこの際どうでもよい）、私たち日本人は漢字に特別な思いを抱くこともある。毎年年末に「今年の漢字」が選ばれるように、漢字が持つ「意味」を大切にしてきたはずだ。なのに、音が同じで形が似ているという安易な理由で「痲」を「麻」に替えてしまったのは、いかがなものだろうか。意味はそっちのけで音だけ同じでよいなら、例えばカタカナを使って「マ薬」と替えた方が、混乱をまねかなかった分だけ、ましだったとさえ思う。

　少々脱線してしまったが、麻薬と大麻を混同させてしまったのは漢字のせいだけではない。もっと大きな影響を与えたのは、法律である。

　詳しくは第5章で解説するが、昭和初期に、国際的に問題となっていたアヘンの統制を進めるために国際会議が開催され、条約が締結された。この条約に沿った日本国内法の整備が行われることとなり、昭和5年に内務省令の「麻薬取締規則」が公布された。麻薬取締規則は、日本の薬物規制に関する各種法律のルーツであり、「麻薬」という言葉が、単に「麻酔作用のある薬」を超えて、「乱用の危険性が高く法律で規制すべき薬物群」という意味で使われるようになったのは、この法律からであろう。

また、国際条約がアヘンだけでなく大麻も統制の対象としたため、日本の麻薬取締規則でも、モルヒネ、ヘロインなどに加え、「印度大麻草、その樹脂、及びそれらを含有するもの」が含まれた。

　上述したように、日本では古来から大麻草が栽培されていたにもかかわらず、乱用が問題になることはほとんどなかった。日本在来の大麻草は薬効成分の少ない品種だったからだ。ところが、海外の大麻草には多くの薬効成分が含まれ、ドラッグとしての大麻やマリファナの原料となっていたのは事実であり、何らかの対策が必要になったので、日本の麻薬取締規則では、大麻草の輸出入に制限をかけた（許可制）というわけだ。ただし、ここで注目すべきは、大麻草の栽培や流通は何ら制限されておらず、引き続き自由に行われていたことだ。

　最後にもう一つ、「大麻はマヤク」というイメージ作りに貢献したかもしれないのが、「麻酔（あさよ）い」という現象だ。薬効成分が少ないとはいえ、大量に集めた大麻草の茎を一度に加工しようとすると、相当量の薬効成分を吸い込んでしまい、ボーっと酔ったような感じになることがあるそうだ。まるで麻薬の麻酔作用のようだが、本質的に異なる。前章でもふれたように、大麻はサイケデリック系で、吸引によって起こるのは主に幻覚であり、ダウン系の麻酔とは違う。「大麻に麻酔成分が含まれる」と解説した成書もあるようだが、大間違いだ。「麻」酔いと「痲」酔は別物だ。さらに、現在の日本で栽培が許可されている大麻草は、まったく麻酔いを起こさないように改良された品種に限られている。

　戦後になって、大麻は「大麻取締法」という別の法律で規制され、「麻薬取締法」から外れた。したがって、現在の日本国内の法律上、大麻はちっとも麻薬ではない。

　日本在来の大麻草は何も悪くないし、漢字、法律、薬理作用のいずれでもマヤクとは違うのに、一度ついてしまった「魔薬の類」というイメージはそう簡単には消えないようだ。

第 2 章

危険ドラッグは
なぜ生まれたのか

1 » 危険ドラッグの歴史1 ダウナー系

　そもそも危険ドラッグがこの世に存在しなければ、何も問題は起こらない。また危険ドラッグに悩まされているのは人間だけである。

　危険ドラッグは明らかに人間社会が作り出したものであり、それによって自分たちを苦しめているのだ。

　本章では、危険ドラッグを生み出した人間の愚かな歴史をヒモ解いてみたい。それにより、未来へ向けて私たちがなすべきことを考えるきっかけとなってくれれば幸いである。

　これまでに危険ドラッグとして出回っているのが見つかった成分は、指定薬物として規制され、厚生労働省などのホームページで公開されている。

　そのリストには化合物名や化学構造などが羅列してあるが、それを見ても何が何だかわからない。

　しかし、化学構造の似ているものを集めて、それらが市場に出た時系列順に並べてみると、危険ドラッグがどのように変遷したのかがよくわかる。

●アヘン、モルヒネ類（狭義の麻薬）

　アヘン[※01]は、ケシの未熟な実（**ケシ坊主**[※02]）に傷をつけて得られる、白い乳液を乾燥させたものである。

　人類はアヘンに不思議な力があることに気づいた。

※ 01
阿片、opium。

※ 02
ケシ坊主

薬としてアヘンの歴史は非常に古く、紀元前 4000 年ごろには古代スメリア人が、**眠り薬**として使っていたという記録がある。

また、ギリシャ時代の眠りの神 Hypnos が、左手にケシを、右手にその汁液を滴下・注入するための角をもった像が残されている。

アヘンは、人類が使用した最古の睡眠薬と思われる。

5 世紀ごろには、イスラム圏の交易網が発達し、アヘンはインドや中国、アフリカなどに伝えられ、11 世紀ごろには再びヨーロッパに伝わり、**医薬品**として麻酔や痛み止めに用いられるようになった。

このころまでは、アヘンの危険性はあまり問題になっていなかったようだが、大航海時代にイギリスを中心とした西欧諸国が、重要な貿易商品としてアヘンを大量に売るようになり、事態は大きく変わった。

アヘンには、脳の神経を抑制する作用があり、お酒を飲んでボーっとしたときのような**陶酔感**をもたらす。[03]

ところが、繰り返し用いていると、身体的依存が形成され、アヘンが体に入っていないと正常でいられない状態になってやめられなくなり、最期は廃人になってしまう。

こうしたアヘン乱用の危険性をイギリスは知っていたにもかかわらず、中国（当時は清）に売りさばいて儲けようとした。

清の一般市民が、レクリエーションとして使用するようになった結果、清ではアヘン依存者が急増した。

清は、アヘンの輸入禁止、さらにはアヘンを販売・使用したら死罪という厳しい法律を作って対応したが、これに怒ったイギリスが戦争を起こし、武力で清を滅ぼ

※ 03
この効果が眠りを誘うことにつながると同時に、ドラッグとして利用される一因にもなっている。

した。これが**アヘン戦争**だ。

　現在では減りつつあるものの、アヘン戦争の影響で中国は、アヘン乱用に悩まされ続けた。そのため、中国は今でも、アヘンをはじめとする乱用薬物に敏感である。[04]

　さて、アヘンは、植物由来の粗成分で多数の化合物が含まれる。19世紀初め、ドイツのフリードリヒ・ゼルチュルナー[05]は、アヘンから有効成分を初めて単離[06]した。単離された化合物は、眠りの神 Hypnos の子である、夢の神 Morpheus にちなみ、モルフィウム（morphium）と名付けられ、のちに**モルヒネ**と呼ばれるようになる。

　モルヒネには強力な鎮痛作用があり、アメリカでの南北戦争や、ヨーロッパでの普仏戦争では、モルヒネが多く使用され、モルヒネ依存者を生み出した。

　モルヒネの化学構造が解明されたのは、1950年ごろで、発見から150年を要した。

　時間がかかったのは、構造決定の基盤となる技術が開発途上であったことと、モルヒネの化学構造がユニーク、かつ複雑だったためである。

　アヘンからは、モルヒネ以外にも、**コデイン**などの薬効成分が多数発見されている。コデインは、モルヒネより作用は弱いが、咳止めや下痢止めとして今も用いられている。

　化学の進歩に伴い、アヘンから単離されたモルヒネやコデインを原料として、少し手を加えることで半合成薬物が多数作られるようになった。

　モルヒネには、痛み止めの効果だけでなく、咳止めや下痢止めの効果もあるため、より優れた医薬品とす

※04
日本人旅行者が、人から預かった荷物の中に麻薬が入っていたために中国で逮捕され、死刑判決を受けたニュースがあったが、歴史的背景から見れば当然だと思われる。

※05
Friedrich Sertürner

※06
純粋な物質として取り出すこと。

モルヒネ

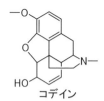

コデイン

るのが当初の目的だったと思われる。

しかし、その過程で、モルヒネより危険な化合物も生まれた。その代表例が、**ヘロイン**である。[※07]

1874年、イギリスの化学者アルダー・ライト[※08]は、モルヒネを無水酢酸で処理することによって、ヘロインを合成し、1898年にはドイツのバイエル社から咳止めの薬として発売されたが、あまりにも有害なため、使用禁止となった。

ヘロインは、繰り返しの使用により、強い身体的依存を形成しやすく、2〜3時間おきに使用し続けないと、骨が砕け散るような痛み、悪寒、吐き気などの激しい禁断症状に苦しめられる。

大量に使うと、呼吸困難、昏睡から死に至る。

モルヒネは、医療目的の使用が認められているが、ヘロインは医学的な使用も含め、一切禁止されている。

一方で、モルヒネ関連化合物の合成が進み、その中から「モルヒネより鎮痛作用が強く副作用の少ない化合物」も作られ、乱用防止のために一定の制限を受けながらも、医療に貢献している。

たとえば**フェンタニル**は、1960年にポール・ヤンセン[※09]によって合成された麻酔用鎮痛薬である。

化学構造は、モルヒネとまったく別物に見えるが、構造活性相関から鎮痛作用に必要と考えられる構造は保持されている。

モルヒネより強力な鎮痛作用を示し、1965年より注射液として全身麻酔、及び術後における鎮痛や、がん性疼痛の治療に使用された。

また1990年代中ごろには、**経皮吸収型製剤**(パッチ)が開発された。テープを皮膚に貼り付けるだけで、48

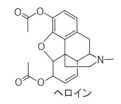

※07
3,6-ジアセチルモルヒネ。

ヘロイン

※08
Charles Robert Alder
Wright

※09
Paul Janssen。ベルギーのヤンセン・ファーマスーティカ社の創立者。

〜72 時間の間、安定して鎮痛作用が発揮されるため、がん疼痛治療に欠かせない医薬品となっている。^{※10}

ただし、モルヒネやヘロインと同じように、耐性や依存性があり、乱用の危険があるため、**麻薬**として規制されている。

現在、問題となっている危険ドラッグの源流がいったいどこにあったのかは、正確にはわからないが、1980年ごろの**疑似麻薬**ではないかといわれている。

1979 年、米国カリフォルニア州で死亡したヘロイン中毒者の体内からは、ヘロインが検出されず、代わりに発見されたのはフェンタニルの類似化合物、**α‐メチルフェンタニル**だった。当時、ヘロインとして密売されていた製品からも、ヘロインは見つからず、やはりα‐メチルフェンタニルが入っていた。

1981 年 9 月にα‐メチルフェンタニルが違法薬物として規制されると、代わりに**パラフルオロフェンタニル**、**3‐メチルフェンタニル**などが次々に登場した。

※10
がん疼痛患者にモルヒネを使用した場合は、副作用として便秘が問題となるが、フェンタニルは便秘を生じにくい。

ピペリジン

フェンタニル
（麻薬）

3-メチルフェンタニル
（麻薬）

α−メチルフェンタニル
（麻薬）

アセチルフェンタニル
（指定薬物, H26.7-）

パラフルオロ
フェンタニル （麻薬）

これらはヘロイン、フェンタニルを超える中枢抑制作用があったために、当然のように過量摂取による死亡が相次いだ。

医薬品であるフェンタニルの違法な乱用も問題であったが、類似ドラッグを安く製造して売ることで、法律の規制から逃れようとする新手法[※11]が、明るみに出たのである。

通称**チャイナホワイト**は、もともとアジア産の高品質ヘロインに対して用いられていたが、その後フェンタニル、もしくはフェンタニル類似化合物を指すようになっていった。

近年では、どちらかというとアッパー系やサイケデリック系のドラッグが多く出回っているため、ダウナー系のチャイナホワイトはなくなったようにも思えるが、決してそうではない。

2013年、米国ロードアイランド州では、14名が**アセチルフェンタニル**を注射して突然死した。

2014年には、日本でも20歳男性が、自宅で前かがみの状態で死亡しているのを家族に発見され、血液および尿からアセチルフェンタニル[※12]が検出されている。

麻薬（モルヒネ）関連で、もう一つ要注意なドラッグとして、**デソモルヒネ**がある。もともと1932年に、モルヒネの誘導体として米国で開発された鎮痛薬で、モルヒネの8〜10倍も強力であるといわれる[※13]。

今この薬物が問題になっているのは、ロシアを中心に、**クロコダイル**[※14]と呼ばれる粗悪な製品が密造されていることである。

薬局で市販されている風邪薬には、咳止めとしてコデインが含まれているものがあるが、これにいくつかの

物質を添加して化学反応を起こせば、「誰でも簡単にデソモルヒネが作れる」という情報がインターネットなどで広がり、密造されるようになったといわれる。この製造過程ではガソリンなどが使われ、不純物が混ざったまま使用、もしくは販売されるため、麻薬中毒だけでなく、混在成分の毒性による被害が相次いでいるという。

　2011年10月には、クロコダイルの乱用はドイツにも広がっていることが判明し、近いうちに日本にも伝わる危険性があると懸念されている。

●フェンシクリジン、ケタミン

- -

　外科手術に麻酔薬は欠かせない。

　中国の後漢末期（200年ごろ）の医師・華陀によって発明された**麻沸散**[※01]が、世界最古の麻酔薬といわれている。調合した薬草として曼荼羅華が用いられたと記されているだけであり、詳細は不明である。

　日本では、江戸時代の外科医・華岡青洲が、この麻沸散を再現しようと、トリカブト、川芎、当帰、白芍などの薬草を配合して**通仙散**[※02]という処方を発明した。

　現在外科手術の際に用いられる麻酔薬は、**吸入麻酔薬**と**静脈麻酔薬**にわけられる。

　吸入麻酔薬は、ガス、もしくは気化しやすい液体で、吸い込んだガスが肺から体内に吸収され、最終的に脳の神経を麻痺させるものである。現在、主に用いられているのは、**亜酸化窒素**（別名：笑気ガス）や**セボフルラン**、**イソフルラン**（いずれも液体）などである。

　一方、**静脈麻酔薬**は、点滴などで静脈内に直接投与され、同様に最終的に脳の神経を麻痺させるもので

※01
この「麻」はもともと「痲」で、大麻とは関係がない。

※02
華岡がこの麻酔薬を使って妻の乳がん手術を行ったという逸話は、小説『華岡青洲の妻』（有吉佐和子・著）の題材として有名である。

※ 03
2014年2月、ある大学病院が、プロポフォールを本来使ってはいけない小児に使用して死亡させていたことが明るみになり、皮肉にも多くの人がその名を知ることとなった。

※ 04
化学構造名がフェニルシクロヘキシルピペリジン（Phenyl Cyclohexyl Piperidine）なので、略してPCPと呼ばれる。

※ 05
いわゆる幽体離脱や臨死体験。

PCP
（麻薬, H1.12-）

ロリシクリジン
（麻薬, H1.12-）

エチシクリジン
（麻薬, H1.12-）

テノシクリジン
（麻薬, H1.12-）

ある。短時間で速やかに効くが、麻酔深度の調節が難しく事故を起こしやすい。

　現在、主に用いられているのは**プロポフォール**[※03]である。ほかには、ミダゾラム、ケタミンといった薬も静脈麻酔に用いられている。過去に麻酔薬として開発された薬物は数えきれないほどある。その一つが**PCP**[※04]（フェンシクリジン、またはフェンサイクリジン）である。

　1952年、米国のパーク・デービス（Parke-Davis）社により合成され、外科手術用の麻酔薬として開発されたが、麻酔から覚醒する際に、妄想や突発的な暴力などの副作用が起こることから、1965年には人への使用が中止された。自分が自分の肉体から離れるような感覚[※05]が生じることから**解離性麻酔薬**とも呼ばれる。

　一般の麻酔薬は、比較的広範囲の脳を麻痺させる。ところがPCPは、主に意識・感覚・運動を司る**大脳新皮質**などは麻痺させるが、夢や幻覚に関係する**大脳辺縁系**は麻痺させないために、大脳新皮質と大脳辺縁系の統合性がとれなくなると考えらえている。こうした特異な作用が、**幻覚ドラッグ**（エンジェルダスト）として注目され、嗜好目的の乱用をまねくこととなった。

　嗜好目的のPCP乱用は、1967年ごろ米国の主要都市で急速に広まり、世界へ拡大した。日本では、PCPは、同類の**ロリシクリジン**、**エチシクリジン**、**テノシクリジン**とともに1989年12月より**麻薬**として規制されることとなった。

　1962年パーク・デービス社は、PCPに代わる麻酔薬として、**ケタミン**を合成した。現在も静脈麻酔薬として用いられ、WHOの必須医薬品リストにも含まれている。しかし、PCPと同じような解離性麻酔作用を示

すため、1970年代から嗜好目的で乱用されるようになった。[※06] 日本でも **K** や、**スペシャル K** などと呼ばれ、MDMA型錠剤に混合されている事例もあった（2007年1月より麻薬として規制）。

PCP、ケタミンそして類似化合物は、クラブなどでパーティ・ドラッグとして乱用された。

2012年3月イギリスでは、ケタミンと類似した**メトキセタミン**を使用した2名の死亡が報道された。メトキセタミンは2012年7月より指定薬物として規制されている。また、PCPと類似した **3-MeO-PCP** は2014年8月に、**4-MeO-PCP** は2014年9月に、それぞれ指定薬物となった。しかし、指定後の2014年11月には、愛知県・名古屋市の店で売られていたハーブから3-MeO-PCP が見つかっている。

●シンナー

シンナー（paint thinner）は、ラッカー、ペイント、ワニスなどの塗料を薄めて粘度を下げるために用いられる有機溶剤で、「うすめ液」とも呼ばれる。トルエン、酢酸エステル類、アルコール類などが利用される。

日本では、1967年ごろから、シンナー蒸気を吸引する**シンナー遊び**が十代の青少年を中心に流行して社会問題化した。袋に入れたシンナーを吸う姿がアンパンを食べているのと似ているため、シンナーを詰めた袋、もしくはシンナー遊びそのものを俗に**アンパン**と称した。

シンナーに含まれる有機溶剤には中枢抑制作用があるため、吸引すると大脳が麻痺して頭がボーっとし、ろれつが回らなくなったり足元がふらついたりする。お酒

※06
PCPとケタミンは幻覚を生じるのでサイケデリック系に分類されることが多いが、後述するLSDやMDMAで起こる興奮系の幻覚とは根本的に違う。大脳を抑制するのがPCPやケタミンの主たる薬理作用であり、それにより解離性の幻覚が生じるだけなので、本書ではダウナー系に分類している。

ケタミン
（麻薬, H19.1-）

メトキセタミン
（指定薬物, H24.7-）

3-MeO-PCP
（指定薬物, H26.8-）

4-MeO-PCP
（指定薬物, H26.9-）

に酔っぱらった時に似て、感情や行動をコントロールできずに暴れたり残虐な行動に至ることもある。

シンナー遊びに手を出してしまう青少年は、悩みや不満を抱えているケースが多く、先輩や友人に誘われてシンナーを吸っているときは欲求不満から解放され、気持ちよく感じられたのかもしれない。

しかし、シンナー吸引を繰り返すと、**全身の筋肉の劣化、成長期における骨**（軟化しもろくなる）や**生殖器への障害**などが起こり、ついには「自分が殺されそうだ」という妄想や、「電波があいつを殺せといったんだ」というような幻聴、「誰かが自分を見張っている」などの幻覚症状などが発生し、最悪の場合、意識不明の重体や死亡に至ることもある。

シンナーに含まれる有機溶剤は、薬物ではなく、「毒物及び劇物取締法」の対象である。[01]

また、1970年代には、接着剤（いわゆるボンド）の蒸気を吸引する**ボンド遊び**へと移行し、近年は純粋なトルエンが利用されることもある。

日本では減っているものの、世界では今でも、貧しく救いのない青少年たちが現実から逃避するかのごとく、シンナー漬けになっているという。

※01
法令や各自治体の条例によって厳しく規制され、塗料販売店から簡単にシンナーを購入できなくなると、管理のゆるい小規模な化学製品工場の資材置き場からトルエンやアセトンの缶を盗んで吸引するといった非行例もみられた。

2 » 危険ドラッグの歴史2 アッパー系

●コカイン

　南米インカ帝国の人々は、コカノキという植物を栽培し、その葉（コカ）を噛むという習慣を長年にわたって行っていた。[※01]

　世界遺産の一つ**マチュピチュ遺跡**は、15世紀にインカ帝国が作った要塞都市と考えられているが、標高2880mの山頂に巨大な建造物を作ることができたのは、コカのおかげだったという説もある。

　コカを噛んでいると、健康を害するとか社会に悪影響があるなどの問題は起こらず、むしろ活力剤のようなものとして人々に役立っていたと思われる。

　ところが、スペイン人がインカ帝国を滅亡させ、コカノキがヨーロッパに持ち込まれたことで、様子はあやしくなる。

　コカの持つ不思議な力に興味を持ったヨーロッパ人は、コカについて科学的に研究するようになり、1859年にはドイツの化学者アルベルト・ニーマンが、コカの有効成分の結晶を得ることに成功し、**コカイン**と命名した。[※02] 精製されたコカインは、コカよりも強力に脳の神経を興奮させる作用を示した。

　ヨーロッパでの研究成果を知ったアメリカ合衆国の白人たちは、アフリカから拉致してきた黒人を奴隷として

※01
疲れがなくなり元気が出るので、過酷な環境の高地での重労働にも耐えることができた。

コカ

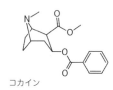
コカイン

※02
Albert Niemann

使い、コカインを**給料**として与えた。^{※03} コカに含まれるコ
カインの含量はそれほど高くなかったため、コカを噛む
だけでは危険な作用は出なかったが、コカインそのもの
が大量に使用されるようになって、コカインの危険性が
浮き彫りになった。

　コカインは、精神的依存を形成しやすく、効果の持
続が 30 分程度と短いために、一日に何度も乱用し、
やめられなくなってしまう。**幻覚**が現れ、虫が皮膚内を
動き回っているような不快な感覚に襲われる。^{※04}

　また大量に摂取すると、呼吸困難により死亡すること
がある。コカインは 20 世紀初頭には規制されるように
なっていったが、アメリカではコカイン乱用者がいっこう
に減らず、いまだに悩まされているのは、こうした時代
のツケである。

　コカインは、怖いドラッグというイメージが強いかもし
れないが、実は立派な**医薬品**でもある。

マチュピチュ遺跡（現・ペルー）

16世紀ごろコカを噛んで歯の痛みを和らげたという記述があるが、あまり注目されていなかったようだ。

19世紀になってコカインが単離され、舌にのせると神経がしびれて味を感じなくなることがわかり、薬理学者による研究を通じて、コカインには**局所麻酔作用**[※05]があることが明らかとなった。

こうして、コカインは最初の局所麻酔薬となった。

ただし、コカインには、脳の神経を興奮させ、**依存を形成**する作用があり、体の局所に与えるだけでも安心して使えるものではない。

そこで、コカインに構造が似た化合物が合成され、脳には作用しないものが次々と見出された。[※06]

コカインは今も現役の医薬品だが、安全性の面から敬遠されて使用されることはまれだ。しかし、私たちが全身麻酔をかけなくても痛みを感じることなく歯などの治療を受けられるのは、コカインのおかげなのである。

コカノキは主にコロンビア、ペルー、ボリビアなどの国で栽培されており、主にコロンビア国内の秘密工場でコカインに精製され[※07]、コロンビアの麻薬犯罪組織の手で世界各国に密輸されているという。

コカから抽出した成分を加水分解して得られる**エクゴニン**[※08]を原料としてコカインを人工合成することもできるが、現実にはコカから抽出・精製されたコカインがドラッグとして流通している。純度にもよるが、ドラッグの中では、**LSD**に次いで高価なようである。

基礎研究レベルではコカインの**デザイナー・ドラッグ**の合成も試みられているが、安く化学合成できる化合物が近年出回っていることを考えると、コカイン系デザイナー・ドラッグが市場に流通することは少ないと思わ

※05
薬を限られた場所に与えるとその周辺の神経が麻痺して感覚がなくなる作用のこと。全身麻酔をかけなくても、治療したい体の場所に局所麻酔薬を使うと、そこだけが麻痺して簡単な手術や処置ができるので、さまざまな応用が検討された。抜歯などの歯科治療を行うときに、歯茎に塗布したり注射するのは一例。

※06
プロカイン（1905年）、ジブカイン（1911年）、テトラカイン（1928年）、リドカイン（1942年）など。

※07
コカインの基本的な化学構造は1898年Willstätterと Mullerによって明らかにされた。ただし、トロパンというやや複雑な環状構造が含まれており、その立体構造が決定されるまでにはさらに50年以上かかった。

※08
「麻薬及び向精神薬取締法」の規制対象となっている。

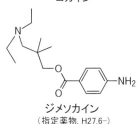

※09
2015年5月公布、6月より施行。コカインより弱いが、似た中枢興奮作用を示す。

エクゴニン

コカイン

トロパン

ジメソカイン
（指定薬物. H27.6−）

※01
August Wilhelm von Hofmann

※02
Lazăr Edeleanu

麻黄

れる。ただし、ごく最近になって**ジメソカイン**というコカインの類縁化合物が出回っているのが見つかり、指定薬物に指定された。[※09]

海外で**バスソルト**と呼ばれる商品の一部に含まれていると報告されていたが、ついに日本にも持ち込まれたようだ。

●覚醒剤

覚醒剤は、**アンフェタミン**、**メタンフェタミン**という人工化合物であるが、その合成に日本人が関わった事実を知っている人は少ないかもしれない。

日本の薬学者、長井長義は、ドイツ・ベルリン大学のホフマン[※01]の研究室に留学して日本に帰国後の1885年に、麻黄という植物からある一つの成分を単離し、**エフェドリン**と命名した。

これを受けて、ルーマニアの化学者ラザル・エデレアーヌ[※02]が同じベルリン大学に留学し、そこでエフェドリンから**アンフェタミン**の合成に成功したのは、1887年であった。そして1893年、長井らによってエフェドリンから**メタンフェタミン**が合成された。

長井によるエフェドリンの発見は、「漢方薬の麻黄から、咳止めに有効な成分エフェドリンを単離した」と説明されることがあるが、実際には長井はエフェドリンを単離しただけである。そもそも麻黄の効能も理解しておらず、エフェドリンの薬理作用を検討しても有用性を見出せず、研究を終えていた。

エフェドリンが気管支ぜん息の発作を抑えることを見出したのは、陳克恢とカール・F・シュミットで、長井に

よる単離から約 40 年を経た 1924 年のことだった。

エフェドリンは、化学構造が交感神経系の伝達物質ノルアドレナリンやアドレナリンに似ており、交感神経系に作用して気管支を拡張させる作用を有していたのだ。気管支が拡張すれば呼吸が楽になり、咳がおさまるというわけだ。

こうして麻黄およびエフェドリンの応用は、欧米からはじまった。

エフェドリンを原料として合成された、アンフェタミンとメタンフェタミンは、エフェドリンと同じように、気管支を拡張させて呼吸を楽にする効果があったので、当初はぜん息の治療を目的に実用化された。

ところが、米国でアンフェタミンを含む吸入式のぜん息治療薬として発売された**ベンゼドリン®**[03]が、本来の目的とは違うことに使われはじめた。アンフェタミンには脳の神経を興奮させる作用があるため、「眠らなくても疲れない」といわれるようになったのである。[04]

ドイツでは 1938 年に、アンフェタミンよりも覚醒作用の強いメタンフェタミンが**興奮剤**として発売されたが、「あまりに作用が強すぎて危険」と判断され、1941 年には危険薬物として規制された。

こうしてアンフェタミンとメタンフェタミンは、最も危険な薬とみなされるようになった。

ドイツが覚醒剤の規制を始めた 1941 年、日本では、アンフェタミンが**ゼドリン®**という商品名で[05]、メタンフェタミンが**ヒロポン®**という商品名で発売された。[06]

第二次世界大戦中には、その強い覚醒効果に注目した日本軍が戦争に利用したため[07]、数多くの兵士が期せずして覚醒剤中毒に陥り、戦後もずっとその副作用に

OH
エフェドリン

OH
HO
HO
アドレナリン

NH_2
アンフェタミン

メタンフェタミン

※ 03
Benzedrine®

※ 04
長距離トラックの運転手が疲労回復のために使ったり、「スーパーマンのようになれる」と学生が乱用するようになった。また、食欲減退効果もあったために、やせ薬として販売する業者も現れた。

※ 05
武田薬品工業

※ 06
大日本製薬（現在の大日本住友製薬）

※07
軍需工場の作業員に錠剤を配り、不眠不休で働かせた。また覚醒剤には瞳をひらく作用があるため、暗闇でも物がよく見えると期待して、夜間の監視員や戦闘機の搭乗員にも配られた。「猫目錠」とか「突撃錠」と呼ばれ、特攻隊にも利用された。

※08
1950 年ごろまでは、ハンコさえもっていけば誰でもアンプルや錠剤を薬局で買うことができたために、多忙な芸能人や作家、興味本位ではじめる若者たちにあっという間に広がった。タクシーの運転手や、夜間勤務の作業員などにも、「疲労回復にいい」とたいへん重宝されたようだ。

※09
東京・文京区本郷の小学校のトイレで小学 2 年生の女児が殺されているのが発見された。当時 20 歳だった犯人の男はヒロポン® 乱用者だった。

苦しめられることになった。

敗戦後、軍が所蔵していた覚醒剤が市場に流出したことで、戦後間もない闇市では、安く簡単に覚醒剤の注射用アンプルや錠剤が入手できた。

普通薬として新聞にも大々と広告が出されて、敗戦直後の日本で**覚醒剤乱用ブーム**が起こった。^{※08}

覚醒剤の危険性が認知され、法律（**覚せい剤取締法**）で規制されるようになったのは 1951 年のことである。それまでの戦後 6 年間は、覚醒剤を売買したり使用しても違法ではなく、薬局で誰でも買えるスタミナドリンク剤のようなものだった。

昨日まで売られていたものが突然「ダメ!」といわれてもそう簡単に消え去るわけがなく、1954 年には、覚醒剤事犯検挙者数は年間 55,664 人に達した（**第一次乱用期**）。

そして同年、**鏡子ちゃん殺害事件**^{※09}という悲劇が起こる。覚醒剤と殺人の因果関係は明らかでないが、この事件をきっかけに、覚せい剤取締法の罰則が強化された。徹底した取り締まりが行われるとともに、**精神衛生法**によって依存者を強制入院させて治療する対策がとら

「航空朝日」（昭和 18 年 12 月号）の広告

れ、1956年以降検挙者数は激減した（図1）。

　収まったかに見えた覚醒剤乱用ブームだが、1970年ごろから覚醒剤事犯検挙者数は増加に転じ、1984年には年間24,372人に達した（**第二次乱用期**）。

　このころ違法な覚醒剤の取引きは、組織的な闇のルートで行われるようになっていた。

　主に韓国や台湾で安く作られた覚醒剤が、日本に密輸され、何段階もの仲介者を経て密売された。使用者が手にする時点での末端価格は、元の値段の数百倍にも跳ね上がり、生じた儲けは、犯罪組織の資金源となった。

　1981年、**深川通り魔殺人事件**[※10]が起きた。逮捕に至るまでの様子がテレビ中継され、国民に大きな衝撃を与えた。

　取り締まりの強化や広報活動により、覚醒剤事犯検挙者数は微減して年間15,000人前後のまま推移したが、再び増加に転じ1997年には19,937人に達した（**第三次乱用期**）。

　このころは、犯罪組織に加え、イラン人等密売組織

※10
東京・深川の路上で、覚醒剤乱用者の男が主婦や児童を次々と包丁で刺し、うち4人を死亡させ、その後通行中の主婦を捕まえて人質とし中華料理店に立てこもった事件。

図1 日本の覚せい剤事犯検挙者数の推移

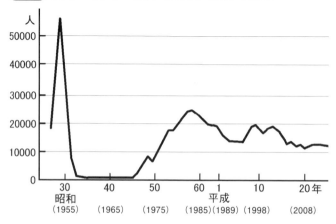

が街頭や携帯電話で密売するようになっていた。[11]

　芸能人が覚醒剤で逮捕されるという報道が繰り返され、2005年9月には総選挙直後に落選した元衆議院議員が、覚醒剤所持・使用で逮捕されるという衝撃的なニュースも報道された。

　さらに近年の特徴は、低年齢化が進み、中高生が**ファッション感覚やダイエット目的で乱用**するケースが増えたことである。[12]こうした背景には、生活水準の向上、核家族化・少子化、ITの進歩、国際化などがあり、一筋縄ではいかなくなっているのだ。

　今なお日本では、あらゆる薬物犯罪の中で、覚せい剤取締法違反が約80%を占めており、圧倒的に多いものとなっている。繰り返すが、この根深い問題は**日本国家が国民にバラまいたことがはじまりである**という事実を忘れてはならない。

　最新のデータ[13]では、2014年の覚醒剤事犯検挙者数は10,958人で、1998年からはじまった**薬物乱用防止戦略**が功を奏して減少したように思える。

　しかし実際には、覚醒剤に似た効果が期待される規制対象外の危険ドラッグが流行することで、一時的な覚醒剤離れが起きただけかもしれない。今後、危険ドラッグ対策が進むと、闇ルートでの覚醒剤犯罪は再び増える恐れがある。

　また、覚醒剤事犯者のうち、再犯者の数はまったく減っておらず（2014年7,067人）、総検挙者数に占める割合は増加の一途（2014年64.5%）をたどっている。一度覚醒剤に手を染めてしまったら、どうにもやめられないということを、数字が物語っている。

　エフェドリンには、アンフェタミンやメタンフェタミンよ

※11
製造元は主に中国とみられる。

※12
ただし、ここ10年で見ると、20歳代以下の若年層の覚醒剤事犯は大幅に減少し、むしろ40歳代以上で増えている。

※13
警察庁刑事局組織犯罪対策部が発表している「平成26年の薬物・銃器情報（確定値）」より。

りも弱いながらも、**中枢興奮作用**がある。エフェドリンを含む麻黄も同様で、医療目的で適正使用する場合でも**中枢性副作用**には注意しなければならない。

　薬局で売られている咳止め薬の中にはエフェドリンが入ったものがある。漢方では**葛根湯**、**麻黄湯、越婢加朮湯、小青竜湯、麻黄附子細辛湯、麻杏甘石湯、神秘湯、五積散**などに麻黄が含まれている。

　また、覚醒剤の製造に利用されることを防ぐため、エフェドリンおよびエフェドリンを 10%以上含む製品は**法律上覚せい剤原料**として規制されている。[12]

　米国では日本とは異なり、補助食品としてのハーブ製品はほとんど規制を受けることがなく、1990 年代から麻黄を配合したサプリメントが、**エフェドラ**や**マファン**[13]という名前で、健康食品店、フィットネスクラブ、インターネットなどで売られて大流行した。[14]

　エフェドリンには食欲減退作用があるため、ダイエットによいという触れ込みだった。米国では年間 1,000 万人以上が使用したといわれる。

　麻黄やエフェドリンを食品添加物として使用することが禁止されている日本でも、不法に個人輸入したり、通信販売を行うインターネット業者が現れ、製品の流通が横行した。それにより、その利用者が死亡する事故が相次いだ。

　エフェドリンには**心臓を興奮**させたり、**血管を収縮**させる作用もあり、使い方を誤ると**血圧上昇**や**心臓発作**、**脳卒中**などを引き起こす。

　エフェドラを好んで使用していた人は、とくにダイエットに熱心で、エフェドラを飲んだ後に激しい運動をする

※12
乱用もしくは覚醒剤製造に利用されないよう、風邪薬や漢方薬の扱いにも注意が必要である（詳しくは第 5 章を参照）。

※13
麻黄は英語で Ephedra。

※14
麻黄の漢音は ma huang。

※15
ボルティモア・オリオールズ
のスティーブ・ベヒラー投手。

※16
その後メーカーが禁止差し
止めの仮処分を申請した
が、2004年4月に却下さ
れている。

※17
具体的に検出された薬物
は、メタンフェタミンに似た
DEPEA
(N, α-diethylphenylethyl-
amine)
やアンフェタミンに似た
BMPEA
(β-methylphenylethyl-
amine)
などである。

DEPEA

BMPEA

フェンフルラミン

N-ニトロソフェンフルラミン

ことで死亡した例が多かった。

2003年2月には、大リーガー選手が熱射病による多臓器不全で死亡したが、大量のエフェドリンが血中から検出され、エフェドラの副作用が疑われた。これをきっかけに米国では、エフェドラの危険性が広く認知されるようになり、2003年12月に販売禁止となった。

ところがインターネット検索をしてみると、今なお麻黄入りのダイエットサプリメントを販売している業者があり、たいへん危険な状態であるといえる。

エフェドラ問題と同じように、米国では、2013年ごろから、ダイエット効果をうたった人気のサプリメント中に、覚醒剤に類似した薬物が含まれているケースが相次いでいる。サプリメントの成分表示には記載がなく、**植物の抽出物**などと偽って販売されていることが多い。

覚醒剤や類似薬物は、ドラッグの中でも合成が比較的容易で、今後も新しいものが出回る可能性が高いために、知らないうちに、あなたの手元にも届いている可能性がある。

1996年、日本でも、中国から輸入されたダイエット茶に**フェンフルラミン**という薬物が混入していた事件があった。フェンフルラミンは覚醒剤に構造が似ており、海外では**食欲抑制薬**として応用されている国もあるが、日本では認められていない。

その後、**N-ニトロソフェンフルラミン**という別の類似薬を含む中国製健康食品も見つかり、それが原因とされる死亡事故も報告されている。

「ハーブ」＝「自然」＝「体にやさしい」という、短絡的なイメージがあるためか、**天然素材**などという触れ込みにひっかかって、手を出してしまう消費者が多い。

しかし、自然ほど怖いものはない。多くの薬やドラッグの元をたどると、もともと自然にあった物質である。

また、サプリメントの成分表示はとてもいい加減で、ひどい場合にはウソが書いてあることもある。[19]

サプリメント業者の目的は基本的に金儲けである。

その罠にひっかかって自分の身を滅ぼすことにないようにしたいものだ。

※ 19
エフェドラの場合、麻黄やエフェドリンの含量は製品によってまちまちで、表示されている量よりも、100 〜 1000 倍も多く含んでいるものもあるらしい。

●その他の中枢興奮薬

メチルフェニデートは、スイスのチバ社[01]のレアンドロ・パニゾン[02]によって 1944 年に合成され、覚醒剤に類似した中枢興奮作用を示す医薬品である。

もっとも有名な販売名は、**リタリン®**[03] で、日本では**うつ病**（1957 年）ならびに**ナルコレプシー**[04]（1978 年）の治療薬として認可された。ところが近年、リタリン® の不正な譲渡・販売の事件が相次いで起きている。

たとえば、1998 年 4 月には、千葉県八街市の女医が、リタリン®500 錠を受験勉強中の長男に不正譲渡するという事件があった。

2002 〜 2003 年には、インターネットでの不正販売や競売が摘発され、2005 年には、名古屋市の男性が、医師が十分な診断もせずに処方したリタリン® を服用し続け、依存症になった末に自殺した。

2007 年にこの事件が報道されたのをきっかけにして、問題がクローズアップされ、同年 10 月、厚生労働省はうつ病をリタリン® の適応症から外した。

ノバルティス社は、リタリン® の薬物依存を防ぐべく、流通を規制する考えを固め、2008 年 1 月以降、あら

※ 01
現ノバルティス社。

※ 02
Leandro Panizzon

※ 03
Panizzon の妻のニックネーム "Rita" からつけたという説がある。

※ 04
「睡眠発作」ともいわれる過眠性の睡眠障害。昼間に突然、耐えがたい眠気におそわれたり、笑ったり、びっくりしたりしたときに、全身の力が抜けて倒れてしまうこともある。

メチルフェニデート
（第一種向精神薬）

エチルフェニデート
（指定薬物, H24.12−）

かじめ登録した専門医しか処方できないように、その使用方法を変更した。

　一方、メチルフェニデートの徐放性製剤は、**コンサータ®**という販売名で、**注意欠陥多動性障害**[※05]の治療薬として認められ、日本でも 2007 年 12 月から発売・使用されている。徐放性製剤は、体内で徐々に薬が溶け出して、ゆっくりと効いていくので比較的安全である。

　現在、メチルフェニデートは**第 1 種向精神薬**[※06]に指定されている。また、最近、メチルフェニデートに類似した**エチルフェニデート**が、危険ドラッグとして出回っているのが見つかっており、注意するべきであろう。

　ピプラドロールは、1940 年代に開発された中枢興奮薬で、ナルコレプシーや精神運動抑制の治療に応用された。日本では 1957 年から発売されたものの、あまり医療現場で使用されなかったうえに、乱用が懸念されたため、現在では発売中止となっている。法制上は**第3種向精神薬**である。

　近年では、化学構造が類似した**ジフェニルプロリノール**[※07]や Desoxy-D2PM が、危険ドラッグとして出回っているのが見つかっており、やはり注意が必要である。

※05
ADHD : Attention Deficit
Hyperactivity Disorder

※06
向精神薬（精神に作用する薬）のうち、乱用の恐れがあり、注意が必要なもの。

※07
別名：D2PM

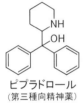
ピプラドロール
（第三種向精神薬）

ジフェニルプロリノール
（指定薬物, H21.11-）

Desoxy-D2PM
（指定薬物, H25.5-）

3 » 危険ドラッグの歴史3 サイケデリック系

●メスカリン

　古代から世界には、シャーマニズムと呼ばれる信仰があり、それを司るのが**シャーマン**（祈祷師）である。

　シャーマンは、儀式を執り行い、**トランス状態**に入る[*01]ことで、霊など超自然的存在と交信したり、その能力で病気の治療をすることもあるという。現代の科学から見てその真偽は定かではないが、シャーマンによる儀式には植物が利用されていることが多いのは興味深い。

　アメリカ南西部からメキシコが原産とされる**ペヨーテ**というサボテンや、南米ペルーの**サンペドロ**というサボテンも、そうした儀式に使われた植物だ。

　ペヨーテを乾燥させたものを噛んだり煎じて飲むことによって、幻覚が現れる。

　サンペドロは、煮詰めて食されるが、やはり幻覚を生じる。おそらくシャーマンは、植物に含まれる化学物質の作用として起こる幻覚を、儀式や治療に利用していたのだろう。

　そして後に、ペヨーテもサンペドロも、幻覚を引き起こす成分として**メスカリン**[*02]を含むことが明らかとなった。

　メスカリンは、1896年にドイツ人化学者アルトゥール・ヘフターと、L.レビンによって単離された。[*03]

　メスカリンの幻覚作用は人々を引きつけ、嗜好目的で

※ 01
通常とは異なった意識状態。

ペヨーテ

※ 02
メスカリンという名は、アメリカ南西部の先住民であるメスカレロ・アパッチ（Mescalero Apache）に由来する。

※ 03
はじめて化学合成に成功したのは、1919年オーストリア人化学者のErnst Späth。

も使用された。身体的依存性はないが、中程度の精神的依存性があり、アメリカ合衆国では1970年から規制され、1971年には国際的にも禁止された。

日本では覚醒剤のような乱用ブームには至っていないが、**麻薬指定**されている。[※04]

メスカリンという名前で出回っている危険ドラッグもあるようだが、実際にはメスカリンが入っているのではなく、ほかのドラッグが偽って入っていることが多い。

● MDMA、フェネチルアミン系ドラッグ

覚醒剤の**メタンフェタミン**、アンフェタミンと、幻覚剤の**メスカリン**は、化学構造が似ている。どちらも**フェネチルアミン**（またはフェニルエチルアミン）という基本構造を含んでいる。

フェネチルアミン構造は、脳内神経伝達物質の**ノルアドレナリン**にも含まれており、覚醒剤やメスカリンは脳におけるノルアドレナリンの働きに影響して、覚醒作用や幻覚作用を示すと考えられている。

つまり、フェネチルアミンという基本構造は変えずに、少し手を加えて違う化合物を合成すれば、新しいドラッグになる。実際にフェネチルアミン系ドラッグは、合成が比較的容易だったためか、次々と生み出された。**MDMA**[※01]はその一つだ。

もともとは1912年にドイツの化学メーカー・メルク社が合成したもので、覚醒剤のメタンフェタミンと幻覚薬のメスカリンを合体させたような化学構造をしており、覚醒作用と幻覚作用を併せ持つ。

覚醒剤に食欲を抑える作用があることに着目して、

※04
1995年に地下鉄サリン事件を起こしたオウム真理教が密造を試みたといわれる薬物リストに、メスカリンが含まれていた。儀式に使おうとしたのか、その目的は不明である。

メタンフェタミン

メスカリン

フェネチルアミン

MDMA

※01
3,4-メチレンジオキシメタンフェタミン。人気女優の夫として知られていた俳優が、マンションの部屋でホステスと一緒に使用し、そのホステスが死亡した2009年の事件で話題になった。

食欲抑制薬を作ろうとしたようだが、結局は医薬品とし
て製品化されなかった。

　ところが、1960年代になって、アレクサンダー・シュ
ルギン[※02]が再合成し、その後、製品化されたMDMAは、
PTSD（心的外傷後ストレス障害）の治療に用いられ
るようになった。

　一方でシュルギンが、さまざまなドラッグ[※03]の合成法や
効果などを記した著書を出版したために、MDMAは
娯楽用のドラッグとして爆発的に普及し、乱用者を大量
に生み出した。

　MDMAは、急性毒性として、高体温や不整脈など
の**重篤な症状**を引き起こしたり、精神的依存を形成し
やすく、使い続けると**錯乱状態**に陥ったり、**腎臓や肝
臓の機能障害**を起こすことがある。乱用性が高く、医
療用途の見込みのない**違法薬物**として、アメリカでは
1985年に規制された。

　日本では、**麻薬及び向精神薬取締法**によって規制さ
れ、錠剤に覚醒剤が混入している場合は、**覚せい剤取
締法**の対象となる。

　しかし、規制後もMDMAは闇市場で流通している。

　本来は白色粉末だが、さまざまな着色がされ、文字
や絵柄の刻印が入った錠剤の形で、俗に**エクスタシー**
などと呼ばれて密売されている。[※04]

　MDMAと同類のドラッグに、**MDA**[※05]、**MDEA**[※06]、
MBDB[※07]があり、いずれも**麻薬指定**されている。

　また、覚醒剤に類似した化合物として合成された
PMA[※08]は、1970年代ごろから欧米でMDMA様の錠
剤として出回ったが、死亡事故が相次いだため、国際
的に違法薬物として規制され、日本でも麻薬に指定さ

※02
Alexander T "Sasha"
Shulgin
アメリカのダウ・ケミカル社
の研究者。

※03
特に幻覚剤が多い。

※04
2009年に逮捕された元
アイドルの女性芸能人や、
2014年に逮捕された人気
男性デュオの歌手は、主に
覚醒剤を所持・使用したと
報道されているが、「エクス
タシー」も違法に使用して
いたという。

※05
3,4-メチレンジオキシアン
フェタミン

※06
3,4-メチレンジオキシ-N-
エチルアンフェタミン

※07
N-メチル-1,3-ベンゾジオ
キソールブタンアミン

※08
パラメトキシアンフェタミン

PMA（麻薬）

PMMA（麻薬, H25.3-）

※09
パラメトキシメタンフェタミン。化学構造は似ているものの、覚醒剤のような中枢興奮作用は示さず、抗うつ作用や幻覚作用が見られるので、本書ではサイケデリック系に分類した。

※10
ピーカル；
Phenethylamines i Have Known And Loved。1991年出版。現在インターネットサイトでも内容が公開されている。

れている。**PMMA**[09]も、1990年末ごろから欧米で出回りはじめ、多数の死亡事故を引き起こした。

　日本では2005年ごろに流通しはじめたため、2007年4月施行の**指定薬物第一弾リスト**に含まれたが、その後も流通したため、2013年から麻薬に格上げ指定された。

　MDMAを再合成したシュルギンが、新しい幻覚剤の合成に取り組み始めたのは、1960年ごろ、自らメスカリンを飲み、その効果に衝撃を受けたからだといわれている。

　つまり、より効果が強く、かつ違法でない幻覚剤を作り、自分で使いたかったらしい。実際に、シュルギンはダウ・ケミカル社を辞めてから自分の研究室で精力的に化学合成を行い、できた化合物を自分や妻に試した。

　とくに、覚醒剤、メスカリン、MDMAに類似したフェネチルアミン系の幻覚薬をたくさん作り出した。彼の著書の一つ『PiHKAL』[10]には、179種類ものフェネチルアミン系ドラッグの合成法や、効果が記された。

　彼が作った化合物の研究を通して、「化学構造と作用の関係が一部解明された」として、彼の業績を称える人もいるが、「今の危険ドラッグ問題は彼のせいで起きた」という厳しい評価もある。

　実際、近年出回った危険ドラッグの中には、彼が生み出したものも含まれている。

　シュルギンが作った、フェネチルアミン系ドラッグの代表として、「Doxシリーズ」と称される一群の薬物がある（次ページの図2）。

　覚醒剤であるアンフェタミンのベンゼン環の2位と5位に、メトキシ基がついた化合物で、すべての化合物

名は 2,5-DimethOxy-4-●-amphetamine（di は
2 つという意味。●の部分が薬物ごとに異なる）となる
ことから、DOx と総称されている。ベンゼン環の 4 位
にさまざまな置換基を導入し、**DOB**、**DOC**、**DOET**、
DOI、**DOM**、**DON** などを生み出した。

アンフェタミンに化学構造が似ているものの、覚醒剤
のような興奮作用は示さず、後述する **LSD** のような
幻覚作用を示す。すべて、**セロトニン受容体**を刺激す
る作用があり、研究用試薬として、薬理学実験にも使
われる。[11]

これらのうち、現在 DOB、DOET、DOM は**麻薬**、
DOC、DOI、DON などは**指定薬物**となっている。

シュルギンが作ったフェネチルアミン系ドラッグのもう
一つの代表が、**2C シリーズ**である（図 2）。

2C は、フェネチルアミンのベンゼン環とアミノ基の間
に 2 個の炭素（C）が入っていることに由来してシュル
ギン自身が考案した名称だ。ところが、よくよく考えて

※ 11
私自身も DOI を実験に使っ
て、セロトニン受容体の研
究を行ったことがある。

図 2

	DOxシリーズ	2Cシリーズ	NBOMeシリーズ
● = Br	DOB（麻薬）	2C-B（麻薬, H10.7–）	25B-NBOMe（指定薬物, H24.12–）
Cl	DOC（指定薬物, H20.12–）	2C-C（指定薬物, H19.2–）	25C-NBOMe（指定薬物, H26.3–）
C₂H₅	DOET（麻薬, H1.12–）	2C-E（指定薬物, H19.2–）	25E-NBOMe
I	DOI（指定薬物, H19.12–）	2C-I（麻薬, H20.1–）	25I-NBOMe（指定薬物, H24.10–）
NO₂	DON（指定薬物, H22.8–）	2C-N（指定薬物, H26.6–）	25N-NBOMe

みると、すべてのフェネチルアミン系化合物は 2C であるから、さまざまなタイプの類縁体を合成しようとしていたのかもしれない。

　ただし、実際にシュルギンが合成した 2C シリーズは、フェネチルアミンのベンゼン環の 2 位と 5 位にメトキシ基がついた化合物で、その化学名はすべて 2,5-dimethoxy-4- ● -phenethylamine（●の部分が薬物ごとに異なる）である。

　そして、ベンゼン環の 3 位と 4 位にさまざまな置換を導入し、**2C-B** 、**2C-C**、**2C-I**、**2C-N**、**2C-E**、**2C-T-2**、**2C-T-4** 、**2C-T-7** などを生み出した。

　ちなみに先の DOx がアンフェタミンの誘導体、2C がフェネチルアミンの誘導体である関係から、DOB と 2C-B、DOC と 2C-C、DOET と 2C-E、DOI と 2C-I、DON と 2C-N などが、それぞれα位炭素にメチル基がついているか無いかだけが違う関係になっている。

　その後 2C シリーズは化学メーカーによって製造・販売され、インターネット等の普及もあり、露店販売だけでなくオンライン通販で世界中に流通した。

　中でも、2C-B は作用が強く、その幻覚作用は MDMA の 5 倍、メスカリンの 35 倍といわれる。

　現在までに 2C-B（1998 年）、2C-I（2008 年）、2C-T-2（2008 年）、2C-T-4（2008 年）が麻薬として規制され、ほかの 2C 系ドラッグも、段階的に指定薬物となっている。法的規制がされた現在でも、2C シリーズは MDMA と同じように闇市場で流通しているようである。[※12]

　それから、フェネチルアミン系で、もう一つ要注意な化合物群がある。

2003 ～ 2004 年に、ドイツ・ベルリンのフリー大学で、ラルフ・ヘイムは、シュルギンが作った 2C 系ドラッグを修飾した、新しい化合物を合成した。

これらの化合物は、その後米国・パデュー大学のデービッド・ニコラスによって構造活性相関が研究され、2C 系に N-Benzyl-Oxy-Methyl 基をつけた化合物なので、**NBOMe シリーズ**と呼ばれており、**25B-NBOMe**、**25C-NBOMe**、**25I-NBOMe** などが代表的なものである。当初の目的は、「より効果的なセロトニン作動薬を作り、新しい精神病治療薬として開発する」ということだったと思われるが、医薬品として実用化されたものはなく、2010 年ごろから嗜好目的で乱用されるようになった。

NBOMe 系ドラッグは、製造コストが安いうえに、NBOMe が付加されたことで、2C 系より効力が強くなった。つまり少量で作用が出るということになる。

少量で作用が出るということは、業者が売り買いするときに、運ぶ量が少なくて済むことにもつながり、既存のドラッグが次々と規制されていく中で、代替としては申し分ない存在となった。当初は粉末で売買されていたのが、近年は**ペーパー・ブロッター**という紙に溶液を染み込ませたものが扱われている。

NBOMe 系ドラッグは、LSD よりもはるかに少量で効くため、LSD だと思って買ったユーザーは、結果的に過量を使用することとなり、その急性毒性によって**心臓の異常**、**低体温**、**呼吸困難**などを起こし、緊急搬送または死亡するケースが相次いでいる。

2013 年 6 月に、オーストラリアのシドニーで、17 歳の少年ヘンリー・クワンが、アパートの 3 階から自ら

※ 13
Free University

※ 14
Ralf Heim

※ 15
Purdue University

※ 16
David Nicholas

※ 17
エンボーメーと発音する。

※ 18
別名：NBOMe-2C-B

※ 19
別名：NBOMe-2C-C

※ 20
別名：NBOMe-2C-I

※ 21
以前は LSD がペーパー・ブロッターで売買されていたこともあり、LSD と偽る売人も多い。

※ 22
Henry Kwan

飛び降りて死亡するという痛ましい事件があった。

彼はドラッグを使用後、幻覚のために「自分は空を飛べる」と信じて飛び降りたという。

彼が使ったドラッグはまさに25I-NBOMeだった。

もともとは、ある高校生がインターネットを使って中国からドラッグを輸入し、それを友人に5ドルで売り、さらにその友人が、亡くなった少年に10ドルで売ったという。元値は1.5ドルほどの錠剤であったために、地元の新聞は "Teen jumps to his death after $1.5 drug hit" [23] という見出しで事件を報じた。

日本でも、2012年ごろからNBOMe系ドラッグが流通しはじめたため、25I-NBOMe, 25C-NBOMe, 25B-NBOMeが順次、指定薬物となり、さらに2015年11月から麻薬に指定されている。しかし、すでにインターネットでの裏の販売ルートが確立しているために、販売店での買取り調査などでは対応しきれないのではないかと思う。

後述する**カチノン類**や、**合成カンナビノイド**の取締りが厳しくなっている現在、NBOMe系ドラッグが最も注意すべき存在となっている。

●カチノン類

カチノンは、エチオピアを起源として現在アラビア半島から東アフリカに自生する植物、**カート** [01] に含まれる成分で、覚醒剤に類似した精神作用を示す。

カチノンの化学構造は、覚醒剤のアンフェタミンのβ位炭素に、酸素原子が二重結合したものである。 [02]

薬物は化学構造の違いによって、**水溶性**（水に溶け

※23
「若者は1.5ドルのドラッグに出会い、死のジャンプを行った」

※01
Khat、チャットともいう。現地では、カートの葉を噛む習慣がある。

※02
このような形を「ケト基」という。

やすい）か、**脂溶性**（油に溶けやすい）かの性質が
変わる。

　また、薬物が脳に作用するためには、血液脳関門
という障壁を通過して、脳に移行しなければならない。
一般に、脂溶性の薬物は脳に移行しやすく、水溶性の
薬物は脳に移行しにくい。

　カチノンは、ケト基がつくことによって、アンフェタミン
よりも脂溶性が低く、血液脳関門を通過しにくい。その
ため、覚醒作用を示すカチノンの効力は、アンフェタミ
ンの3分の1くらいしかない。そのためか、カチノンは
あまり注目されていなかった。

　ところが、2004年オランダで登場したエクスプロー
ジョンという液体ドラッグ[※03]から、**bk-MDMA**[※04]が検出さ
れた。

　bk-MDMAは、先述の合成ドラッグMDMA（1912
年メルク社）のβケトン体（bk-）で、シュルギンらによっ
て1996年にはじめて合成されたものである。

　当初は抗うつ薬としての応用も考えられたが、実用
化はされていなかった。

　2008年ごろに、ヨーロッパで出回っていた白い粉末
状のドラッグからは、bk-MDMAのほか、MDPV、
メフェドロンが検出された。

　MDPV[※05]は1960年代にドイツ・ベーリンガー・イ
ンゲルハイム社で合成されたもので、化学構造が
MDMAに似ているが、作用はMDMAと異なり、**ノ
ルアドレナリン・ドーパミン再取り込み阻害薬**（NDRI）
として作用することが知られている。

　メフェドロン[※06]は、サエム・デ・ブルナガ・サンチェス[※07]
によって1929年にはじめて合成されたが、あまり知ら

カート Khat

ケト基　α NH₂　β

カチノン

α NH₂　β

アンフェタミン

※03
見かけは消臭剤として売ら
れていた。

※04
別名：メチロン

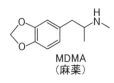

MDMA
（麻薬）

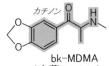

カチノン

bk-MDMA
（麻薬, H19.2-）

※05
メチレンジオキシピロバレ
ロン

※06
4-メチルメトカチノン

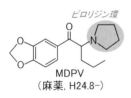

※07
Saem de Burnaga
Sanchez

ピロリジン環

MDPV
（麻薬, H24.8-）

メフェドロン
（麻薬, H24.8-）

※08
バスソルトは本物の入浴
剤とそっくりだが、中には
MDPVやメフェドロンが主
に混入されていた。

※09
日本でも2007年に麻薬指
定されている。

※10
いわゆる「マイアミ・ゾンビ」
事件。

※11
1928年に米国の研究グ
ループが、エフェドリンの酸
化反応によりはじめて合成
した化合物。1930～1940
年代にはソ連で抗うつ薬と
して利用されたこともある。

れていなかった。

　bk-MDMA、MDPV、メフェドロンは、生まれたルーツも違うし、作用も微妙に違うが、「法律で規制されていないが、覚醒剤の後継になりうるドラッグ」として再発見された。カチノンと同じ構造を共通して持つので、**カチノン類**と総称される。

　合成カチノン類を成分とする粉末状の製品は、2010年ごろから米国で、**バスソルト**と呼ばれて広まっていった。

　bk-MDMAは、覚醒剤関連ドラッグとともに、いち早く違法薬物として規制されたので、このころには出回らなくなっていたと思われる。

　ところが驚くべきことに、バスソルトはガソリンスタンドや、コンビニエンスストアでも売られていたのだ。

　2012年5月、米国フロリダ州マイアミで、人間が人間の顔面を食べるという恐ろしい事件が起きた。

　通報を受けて警官が駆けつけたところ、全裸の男がホームレスの顔にかじりついていて、制止してもやめず、拳銃を発砲されても食べ続けた。最終的に男は射殺されたが、被害者の顔面の約75%が失われていたという。

　犯人の男はバスソルトを使用した疑いがもたれているが、検査の結果体内から薬物は検出されておらず、真偽は定かでない。

　2011年7月の東京都の買取り調査で、「アロマリキッド」と称して売られていた瓶入りの液体から、**エトカチノン**という合成カチノン類が検出された。エトカチノンは、日本では2008年に指定薬物として規制されていたために、この件は違法と判断された。

　そしてその同時期に輸入されるようになったのが、バ

スソルトだ。バスソルトの粉を乾燥植物につけ、**ハーブ**として広まったことで、2000 年代の日本ではマイナーだったカチノン類が、一気に主流となった。

2012 年 10 月、静岡県菊川市のアパートで奇声を発しながら全裸で暴れていた男性が、通報を受けて現場に到着した警察官に取り押さえられるうち、突然動かなくなり死亡した。男性の遺体と部屋から合成カチノン類の一つ、**α -PVP**[12]が見つかった。

α -PVP は、1960 年に合成されたカチノン類だが、バスソルトに主に入っていた MDPV と、メフェドロンが厳しく規制されるようになると、代わりにα -PVP がバスソルトに混入され、2011 年ごろから多く出回るようになった。[13]

また、α -PVP と構造が似た **MDPBP**[14]や、**デスエチルピロバレロン**も同じように出回るようになり、それぞれ 2012 年に指定薬物として規制されたが、裏市場には流出していたようだ。

2012 年ごろから続発した、ハーブ吸引が原因とされる乗用車の暴走事故についても、カチノン類が関与していた可能性がある。

なぜここまでカチノン類が急速に広がったのだろうか? その理由は三つある。

まず第一に、覚醒剤、及び関連ドラッグが次々と規制されていく中で、似た覚醒作用を示すドラッグとしてカチノン類が注目されたことが上げられる。

「規制が新しいドラッグの登場をもたらす」という指摘もあり、確かに覚醒剤が自由に使えれば、カチノン類は相手にされなかっただろう。

しかし、だからといって、現存するドラッグを放置する

※ 12
α - ピロリジンバレロフェノン

※ 13
2013 年 6 月、薬物犯罪の逮捕歴が何度もある歌手兼俳優が、東京・渋谷でフラつきながら歩いているところを逮捕された事件でも、尿中からα -PVP が検出された。

※ 14
3',4'- メチレンジオキシ - α - ピロリジノブチロフェノン

ピロリジン環

MDPV
（麻薬, H24.8–）

α-PVP
（麻薬, H25.3–）

MDPBP
（カチノン包括, H26.1–）

デスエチルピロバレロン
（カチノン包括, H26.1–）

エトカチノン
（麻薬, H25.3–）

bk-MDEA
（麻薬, H26.1–）

ことはやはりできない。

　第二に、β位炭素がケト基となったカチノン類は、β位炭素に水素しかついていないフェネチルアミン類よりも、化学合成が容易だということがある。

　ある化合物が規制されても、少しずつ構造の違うものを次々と供給できる上に、安く作ることができることから、「儲かる」と考えられたのだ。

　第三に、カチノンは覚醒剤よりも脂溶性が低く、脳に移行しにくかったが、カチノンにさまざまな炭素鎖や炭素環を付加させた誘導体は、脂溶性が増して脳移行性が高く、強い精神作用を示したからである。

　実際に出回った合成カチノン類は、カチノンのアミン部位に炭素鎖や炭素環が付いたものである。とくに、MDPVやα-PVPのように、窒素原子上に環状の炭化水素鎖（ピロリジン基）が付いたものは、脳移行性が高い。

　bk-MDMA（＝メチロン 2007年）、MDPV（2012年）、メフェドロン（2012年）、エトカチノン（2013年）、α-PVP（2013年）、bk-MDEA（＝エチロン 2014年）の6つが、現在までに「麻薬」に格上げされて規制された。

　しかし、とくにMDPVや、α-PVPのように、ピロリジン基が付いたカチノン類が次々と出回り、いたちごっこは続いた。

　そして、ついに2014年1月にカチノン類の**包括指定**が施行され、前述のMDPBPやデスエチルピロバレロンは指定薬物となった。

　包括指定では、今の化学合成の技術で作り出すことが可能と考えられる化合物をできる限り含めて、まだ市

場に出回っていない化合物も指定された。

　包括指定によってカチノン類の流通が減ると期待されたのだが、包括指定後の 2014 年 3 月〜 10 月には包括指定に含まれていなかった 12 成分が見つかり、追加指定となっている。

　包括指定で一時的に縮小したとしても、カチノン類が危険ドラッグ市場から消える日は遠いかもしれない。

　包括指定後に見つかった中には、**フタルイミドプロピオフェノン**のような変わり者もいた。[※15]

　この化合物が変わっているのは、それ自身には効果がないのだが、体内に入ってから化学構造が変わり、効果を発揮するという点だ。このような化合物を一般に**プロドラッグ**という。

　フタルイミドプロピオフェノンを摂取すると、体内でフタルイミド環が壊れて（図中の点線のところが切れて）、なんとカチノンができるのだ。まさに「仮面をかぶったカチノン」である。

　今後、このようなプロドラッグ型の化合物が出てくるとなると、いたちごっこはまだまだ終わりそうもない。

　また、カチノン類について厄介なことがもう一つある。実はカチノン構造は、現在用いられている医薬品にも含まれているのだ。

　たとえば、ブプロピオンは、カチノン構造を含み、米国などでは**抗うつ薬**や、**禁煙補助薬**として認可されている（日本では未承認で使用されていない）。

　今後新たにカチノン類を包括指定する際には、医薬品開発が阻害されないような対応も、考えなければならない。

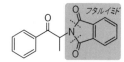

フタルイミドプロピオフェノン
（指定薬物, H26.9–）

※ 15
フタルイミドプロピオフェノンは、カチノンを合成するときにできる中間体として知られており、不純物として危険ドラッグに混在していた可能性もある。

ブプロピオン

●ピペラジン系

現代の医薬品開発においては、化学者が興味ある化学構造に注目して誘導体を合成し、「どんな作用があるか」「どんな病気の治療に適しているか」を検討することで、新しい医薬品が生み出されることが多い。

ピペラジン、あるいは**フェニルピペラジン**もそんな化学構造の一つで、多数のフェニルピペラジン誘導体が抗精神病薬、抗うつ薬、鎮咳薬、抗菌薬、高血圧治療薬などとして開発され、医療に貢献している。

ところが近年、ピペラジン、あるいはフェニルピペラジン系の薬物が危険ドラッグとして出回っている。

最初に見つかったのは**BZP**(ベンジルピペラジン)で、1990年代初めに米国カリフォルニア州において嗜好目的で使用され始めたとの報告がある。

BZPは、もともと1950年代に駆虫薬として検討されたピペラジン誘導体の一つで、その後抗うつ薬としても検討されたが、覚醒剤のような中枢興奮作用があり、乱用の危険があるため、実用化されなかったものだ。

ピペラジン誘導体の中には、抗精神病薬や抗うつ薬となったものや、研究用試薬として使われるセロトニン作動薬がたくさんあることから、ピペラジン誘導体が精神に影響するドラッグになりうることは想定できたかもしれない。

BZPに続き、**TFMPP**(トリフルオロメチルフェニルピペラジン)、**3CPP**(3-クロロフェニルピペラジン)などが出回った。

BZPやTFMPPなどを含む錠剤は、**パーティー・ピルズ**と呼ばれ、2000年ごろからニュージーランド、そ

ピペラジン

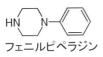

フェニルピペラジン

BZP
(麻薬, H15.10-)

して欧米に広がり、日本にも密輸入されているようだ。

　現在日本では、BZP、TFMPP、3CPP が麻薬として規制されている。

　また、**4MPP**（4-メトキシフェニルピペラジン；別名：4-MeOPP）、**MBZP**（メチル BZP）、**1-(3-メチルベンジル) ピペラジン**、**MT-45**、**4FPP**（4-フルオロフェニルピペラジン）、**2,3-DCPP**（2,3-ジクロロフェニルピペラジン）が次々と出回っているのが見つかり、指定薬物として規制されている。

　ピペラジン系ドラッグは、覚醒剤と類似した作用を示す。血圧の上昇、頻脈などが起こり、錯乱や幻覚を生じることもある。

　流通する形態の特徴として、MDMA や覚醒剤の錠剤に一緒に入っていることが多い。ピペラジン系ドラッグは、MDMA や覚醒剤よりも原価が安いので、かっこうの代替品になるというわけだ。今なお流通しているMDMA 風（エクスタシーなど）の錠剤型薬物の大半に、ペラジン系ドラッグが含まれているという。

　MDMA と、ピペラジン系ドラッグの混合錠剤を使用して、死亡した例が報告されている。

●トリプタミン系ドラッグ

　前述の幻覚サボテンのように、シャーマニズムの儀式に用いられる植物はほかにもある。

　アヤワスカは、南米に自生する、**カーピ**という、つる植物の別名であるとともに、カーピにいくつかのほかの植物を混ぜて煮出すことにより作られる「飲み物」のことである。

TFMPP
（麻薬, H15.10-）

3CCP
（麻薬, H18.10-）

4MPP
（指定薬物, H19.2-）

MBZP
（指定薬物, H19.2-）

1-(3-メチルベンジル)
ピペラジン
（指定薬物, H26.6-）

MT-45
（指定薬物, H25.6-）

4FPP
（指定薬物, H21.10-）

2,3-DCPP
（指定薬物, H25.4-）

アヤワスカを飲むと幻覚が起こり、アマゾン熱帯雨林のシャーマンはこれを儀式や治療に利用した。

特に視覚に及ぼす作用が強く、幾何学的な模様や植物、動物、幻想的な建物などの鮮やかなイメージが段階的に現れるという。それが**透視**とか、**予知**として説明されていると思われる。

近代の化学分析により、カーピには**ハルマリン**や、[*01]**ハルミン**という成分が、またカーピと組み合わされる**チャクルーナ**（*Psnchotria Viridis*）、**チャクロパンガ**（*Diplopterys*）などの植物の葉には、**DMT**（ジメチルトリプタミン）や、**5-MeO-DMT**（5-メトキシ-*N,N*-ジメチルトリプタミン）が含まれることがわかった。

アヤワスカの幻覚作用の本体は、DMT と 5-MeO-DMT であるが、胃にあるモノアミン酸化酵素によって速やかに分解されてしまうため、これらだけを飲んでも効果は現れない。

ところが、ハルマリンやハルミンにはモノアミン酸化酵素を阻害する作用があるので、一緒に飲むと、DMT や 5-MeO-DMT が分解されずに、幻覚作用が現れるというわけだ。[*02]

わかってしまえば「なるほど」と思うが、経験だけで自然にある多数の植物の中から、相乗効果をもたらす絶妙な組み合わせを見つけた先祖の知恵には、驚くしかない。

DMT と 5-MeO-DMT は、**トリプタミン**という共通の基本構造を含んでいる。

トリプタミン構造は、脳内神経伝達物質の**セロトニン**に含まれており、DMT などは脳におけるセロトニンの働きに影響して、幻覚作用を示すと考えられる。つまり、

※01
アヤワスカを飲むと激しい吐き気をもよおし、儀式では吐くことが浄化（体から悪いものを出す）になるとしているが、これはハルマリンの薬理作用であることがわかっている。

チャクルーナ

※02
その後、DMT と 5-MeO-DMT は合成が可能となり、嗜好目的で使用されるようになったが、単独で飲んでも効果がないので、モノアミン酸化酵素阻害薬（ハルマリンやハルミン）を同時に飲むか、喫煙や注射などで摂取された。

トリプタミンという基本構造は変えずに、少し手を加えて違う化合物を合成すれば、新しい類似薬を手に入れることができる。

DMT
（麻薬）

5-MeO-DMT
（指定薬物, H19.4-）

トリプタミン

HO セロトニン

エトリプタミン（α-エチルトリプタミン）は、その名の通り、トリプタミン構造に注目して作られた化合物の一つで、1960年代にアップジョン社から、抗うつ薬として発売された医薬品である。

うつ病の原因は解明されていないが、うつ病患者の脳では、脳内神経伝達物質のノルアドレナリンやセロトニンの働きが低下していることから、それらの量を増やせば症状を改善できると考えられる。

エトリプタミンは、ノルアドレナリンや、セロトニンを分解するモノアミン酸化酵素を阻害する作用がある。

それによって「脳内のノルアドレナリンやセロトニンの量を増やすことができる」と考えられ、抗うつ薬として開発されたのだが、発売後、無顆粒球症という副作用が問題となり使用中止となった。

ところが1980年代になって、幻覚を引き起こす**トリプタミン系ドラッグ**として注目され、嗜好目的で使用されるようになり、アメリカでは1993年に違法薬物として規制された。

AMT（α-メチルトリプタミン）も、1960年代にアップジョン社で開発された抗うつ薬だが、エトリプタミンと同じ道をたどった。

DET（*N,N*-ジエチルトリプタミン）は、DMTに似た化合物として合成されたが、DMTと違って、モノアミン酸化酵素阻害薬の助けを借りなくても、単独で幻覚作用を示した。

これ以外にも、シュルギンは、多数のトリプタミン系ド

※03
ティーカル;
Tryptamines i Have
Known And Loved。
1997年出版。現在インター
ネットサイトでも内容が公開
されている。

ラッグを合成し、著書『TiHKAL』[03]にそれらの合成法
や効果を記している。

その中には、アミノ基にさまざまな構造をつけた、
DPT（*N,N*-ジプロピルトリプタミン）、**MIPT**（*N,N*-
メチルイソプロピルトリプタミン）、**DIPT**（*N,N*-ジイソ
プロピルトリプタミン）、**EIPT**（*N,N*-エチルイソプロピ
ルトリプタミン）、**DALT**（*N,N*-ジアリルトリプタミン）な
ど多数のトリプタミン誘導体がある。

また、アヤワスカに含まれていた 5-MeO-DMT をヒ
ントにして、上記のトリプタミン誘導体の 5 位にメトキシ
基をつけた **5-MeO シリーズ**として、5-MeO-AMT、
5-MeO-DET、5-MeO-MIPT、5-MeO-DIPT、
5-MeO-DALT なども作られた。

さらには、**マジックマッシュルーム**（詳しくは後述）
の有効成分として同定された**サイロシン**が、DMT の
4 位に水酸基が付いた化学構造をしていたため、上記
のトリプタミン誘導体に 4-OH をつけた **4-OH シリー
ズ** として、4-OH-DET、4-OH-MIPT、4-OH-
DIPT なども作られた。

日本では 2000 年ごろから、AMT が**デイトリッパー**
という通称で、5-MeO-DIPT が**フォクシー**、**ゴメオ**
という通称で流通しはじめた。[04]

そして近年、フェネチルアミン系、カチノン類、合成
カンナビノイドに比べると少ないものの、シュルギンに
よって紹介された各種トリプタミン誘導体が、次々と市
場に出回っている。

また、シュルギンの『TiHKAL』に載っていな
かった新規化合物として、4 位にアセチル基がついた
4-AcO シリーズ（4-AcO-DIPT、4-AcO-MIPT）

※04
粉末をカプセルに入れたり、
水に溶かして飲む等の方法
で使用された。

エトリプタミン
（麻薬）

AMT
（麻薬, H17.4-）

5-MeO-AMT
（指定薬物, H19.4-）

DET
（麻薬）

5-MeO-DET
（指定薬物, H19.4-）

4-OH-DET
（指定薬物, H25.5-）

DPT
（指定薬物, H19.4-）

5-MeO-DPT
（指定薬物, H19.4-）

MIPT
（指定薬物, H19.4-）

5-MeO-MIPT
（指定薬物, H19.4-）

4-OH-MIPT
（指定薬物, H27.4-）

DIPT
（指定薬物, H19.4-）

5-MeO-DIPT
（麻薬, H17.4-）

4-OH-DIPT
（指定薬物, H19.4-）

5-MeO-EPT
（指定薬物, H23.5-）

5-MeO-EIPT
（指定薬物, H21.1-）

5-MeO-DALT
（麻薬, H25.3-）

NBOMe

RH-34（指定薬物, H27.6-）

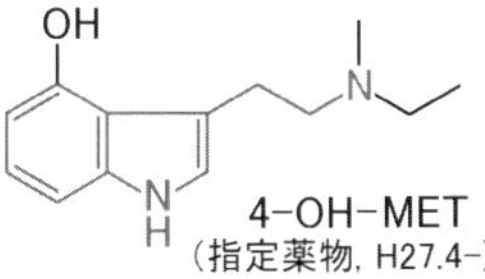

OH

4-OH-MET
（指定薬物, H27.4-）

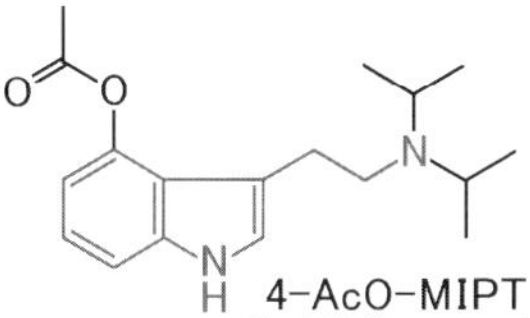

4-AcO-MIPT
（指定薬物, H27.4-）

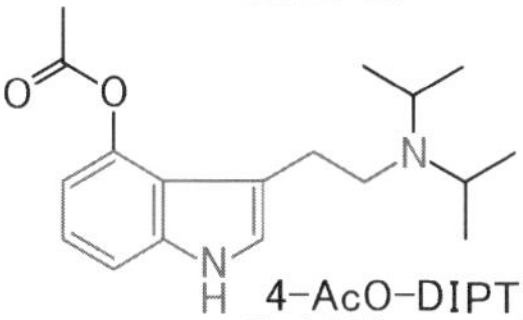

4-AcO-DIPT
（指定薬物, H19.4-）

が出現しており、今後さまざまな組み合わせで新しい化合物が出てくる可能性がある。

　現在までのトリプタミン系ドラッグの規制状況は、左の図のとおりである。さらに 2015 年 6 月、**RH-34** という化合物が指定薬物として規制された。

　RH-34 は、厳密にはトリプタミン系ではないが、類似した構造を有し、トリプタミン系ドラッグと同じようにセロトニン受容体に作用する。

　もう一つ注目すべき点は、フェネチルアミン系 NBOMe シリーズと同じ NBOMe 構造が導入されていることである。

　これは今後のトリプタミン系、あるいは非トリプタミン系での NBOMe シリーズの合成展開を暗示しており、これもまた厄介な話である。

● LSD

　麦角（エルゴット /Ergot）は、小麦やライ麦の穂につく黒い爪のような異常な構造体で、誤って食べると手足が黒ずんだり、ボロボロになってちぎれたり、精神錯乱が起こったりする。

　紀元前の古文書にも、麦角を表したとみられる記述があることから、麦角を原因とする**麦角病**は古くから人々に恐れられていたようだ。

　特に麦角ができやすい「ライ麦」を一般庶民が食するようになったころから、麦角病は猛威をふるい、多くの人々を死に至らしめた。その原因が明らかとなった近代でも、無くなったわけではない。[01]

　日本では、麦角ができにくい米を主食としてきたため

か、麦角病はほとんど報告されていないが、麦角そのものは存在しており、今でもイネ科の雑草に見つかることがある。

麦角の実体は、麦に寄生する**子嚢菌**^{※02}であることが明らかとなっている。いくつかの種類が知られるが、それらは**麦角菌**と総称される。

麦角病の原因を突き止めるために、麦角菌に含まれる成分が研究された結果、**麦角アルカロイド**と総称される成分が発見された。^{※03}

麦角アルカロイドには、血管を詰まらせ壊疽を生じる作用や、幻覚・精神錯乱やけいれんを起こす作用があることが確認された。また、麦角アルカロイドの化学構造を調べてみると、**リゼルグ酸**^{※04}と呼ばれる共通した構造があることがわかった。

リゼルグ酸は、それ自体が麦角中に見出され、すべての麦角アルカロイドの分解産物と考えられている。^{※05}

時代を遡ると、古代ギリシャで行われていたという**エレウシスの秘儀**では、参加者に**キュケオン**という飲み物が振る舞われ、幻覚体験をしていた。小麦、水、ミントから製造されていたことから、小麦に寄生した麦角菌が作り出すアルカロイドが混入し、幻覚を生じていたのではないかと考えられる。

また、15～18世紀にヨーロッパ各地で、**魔女裁判**が行われていたが、その多くが麦角の発生しやすいライ麦に依存していた地域であった。

特に、裁判数が増加した年の春と夏は、湿度が高く気温が低い、麦角の生育に適した環境であったことや、魔術や覚醒によって引き起こされたとされる症状や体験が麦角中毒に似ていることなどから、魔女が引き起こし

麦角

※ 01
1926～1927年にロシアでは1万人以上の人が麦角病にかかり、100人近くが死亡した。

※ 02
キノコやカビと同じ真菌類に属する。

※ 03
エルゴタミン、エルゴメトリン、エルゴクリプチン、エルゴトキシンなど。

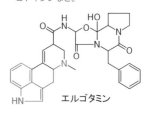

エルゴタミン

※ 04
lysergic acid

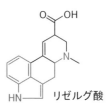

リゼルグ酸

※05
名前は「分解」を意味する
lysis に由来する。

※06
別名：バドーネグロ

※07
種子はオロリウキと呼ばれ
る。

※08
リゼルグ酸ジエチルアミド。
ドイツ語の「Lysergsäure
Diäthylamid」の略称。
英語では
lysergic acid
diethylamide である。

※09
現ノバルティス社。

※10
Albert Hofmann

LSD

たとされる現象は、麦角アルカロイドの作用によるもの
という説もある。

　また、麦角アルカロイドのようなリゼルグ酸の誘導体
は、サツマイモ属の多くの植物に含まれる。

　メキシコ南部の宗教儀式では、アサガオの一種の**キ
バナハマヒルガオ**[06]や、**リベア・コリボサ**[07]が用いられて
いたが、その幻覚作用はやはりリゼルグ酸誘導体によ
るものと考えられている。

　さて、問題の**LSD**[08]が作られたのは、1938年11
月のことである。当時、天然物の有効成分を分離、ま
たは化学合成する研究を進めていた、スイスのA・G
サンド社[09]のスイス人化学者アルバート・ホフマン[10]は、麦
角アルカロイドについて研究していた。そして彼は、リ
ゼルグ酸誘導体の一つとして、LSDを合成した。

　動物実験ではこの化合物は、弱い子宮収縮作用を示
しただけで、動物が"落ち着かなくなる"程度の効果
しか確認できなかった。

　ホフマンは研究を中断したが、5年後の1943年4
月、彼はLSDの幻覚作用を偶然、発見することになる。

　LSDを結晶化している際に、非結晶性のごく微量の
LSD溶液が指先についてしまい、LSDが指先の皮膚
を通して体内に入った。ホフマンはめまいを感じ、実験
を中止せざるを得なかったが、帰宅してもめまいは消え
なかった。

　ぼんやりとした意識の中で、刺激的な幻想や、異常
な造形、強烈な色彩の世界が、万華鏡のように頭の
中に広がった。そんな状態が2時間ほど続いた。

　後日、ホフマンは、意図的にLSDを自分に投与し、
その幻覚がLSDの作用によるものであることを確証し

た。幻覚剤 LSD が誕生した瞬間だった。

　リゼルグ酸の化学構造をよく見ると、あることに気が
つく。脳内神経伝達物質セロトニンと同じ**トリプタミン**
の構造が含まれているのだ。

　リゼルグ酸は、麦角アルカロイド、及び LSD の母核
であるから、すべてにトリプタミンの構造が含まれている
ことになる。したがって、LSD はトリプタミン系ドラッグ
と同じように、脳におけるセロトニンの働きに影響して、
幻覚作用を示すと考えられる。

　1950 年代に入ると、LSD を精神医療に応用する研
究が盛んになる一方で、諜報活動における**自白剤**、戦
争において敵の戦闘能力を奪うなどの**軍事目的**の利用
も行われた。

　1960 年代の米国では、LSD が大衆の間に広まり、
アート、音楽、文学などに影響を与えた。

　強烈な色彩や幾何学的パターン、変形された文字な
どで構成される、いわゆる**サイケデリック・アート**は、
LSD 使用による幻覚をモチーフにしたものである。

　1962 年にケン・キージーが発表した小説『**カッコー
の巣の上で**』は、1975 年に映画化されてヒットしたが、
そのストーリーは作者自身の LSD 体験が基になったと
いわれている。

　また、遺伝子の本体 DNA の構造を解き明かし
1962 年にノーベル医学生理学賞を受賞したフランシ
ス・クリックは、1953 年の論文発表当時 LSD をしば
しば使用しており、それが**二重らせん構造**を思いつく助
けになったと語っている。

　しかし、当然のように、LSD がもたらす幻覚はさま
ざまな事件を引き起こし、錯乱による死亡事故も多発

ＤＮＡの二重らせん構造

（クリックの原著論文より）

したため、サンド社は1966年4月にLSDの販売を中止した。

　世界的にLSDは違法薬物として規制され、日本では1970年に麻薬に指定された。しかし、世界中でLSDは**幻覚剤の代表**というイメージが定着しており、規制後も密造・密売されている。[11]

　人類を病気で苦しめ、ドラッグを生み出した麦角だが、私たちにありがたいプレゼントもくれた。

　麦角アルカロイドの薬理作用について研究が進み、麦角アルカロイド、及びその誘導体が血管収縮薬、頭痛治療薬、子宮止血薬、パーキンソン病治療薬などとして応用されている。

　パーキンソン病とは、脳の神経が原因不明に死滅していくことによって、手足の震えや歩行困難を生じ、進行すると寝たきりになってしまう難病である。

　ブロモクリプチンは、麦角に含まれるエルゴクリプチンに臭素原子（Br）がついた化合物だが、パーキンソン病治療には欠かせない医薬品となっている。

　自然がくれたプレゼントを「毒」とするか、「薬」とするかは、使用する私たちにかかっている。

※11
最近LSDという名前で出回っている危険ドラッグもあるようだが、実際にはLSDではなくほかのドラッグが偽って入っていることが多い。

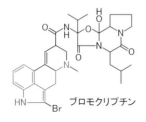
ブロモクリプチン

●マジックマッシュルーム

　シャーマニズムに利用される天然物として、俗に**マジックマッシュルーム**（幻覚キノコ）と呼ばれる菌類も知られている。

　古代メキシコでは、シャーマンが現地に自生するキノコを食べて、儀式や治療に用いていた。アステカ族は**テオナナカトル**[01]と呼び、神聖なる物として扱っていた。

※01
「神の肉」という意味。

幻覚を生じるマジックマッシュルームの多くは、**シビ
レタケ属**や、**ヒカゲタケ属**に属し、世界中で 100 以
上の種が確認されているが、日本に自生するマジック
マッシュルームには、**ワライタケ**や、**ヒカゲシビレタケ**^{※02}
がある。

平安時代末期に成立したと考えられる『今昔物語集』
には、毒キノコにまつわるエピソードがいくつかあるが、
マジックマッシュルームと関係があるともいわれている。

日本におけるドラッグとしてのマジックマッシュルーム
は、1990 年代からサブカルチャー雑誌などで紹介され
るようになった。当時は規制されていなかったため、野
放し状態で栽培され、主に**観賞用**として偽装販売され
ていたものを購入者が食していたようだ。

売る側は、「危険なので誤って食べないでください」
と注意するフリをしながら、実は買う側の興味をそそっ
ていたという。

2001 年に若手俳優が食べて、幻覚症状に見舞わ
れたために、救急車で搬送されて緊急入院するという
騒動を起こし、マジックマッシュルームの存在を多くの
人が知ることになった。そして 2002 年 6 月から、**麻
薬原料植物**として規制されることになった。

マジックマッシュルームの幻覚成分は、先に LSD の
合成に成功したアルバート・ホフマンによって 1959 年
に特定された。^{※03}

主な幻覚成分は2種類あり、**サイロシン**（またはシロ
シン）、**サイロシビン**（またはシロシビン）と名づけられ
た。サイロシンは、先述のアヤワスカに含まれる DMT
の 4 位に水酸基がついた構造をしており、**4-OH-
DMT**（4-ヒドロキシジメチルトリプタミン）と呼ぶこと

マジックマッシュルーム

※ 02
2005 年 10 月、首相官邸
の植栽にヒカゲシビレタケ
が生えているのが発見され
た（当時の内閣総理大臣は
小泉純一郎）。胞子はどこ
かから飛んできたか、持ち
込んだ土に含まれていたも
のと考えられる。ヒカゲシ
ビレタケの菌は日本に自生
しているので、このような
場所で発見されることは不
自然ではない。

※ 03
動物に与えても変化がみら
れなかったので、ホフマン
は自分に試して幻覚作用を
確認したという。

サイロシン(4-OH-DMT)
（麻薬）

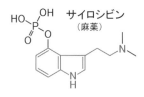

サイロシビン
（麻薬）

もできる。アヤワスカとマジックマッシュルームの成分が似ていることは、植物化学的にも興味深い。

　また、現在までに危険ドラッグとして見つかっている、トリプタミン系ドラッグの **4-OH シリーズ**の源流は、**サイロシン**（すなわちマジックマッシュルーム）と見なせる。

　なお、サイロシビンは、サイロシンにリン酸がついたものであり、サイロシビンを摂取した場合、体内で速やかにリン酸がとれてサイロシンになる。

　いずれも、脳内の神経伝達物質セロトニンと類似しているため、摂取するとセロトニンと同じ作用を発揮して幻覚・幻聴を引き起こすと考えられる。サイロシンとサイロシビンは麻薬として規制されている。

●大麻、合成カンナビノイド

　大麻という言葉は、いろいろな意味で用いられることがあり、とても厄介なので、改めてキチンと整理しておきたい。

　アサ科アサ属の草本を「大麻」と呼ぶことがあるが、植物全体を指すときには、**大麻草**（たいまそう）というのが正しい。規制する法律では、大麻草の**葉と花穂の部分**だけを「大麻」と定義している。ドラッグとしての大麻は、大麻草の葉と花穂をとって製造されるからだ。

　葉と花穂を乾燥させた加工品が**乾燥大麻**、葉や花穂の樹液を圧縮して固めたのが**大麻樹脂**、乾燥大麻や樹脂を溶剤で溶かしたのが**液体大麻**である。

　世界で押収される大麻のおよそ 80％が乾燥大麻であり、**マリファナ**とも呼ばれる。

　大麻草は繁殖力が強く、野草として自生しているため

大麻草

に安く手にいれることができる。

メキシコでは乾燥させたものをタバコのように巻いて喫煙していたので、スペイン語で「安いタバコ」を意味する**マリファナ**が通称となった。^{※01}

大麻草には異なる四つの顔がある。

一つは**「私たちの暮らしに役立つ身近な植物」**という顔だ。

古代から人々は大麻草を栽培し、繊維や食用に利用してきた。繊維は衣服や袋などに加工され、茎は工芸品に使われる。種子からとれる油は、食用、燃料などさまざまな用途に使われる。種子をそのまま食べることもできる。今も七味唐辛子に入っている**麻の実**は、大麻草の種子そのものである。栄養豊富で、鳥の餌などにも添加されている。

第二は**「神聖な植物」**という顔だ。戦前の日本で「大麻」といえば、まず御札のことをさしていた。

今でも神社で買うことができるお札には「○○神宮大麻」のように書かれている。神道の世界では、大麻草はたいへん神聖な植物で、神様の印でもあるのだ。罪や穢れを祓う幣、つまり神主がお祓いするときに振る棒には大麻草の繊維が使われている。

第三は**「病気の治療に役立つ薬」**という顔だ。

後漢のころに作られたとされる、中国最古の薬物学書『神農本草経』には、薬草として使われていたことが記されている。^{※02}薬物としては腹痛や発熱、不眠症や結核患者に使われた。

日本では1886年に、印度大麻草として日本薬局方に記載され、1951年の第5改正日本薬局方まで収載されていた。また、庶民の間でも痛み止めや食用として、

※01
手もみによって作られる大麻樹脂を、チャラスという。

お札

※02
70年にはローマの医学治療として大麻が使用されていたという説もある。

戦後に規制されるまで使用されていた。

そして第四が、問題の**「嗜好品・ドラッグ」**という顔だ。

2008 年、中国のゴビ砂漠にある古代遺跡の墓から、2700 年前の乾燥大麻（マリファナ）が、1キロ近くも発見された。このことから、すでに古代から嗜好目的の大麻使用があったと推測することができる。

紀元前 5 世紀の歴史家ロドトスは、スキタイ人[※03]が、大麻を娯楽に使っている様子を叙述している。

16 世紀にはアンゴラの奴隷が、ブラジル東北部での砂糖プランテーションで、砂糖とともに大麻を栽培し、喫煙していた。

アメリカ大陸のスペイン領やイギリス領でも、大麻の栽培は行われ、特にメキシコでは大麻使用が大衆化した。

ヨーロッパでは、ナポレオン・ボナパルトが、1798 年にエジプト遠征を行ったときに、**嗜好品**としての大麻が伝わり、次第に全世界へ広がっていった。そのうち、大麻乱用がもたらす弊害が懸念され、オランダなど一部の国を除き、大麻の使用は法律で規制されることとなった。

しかし、なぜ大麻草はこんなに違う顔を併せ持っていたのだろうか。

実は大麻草にはいくつかの品種があり、それぞれの成分含有量が異なっている。

幻覚成分を多く含む品種は、嗜好目的で使用され、そうでない品種は、主に繊維などに利用されたと考えられる[※04]。しかも、品種の分布は地域によって異なる。

19 世紀になって、さまざまな植物に含まれる薬効成分、たとえば前述のモルヒネ、コカイン、メスカリンな

※03
ウクライナを中心に活動していたイラン系遊牧騎馬民族。

※04
日本で伝統的に栽培されていた大麻草は幻覚成分の含有量が比較的低く、使用は工業用途に限られていたようだ。

どが単離され、当然のように大麻に含まれる幻覚成分
も研究された。ところが、ほとんどの植物成分が水溶
性だったのに対して、大麻の成分は水に溶けにくく、な
かなか単離できなかった。

　19世紀中頃になって、ようやく大きな進展があった。
英国エジンバラで、製薬ビジネスを営んでいたスミス兄
弟[※05]が、無水アルコールで**乾燥大麻**（マリファナ）を処
理して樹脂分[※06]を抽出することに成功し、活性本体は樹
脂分に入っていると主張した。

　これを受けて、19世紀の末には、ウッド[※07]、スピ
ヴィー[※08]、イースターフィールド[※09]という3人のイギリス人化
学者が、大麻樹脂を、アルコールとエーテルで分別蒸
留して得た中[※11]に、活性本体と考えられる成分を見出し、
大麻草の学名カンナビスに因んで**カンナビノール**と名
づけた。

　ただし、このとき彼らが得たカンナビノールは、ほか
の成分も混在する不純物であり、後に分離された単一
化合物に対して、改めてカンナビノールという名前が移
譲されることとなった。

　それから約30年間は、カンナビノールが大麻の活
性成分だと信じられていたが、1930年ごろ英国人化
学者ロバート・カーン[※12]は、カンナビノールの化学構造を
明らかにするとともに、「カンナビノールは活性本体で
はない」と指摘した。

　現在では、幻覚作用を示す本体は、**テトラヒドロカ
ナビノール**（**THC**）という、1つの化合物であることが
明らかとなっている。

　THCは偶然、発見された。1940年ごろイギリス人
化学者のアレクサンダー・トッド[※13]の研究グループが、カン

※05
T. Smith & H. Smith

※06
レジン；resin

※07
Wood

※08
Spivey

※09
Easterfield

※10
チャラス

※11
red oil

※12
Robert Cahn

カンナビノール（CBN）

テトラヒドロカンナビノール
（THC）

カンナビジオール（CBD）

※13
Alexander Todd。
ヌクレオチドに関する研究
で、1957年にノーベル化
学賞受賞。THCの研究を
行った当時は、マンチェス
ター大学。

※14
Raphael Mechoulam

※15
Yechiel Gaoni

ナビノールの化学合成を試みているときに、中間体として THC を得ることができたのだ。THC の薬理作用は、大麻にとてもよく似ていた。

そして 1964 年、ついにイスラエルのワイズマン研究所の化学者、ラファエル・メコーラム[14]とガオーニ[15]が、大麻から THC を単離することに成功した。当初は人工的に作られた THC だったが、後にこれが大麻の中にもあることがわかり、しかも強い幻覚作用を示すことがわかったのだ。

大麻に特有な成分を総称して、**カンナビノイド**といい、現在までに 60 種類以上が見つかっている。

カンナビノイドの化学構造の特徴は、窒素原子をまったく含まないことである。

多くの植物成分には窒素原子が入っていて「アルカロイド」と総称されるが、カンナビノイドはアルカロイドではない。炭化水素に少しの酸素原子が付いているだけだ。水に溶けにくかったのはこのためだ。

THC 以外のカンナビノイドには、**カンナビジオール**（CBD）、**カンナビメクロン**（CBC）、**カンナビエルソイン**（CBE）、**カンナビゲロール**（CBG）、**カンナビジバリン**（CBDG）などが報告されている。

カンナビジオールにも幻覚作用が認められるが、THC に比べると弱いため、カンナビジオールと THC が共存する場合には、カンナビジオールが THC の作用を抑えることになる。

それ以外のカンナビノイドには、幻覚作用がほとんど認められていない[16]。

※16
19世紀末にウッドらがカン
ナビノールを見つけたとき
に、大麻樹脂に幻覚作用
があることを確認してから
成分分析にかけるまでの間
に、活性成分であるTHC
がカンナビノールに変化し
てしまい、「単離できたのは
カンナビノールだけ」という
結果になってしまったもの
と思われる。

大麻が幻覚を引き起こす強さが、品種、加工形態（乾燥か樹脂か）、保存状態などによってバラつくのは、多

種あるカンナビノイドの「含量バランス」が関係しているかもしれない。[17]

THCの合成が可能になると、THCより強力な誘導体を得ようと、大学や製薬会社で研究が進められた。

その結果生み出された化合物は、**合成カンナビノイド**と総称される。

合成カンビノイドの中には、医薬品となったものもある。THCの異性体である**ドロナビノール**は、エイズ患者の食欲増進や、がん治療に伴う悪心・嘔吐に用いられる。

THCの異性体2種類からなる**ナビロン**は、悪心・嘔吐や、神経因性疼痛の治療に用いられる。

リモナバンは、カンナビノイドの食欲増進作用を抑えることによって、抗肥満薬として用いられたが、副作用として**うつ病**を生じる確率が高く、中には自殺に発展するケースも報告されたため、多くの国では使用中止となっている。[18]

合成カンビノイドのうち、医薬品として実用化されたものは数えるほどしかない。

これまでに作られた膨大な数の合成カンナビノイドは、すべてムダだったかというと、そうではない。

少しずつ化学構造が異なる、合成カンナビノイドの作用を比較・研究することで、化学構造と作用の関係が解明されたり、合成カンナビノイドをツール（道具）として、脳のしくみを解き明かす研究にも大いに役立っている。[19]

私自身も、記憶に関わる脳の仕組みを研究するために、**研究用試薬**として、市販されていたいくつかの合成カンナビノイドを購入して、動物実験に用いたことがある。[20]

※17
大麻は現在ではさまざまな交配種が作り出されていて、繁殖力が強く、かつTHCをたくさん作り出す品種が高値で取引されているという。

※18
日本では未承認。

※19
専門用語で「構造活性相関」という。

※20
もちろん規制される前の話である。

ところが、最近のニュースで、ハーブから検出された危険ドラッグ成分の名前を聞いて、私は愕然とした。それは、まさに、自分が研究用に使ったことがある化合物と同じものだったからだ。

　本来「人に使用しない」ことを前提に販売されていた研究用試薬を、一般の人が摂取してしまうとは、一体どういうことなのだろうか？　即座には理解できなかったが、現実には相当な数の合成カンナビノイドが、不法に製造され、一般に流通するようになっていたのだ。

　2004年ごろからヨーロッパを中心に、**スパイス**という名前の乾燥植物片が、芳香剤やお香として販売され、それを喫煙すると「大麻のような作用が出る」と評判になった。

　しかしスパイスには、THCなどの大麻成分は検出されず実体が不明だったが、2008～2009年になってスパイス中に、合成カンナビノイドの**JWH-018**、**CP-47,497**、**CP-47,497-C8**などが添加されていることが明らかになった。

　JWH-018が法律で規制されると、それに代わるJWH-073がすぐに市場に出回った。いたちごっこのはじまりである。

　1940年代ごろから、THCの構造をマネて作られた初期の合成カンナビノイドは、原料の調達や合成が難しく、一般に出回ることはなかった。

　ところが、JWH-018のように、**ナフトイルインドール**という基本骨格をもった合成カンナビノイドは、比較的簡単に、かつ多くの誘導体を作りやすかったために、法律による規制をかいくぐってドラッグを製造・販売しようとする業者に目をつけられてしまったのだ。

HU-210

CP-47,497
（指定薬物,H21.10-）

2009 年には米国で流通していたスパイスから、別の合成カンナビノイド**HU-210**が検出された。[21]

合成カンナビノイドの名前を見ると、多くが**アルファベット**と、**数字**からできていることに気づくだろう。

暗号のようでワケがわからないと思われるかもしれないが、実はアルファベットは、それを作った会社・大学・研究者のイニシャルで、できた化合物から順に001、002、003……、というように番号を付してつけられた名前なのである。したがって、名前を見れば、化学構造や特徴がだいたい想像がつく。[22]

頭に**HU-**がついた合成カンビノイドは、イスラエル・ヘブライ大学（Hebrew University of Jerusalem）のラファエル・メコーラムらが作ったもので、**HU-210**がその代表である。[23]

CP-は、ファイザー製薬（創始者はCharles Pfizer）が作ったものである。[24]

その代表が**CP-47,497**で、1970 年代に医薬品開発をめざして作られた、たくさんの化合物の中の一つだ。化学構造は、THC を基本としているが、THCや HU シリーズと違って、環が2つしかないのが特徴だ。

CP-47,497 はフェノール環からのびている鎖が炭素数 7 個分だが、これが 8 個になったのが**CP-47,497-C8**である。[25]

THCと同じメカニズムで幻覚作用を示すと考えられ、中でも作用の強いものが選ばれて、危険ドラッグ市場に現れたようだ。

CP-47,497-C8 は、CP-47,497 の数倍強力といわれ、2012年8月に麻薬指定されている。

JWH-018、JWH-073 のように JWH- がついたも

※ 21
日本で合成カンナビノイドが出回りはじめたのは、2009 年ごろで、急増したのは 2010 年からである。合成カンナビノイドは一気に危険ドラッグ成分のメジャーとなってしまった。

※ 22
「暗号もカラクリが分かれば読み解くのは簡単」だ。

※ 23
Raphael Mechoulam

※ 24
化学構造は大麻成分のTHC に似ている。

※ 25
別名：カンナビシクロヘキサノール。

カンナビシクロヘキサノール
（麻薬,H24.8-）

のは、米国クレムゾン大学のジョン・ウィリアム・ハフマン（John William Huffman）が作ったものである。JWHシリーズの合成は、カンナビノイドの研究ツールとなる新化合物を発見することを目的として、アメリカ国立薬物乱用研究所[26]の援助のもとに進められ、463種類が作られた。

JWHシリーズの中にはHUシリーズと似た構造のもの[27]もあるが、多くは**ナフトイルインドール骨格**を含んだ誘導体である。

なぜインドール環を導入しようと考えたかは、正確にはわからないが、インドール環は幻覚にも関係する神経伝達物質セロトニンに含まれる構造なので、導入すると幻覚作用が強くなると考えたのかもしれない。

JWHシリーズの中には、**JWH-018**に代表されるナフトイルインドール系合成カンナビノイドが生まれる過程を物語っているような、興味深い誘導体がある。THCのジベンゾピランにインドール環を付けた**JWH-161**だ。

THCとJWH-018の化学構造だけを見比べると、かなり違うように思えるが、**THC → JWH-161 → JWH-018**という順に目を移していただければ、「なるほどそうやって変わったのか」と納得していただけるだろう。

なお、危険ドラッグとして流通が確認されていたJWH-073と、JWH-122の化学構造は、JWH-018とどこか違うのかすぐにはわからないくらい、ほんの少ししか違わない。

また、**JWH-122 N-(4-pentenyl) 誘導体**は、JWH-122がさらに少し変化したものだ。JWH-122

※26
NIDA

※27
JWH-051, 057, 359 など。

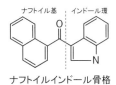

ナフトイル基　インドール環

ナフトイルインドール骨格

が指定薬物として規制された後に出回ったが、ハフマンらが作ったJWHシリーズにはなかったものである。

　つまり、JHWシリーズから派生して、さらに新種のドラッグが作られていることを物語っており、その広がり方には脅威を感じる。

　2013年3月には、インドール系合成カンナビノイドの包括指定によって、JWHシリーズの多くが違法化されたが、JWHシリーズの中にはナフトイルインドール系ではないものもある。包括指定の限界が一部で議論されていた中で、それを見透かしたかのように、ナフトイルインドール系ではない **JWH-030** が、包括指定の前後に市場で見つかった。

　JWHシリーズのうち、JWH-018、JWH-073、JWH-122の3つが現在、麻薬として規制されている。

THC

JWH-018
（麻薬, H24.8-）

JWH-161

JWH-073
（麻薬, H25.3-）

JWH-122
（麻薬, H25.3-）

JWH-030
（指定薬物, H25.4-）

JWH-122
N-(4-pentenyl)誘導体
（指定薬物, H24.11-）

AM がついたものは、米国マサチューセッツ・ノースイースタン大学のアレキサンドロス・マクリヤニス（Alexandros Makriyannis）が合成したものだ。

　JWH シリーズを参考に作ったためか、**AM2201** のような、ナフトイルインドール系合成カンナビノイドが含まれる。

　2012 年 10 月、愛知県春日井市で、ハーブを吸引して乗用車を運転した男が、自転車で横断歩道を渡っていた女子高生をはねて死亡させるという、痛ましい事件が起きた。男が吸ったハーブから検出されたのは、**MAM-2201** であった。

　もともと AM シリーズではないが、AM2201 に類似して作られた新種のドラッグである。

　AM2201 と MAM-2201 は 2013 年 5 月から、麻薬として規制されている。

　AM シリーズには、**AM1248** や、**AM2233** のようなナフトイルインドール系でないものもたくさんある。

　AM1248 には、**アダマンタン**という構造が含まれていて、改めて大麻由来の THC と化学構造を比べてみると、もはや「カンナビノイドと呼ぶ必要があるのか?」と疑いたくなるくらい異なっている。

　また、最近市場で見つかった **AM2233 アゼパン異性体**は、AM2233 がさらに少し変化したもので、AM シリーズにはなかったものである。

　このことは AM シリーズでも、派生してさらに新種のドラッグが作られていることを物語っており、やはり今後の広がりに脅威を感じてしまう。

　UR- がついたものは、もともと、アボット・ラボラトリーズ社が開発したものであり、**UR-144** はその一つであ

※28
10 個の炭素が、ダイアモンドのような立体形に配置されている。

AM2201（麻薬, H25.5-）

MAM-2201（麻薬, H25.5-）

アダマンタン
AM1248（指定薬物, H25.4-）

AM2233
（指定薬物, H24.6-）

AM2233
アゼパン異性体
（指定薬物, H26.8-）

るが、UR-144 の化学構造に手を加えた新種の
ドラッグも出回っている。

　たとえば、UR-144 にフッ素がつけられた
5-fluoro-UR-144 は、別の製造者による番
号として **XLR-11** という名がついている。ナフ
トイルインドール構造ではないので、包括指定の
対象にならないドラッグとして出回り、「危険性が
高い」と判断されて、2014年1月に麻薬指定された。

　そのほか、**THJ-2201**、**MMB2201**、**RCS-4**
など、さまざまなアルファベットと番号から成るドラッグ
多数が指定薬物となっているが、すべてが上述のシリー
ズから派生したものである。特に、包括指定の直前か
ら実施後に、ナフトイルインドール系ではない化合物が、
目立って流通するようになった。

　上で紹介した JWH-030、AM1248、XLR-11 の

UR-144 （指定薬物, H24.10-）

XLR-11 （麻薬, H26.1-）

※29
Abbott Laboratories

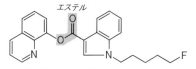

エステル

5F-QUPIC（麻薬, H26.8-）

※30
この名称は構造に基づき、別名PB-22は製造番号に由来する。2013年4月に指定薬物。化学構造上の最大の特徴として、ケトンの代わりにエステルが入っている。

※31
犯人は逮捕時足取りがふらつき、ろれつが回らない状態だったと報道されている。

※32
別名2NE1、SDB-001。研究用試薬として使われる、APICAというグルタミン酸受容体遮断薬があるが、危険ドラッグのAPICAは別物である。

※33
APINACAはAKB48という俗称で売られていたこともあり、ネット上などで騒がれた。化学構造を見ると、AM1248に似て、アダマンタンという構造が入っているのが特徴だ。

※34
作用としては大麻様の幻覚作用を示すことから、合成カンナビノイド類に分類され、指定薬物として規制されている。

他に、**5F-QUPIC（5F-PB-22）**[30]もその一つである。

　2013年の2月頃から出回りはじめ、2013年上半期で、危険ドラッグ製品に最も多く検出された成分である。同時期に見つかったQUPICにフッ素がついたもので、作用が非常に強力である。

　2013年5月に、愛知県でハーブを吸引した男が乗用車を運転して、ガードレールと対向車に衝突、女性と2歳の男児を負傷させた事件や、同年9月に静岡県藤枝市でハーブ吸引後に車を運転した男が、対向車と衝突事故を起こした事件に関係していたのが、まさに5F-QUPICだといわれている[31]。2013年10月に指定薬物に指定されたものの、その後も流通が収まらなかったため、2014年8月に麻薬に格上げ指定された。

　2012年にはじめて日本で見つかった危険ドラッグに、**APICA**[32]、**APINACA**[33]があるが、これらの名前は化学構造名を略したものである。

　APICAではインドール環なのが、APINACAではインダゾール環になっている。もはや大麻成分THCとはかけ離れ、JWHシリーズから導入されたインドール環もなくなってしまった[34]。

　APICAとAPINACAに見られる化学構造上のもう一つの

アダマンタン　アミド

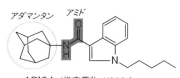

APICA（指定薬物, H24.6-）

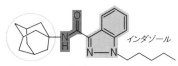

インダゾール

APINACA（指定薬物, H24.6-）

特徴は、アミド構造があることだ。このような化合物が、危険ドラッグとして今後増えていく可能性が高い。

2014年6月24日に東京・池袋駅近くでハーブを吸った男が乗用車を暴走させ、8人が死傷するという事件が起きたが、そのハーブから検出された未指定の2成分 **AB-CHMINACA** と **5F-AMB** は、まさにアミドを含むものだった。また、両ドラッグとも、APINACA と同じインダゾール環を含んでいて、その起源は、2009年にファイザー製薬が鎮痛薬として開発を試みた、**AB-FUBINACA** と考えられている。

AB-FUBICA は、医薬品としては実用化されなかったが、2012年春ごろから、日本の危険ドラッグ製品から検出されはじめた。AB-FUBINACA が 2013年1月から指定薬物になると、代わりに AB-PINACA、ADB-FUBINACA、ADBICA が流通した。

それらが 2013年5月から指定薬物になると、ADB-

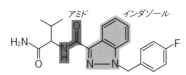

AB-FUBINACA（指定薬物, H25.1-）

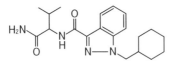

AB-CHMINACA（H26.7 緊急指定）

5F-AMB（H26.7 緊急指定）

PINACA、5-Fluoro-AB-PINACA が流通し、それらが指定薬物となることが公布された、2014 年 6 月 11 日の 13 日後に、池袋暴走事件が起こったわけだ。

業者は明らかに、規制がかかる前に次のドラッグを用意していたとしか思えない。とくに繁華街で起きたこともあって、事件が社会へ与えた衝撃は大きく、AB-CHMINICA と 5F-AMB は異例の**緊急指定**により、同年 7 月から規制対象となった。

合成カンナビド類を含んだ危険ドラッグ製品の流通は、包括指定後も留まることなく続いている。

その数の多さにも驚くが、もう一つ見逃すことができない特徴がある。それは、**「複数の成分が混ぜられた製品が増えている」**ということだ。

これは、一つの理由として、「違うタイプのドラッグを添加することで、効果を高めようとしている」のかもしれない。しかし、語弊があるかもしれないが、そこまで製造業者は親切ではないと思う。

さらにもう一つの理由として、「業者が製造過程において得た化合物を精製していないため」と思われる。

通常、医薬品を化学合成して製品化するときには、できるだけ不純物を除いて、高純度の目的物を得ようとするが、ときには精製が難しく、時間とコストがかかる場合がある。おそらく危険ドラッグ業者は、できるだけ低コストで利益を得ようとするため、既存のドラッグを原料として適当な化学反応を施し、その生成物が何かを分析することもなく、精製もせず、混在物をそのまま製品として出している可能性がある。

目的とする化合物をねらって合成するのではなく、適当に化学反応させて、偶然できたものを出荷するだけ

なら、短期間で次々と新製品を出すことは簡単だ。[※35]

　そして、行政が危険ドラッグ製品を「買取り分析」をするときには、その混在物をていねいにわけて精製し、化学構造を決定して、新種かどうかを判別しているのである。

　現在の指定薬物制度では、**調査によって見つかった未指定成分のみを公表**するのであって、すでに指定されている成分は発表しない。だから、一つの新成分だけが発表されたとしても、実際には複数の成分が検出されたと考えて間違いない。

　つまり、**「業者が適当に作って出荷した製品を、税金を使って精製・分析してあげている」**という構図になっているのだ。なんとも腹立たしい。

●自然からのプレゼント

　各種ドラッグが生まれてきた歴史を、次のページの図にまとめてみた。

　改めて気づくことは、多くのドラッグの元を辿ると、**植物から見出された成分に由来する**ということだ。

　私たち人間は、自然に生えていた植物が持つ不思議な力に興味を抱き、それを利用し、さらに科学的に研究・応用した副産物として数多くのドラッグを生み出したのだ。

　シンナーのトルエンにしても、天然資源の石炭を乾留して得られる、コールタールの成分として発見された化合物であるし、各種合成医薬品にしても、既存の化合物に少し手を加えて作られたものである。

　すべての薬は、自然からのプレゼントがなければ、現

※35
最近では、今までまったく報告のない誘導体が見つかるのもその証だと思われる。

102　第2章 —— 危険ドラッグはなぜ生まれたのか

存していないかもしれないし、危険ドラッグ問題もなかったに違いない。

　危険ドラッグを生み出さないためには、薬の製造を一切行わなければよいのだが、「病気を治すために医薬品がほしい」という考えを捨てられない以上、それは無理な話である。

　自然からのプレゼントを**命を救う宝物**とするか、**人類を破滅に導く魔物**とするかは、私たち自身にかかっているのだ。

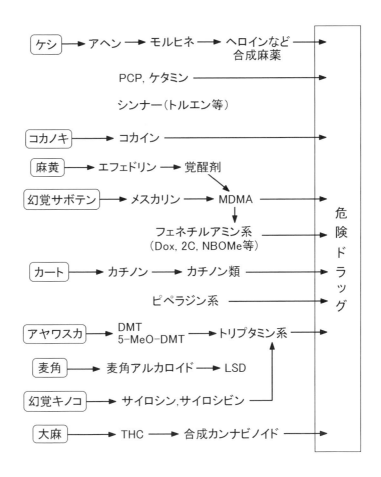

■■■ アッパー系が眠くなる薬？ ■■■

　コラム１で、「麻薬は魔薬」「大麻は麻薬」という誤解があることを述べたが、アッパー系の覚醒剤とコカインに関しても、誤解があるので、説明を追加したい。

　覚醒剤所持で芸能人が逮捕された事件の報道などで、覚醒剤が麻薬の一種のように扱われるケースも少なくない。しかし、覚醒剤は、神経を興奮させるアッパー系であるから、その作用は「麻薬」と正反対である。また、前章でふれたように、戦後になって覚醒剤の乱用が問題となり、麻薬と別の法律で取り締まられることになったため、法律上も麻薬ではない。

　一方、コカインは、日本の法律において麻薬と定められている。粘膜に与えると神経を麻痺させる作用がある（P52参照）が、全身投与では脳の神経を強く興奮させ、覚醒剤と似た作用を示すアッパー系の薬物である。覚醒作用を期待して乱用されるのだから、ドラッグとして規制するならば、むしろ覚醒剤に分類したほうがわかりやすく、麻薬とするのは妙だ。

　さらに付け加えると、幻覚薬であるLSDなども、すべて日本の法律では麻薬に含められてしまっている。

　私が大学で薬の講義をするときにも「コカインやLSDの作用は麻薬ではないけれど、法律では麻薬に定められています。」というワケのわからない説明をしなければならず、ジレンマを感じている。

　この混乱の主たる原因は、昭和初期に定められた麻薬取締規則で「麻薬」の定義を誤ったからだ。薬をよく理解していない人たちが法律を作ったおかげで、「痲薬」が「魔薬」にすり替わってしまったのだ。

　得体の知れない危険ドラッグも、厳しい規制が必要と判断されると、次々と麻薬に“格上げ”されている。つまり、現在の法制が「マヤクは危険ドラッグより怖いぞ！」と言っているようなものである。

　こんなことなら、いっそ「魔薬」に替えたらどうだろうか。麻酔作用があるかどうか関係なく危険な薬物を規制するのにピッタリの用語だと思うのだが。

COLUMN **3**

■■■ コカ・コーラは麻薬？ ■■■

　世界でもっとも有名な炭酸飲料「コカ・コーラ」を発明したのは、米国の薬剤師ジョン・ペンバートンである。

　もともとフランスの化学者 Angelo Mariani が、ボルドーワインとコカを混ぜて作った Vin Mariani という調合薬があり、ペンバートンはそれを真似て、French Wine Coca という調合薬を作って売った。

　彼は、南北戦争で南軍として参戦したが、敗北して負傷した元軍人でもあり、当時のアメリカ南部では、退役軍人が薬物中毒やうつ病に悩まされ、女性たちは神経衰弱に苦しんでいた。

　そんな中で、彼の調合薬は強壮剤として評判になり、飛ぶように売れたそうだ。またペンバートン自身がモルヒネ中毒に苦しんでおり、コカに含まれるコカインの治療効果を期待していたともいわれる。

　ペンバートンの French Wine Coca には、コカの他に、コーラ・ナッツとダミアナが含まれていた。コーラとは、アフリカ原産のアオイ科コラノキ属の植物の総称で、コーラの実（種）「コーラ・ナッツ」には、コカと似た興奮作用があり、アフリカの部族が嗜好品として噛んで楽しんでいた。

　コーラの薬効成分は、コラニン、テオブロミン、カフェインなどである。カフェインは、コーヒーの主成分としても知られ、脳を興奮・覚醒させる効果がある。ダミアナは、中南米に広く分布するターネラ属の植物で、古くから南米インディアンはその葉を強壮用ハーブとして使っていた。

　ところが、1885 年にアトランタで禁酒法が施行され、困ったペンバートンは、1886 年にノンアルコールの代用品を作って、薬局で売り出した。

　これがコカ・コーラのはじまりだった。

　また当時は、炭酸水に何らかの効能があると考えられており、注文に応じて炭酸水を調合して飲ませる、「ソーダ・ファウンテン」が薬局に併設されていた。そのため、炭酸飲料コカ・コーラができたといわれる。

　ちなみに、コカ・コーラという商品名をつけたのは、ペンバートンの友人のフランク・ロビンソンで、当時はまだ駆け出しの経理担当だったが、後に共同経営者となった。その名が示す通り、コカ・コーラは、コカインを含むコカと、カフェインを含むコーラからできていた。

なんとコカ・コーラには、コカインが入っていたのだ！

　しかし、当時はまだコカインが違法薬物ではなかった。また後でわかったことだが、オリジナルのコカ・コーラに含まれるコカインは 8.46 mg と比較的少なく、毒性や依存が問題となることはなかったものと思われる。むしろ、発明家のトーマス・エジソンや女優のサラ・ベルナールといった有名人が、コカインが入った飲料の効果をたたえていた。

　1888 年には、コカ・コーラの権利が企業家エイサ・キャンドラーに売却され、コカ・コーラ社ができた。その一方で、社会ではコカインそのものの使用が増加し、その危険性が指摘されるようになり、ついに 1902 年にジョージア州で、あらゆる形態のコカイン販売を全面禁止する法律ができた。やむなくコカ・コーラ社は、脱コカイン処理を施したコカの葉を原料として作ることで、コカ・コーラの成分からコカインを無くした。

　かくして、現在私たちが飲んでいるコカ・コーラにはコカインが入っていない。「麻薬入り？」と心配する必要はない。

　付け加えると、1909 年にはコーラの実の抽出液に含まれるカフェインが、人体に有害なレベルの量に達していると指摘されたため、コーラの使用もやめることになった。代わりに、化学合成されたカフェインを適量だけ添加するように変更された。

　また、コカ・コーラの黒色はコーラに由来するので、コーラを抜くと色が変わってしまう。大きな変更が売れ行きに影響しないように配慮して、カラメル色素を加えてわざわざ黒色をつけることにした。数種のハーブやフレーバーもブレンドされているらしいが、詳しいレシピは公開されていない。

　現在のコカ・コーラの成分表示にはこう書かれている。

「原材料名：糖類（果糖ぶどう糖液糖、砂糖）、カラメル色素、酸味料、香料、カフェイン」。

　その名前とは違う中身にすっかり代わってしまったというわけだ。

　余談かもしれないが、ペプシ・コーラは、1894 年に米国ノースカロライナ州の薬剤師ケイレブ・ブラッドが消化不良の治療薬として売り出した飲料に起源があり、ペプシンという消化酵素を含んでいたので、ペプシ・コーラと名づけられたそうだ。

　もちろん、今のペプシ・コーラにペプシンは入っていない。

■■■ なぜ薬にはたくさんの名があるのか？■■■

　私の本名は「阿部和穂」で、それ以外の名前はあいにく持ちあわせていない。しかし、みなさんの中には、芸名、ペンネーム、ニックネームなどを使って多彩な活動を展開している方もいらっしゃることだろう。

　薬の世界では、私のように一つしか名前を持っていない平凡な薬はほとんどなく、たいてい複数の名前を持ちあわせている。

　私が大学で薬の講義をするときには「この薬には２つの違う名前があって、ちょっと面倒だけど両方覚えておいて」などと学生を困らせてしまうこともしばしば。しかし、どうして同じ一つの薬に違うたくさんの名前がついているのだろう？

　まず、IUPAC（The International Union of Pure and Applied Chemistry、国際純正・応用化学連合）という組織によって化学物質の命名法が定められており、そのルールにのっとればすべての化合物に対して自動的に名前がつけられる。

　たとえば、IUPAC 名で「(5α,6α)-7,8-ジデヒドロ-4,5-エポキシ-17-メチルモルフィナン-3,6-ジオール」という薬物がある。立派な名前だが、長くて覚えられないし、使いづらい。そこで、もっと馴染みやすい名前として「一般名」もついている。実はこの薬物は一般名「モルヒネ」である。また、モルヒネを少し変えた「ジアセチルモルヒネ」を合成したが、もうちょっと魅力的な名前をと思い、「ヘロイン」という一般名がついた。IUPAC 名「(S)-N-メチル-1-フェニルプロパン-2-アミン」の薬物は、一般名「メタンフェタミン」である。さらにメタンフェタミンを少し変えた「3,4-メチレンジオキシメタンフェタミン」は、ちょっと長すぎるので、「MDMA」という省略形の方が有名になった。危険ドラッグの中には、省略形で呼ばれるものが少なくない。

　次に、製薬メーカーや個人の研究者などが新しい化合物を合成して医薬品開発をめざす場合には、番号がつけられる。多くの場合、会社、研究所あるいは研究者個人のイニシャルに相当するアルファベットと番号が組み合わされる。たとえば、CP-47,497 のように。

　もし開発が成功して医薬品の普及が見込まれるときは、馴染みやすい一

般名がつけられるが、そうでない場合はこうした番号がそのまま残る。

　近年危険ドラッグとして出回っている合成カンナビノイド類には、アルファベットと番号がついたものが多いのはこのためだ。

　ちなみに、JWH-018 と AM-678 は、別の研究者（John William Huffman と Makriyannis Alexandros）がそれぞれ合成して名前をつけたのだが、後で調べてみたら実は全く同じ化合物であることがわかったので、1つの薬物で2つの名前を持つことになった。

　さらに、ある会社が開発途中の化合物が、ライセンスの移譲によって別の会社に移ったときに、前とは違う番号が新たにつけられることもあり、複数の会社を渡り歩くうちに、3つも4つも開発番号を持つことになった化合物もある。

　薬を販売するとなると、いわゆる商品名（正確には販売名）がつけられる。たくさん売れるようにできるだけ魅力的な名前をつけたいものだ。

　たとえば、ジフェンヒドラミンという一般名の薬物がある。アレルギーに関係するヒスタミンという体内物質の働きを阻害することで、アレルギー症状を鎮めることができる。そこで複数のメーカーが、「レスタミン®」「ベナ®」など違う商品名をつけて抗アレルギー薬を発売した。ヒスタミンには眠気を催すという副作用があったが、不眠ぎみの人にとってはありがたい効果でもある。そこでジフェンヒドラミンをあえて睡眠導入薬として、「ドリエル®」（dream well に由来）という商品名で発売したメーカーもある。ジフェンヒドラミンには乗り物酔いを防止する効果もあるので、乗り物酔い止め薬「トラベルミン®」（travel に由来）を発売したメーカーもある。

　一つの薬がいくつもの顔を持っていることは珍しくない。

　名前がたくさんあるのは、ちょっとうらやましいようだが、厄介な問題も生じる。医薬品は、学問領域では一般名で呼ばれるが、医療現場では商品名で呼ばれるため、関係者で議論するときにかみ合わないこともしばしば。その煩雑さが事故につながることもある。

　また医療現場で使われる商品名が、「アルマール®」（血圧を下げる薬）と、「アマリール®」（糖尿病の薬）のように酷似しているために、取り違えてしまったという事例もある。そのような場合には、一度つけた名前を取り消して、新しい名前をつけなおすこともある。

　薬の名づけは、なかなか難しい。

第 **3** 章

危険ドラッグの
脳への作用

1 » 人間の脳の特徴

　乱用性のある薬物は、すべて精神を変容させる。つまり、すべて脳に作用するということである。

　脳の多くの機能は、**神経細胞**の活動によって支えられており、精神機能を担う神経細胞の働きが薬物によってかき乱されたときに、異常な感覚や行動が現れるものと考えられている。しかし、薬物がもたらす効果は、**陶酔感、高揚感、幻覚**などまちまちである。

　それぞれの薬物は、脳のどこに、どのように作用することで、特有の精神作用を生み出すのだろうか?

　その答えを知るためには、まず私たち人間の脳のしくみを理解しなければならない。

●人間の脳の特徴

　そもそもドラッグを作り出し、売りさばいているのも、ドラッグに手を出し溺れてしまうのも、ドラッグの危険性に気づき問題を解決しようとするのも、すべて**脳の働き**である。

　危険ドラッグ問題は、脳という小さな臓器の中にあるといっても過言ではない。

　私たちの脳は頭蓋骨の中にある。大人の脳はほぼ1.2〜1.5キログラムで、次ページの図のような形をしている。脳の各部分は、細かく名前が付けられ、それ

※ 01
ニューロンともいう。

※ 02
幻覚とはいっても、非常に不快な声が聞こえる場合や、色鮮やかな万華鏡のようなイメージが見える場合などがある。

※ 01
脳部位の分類は、さまざ
まな考え方が提唱されてい
る。大きく4つに分けるの
は、本書で関わる脳部位の
関係を理解しやすくするた
めで、必ずしも一般的では
ないことをお断りしておく。

ぞれの役割がだいたいわかっている。ここではざっくり
と脳を4つにわけて、その違いを説明したい。※01

　まず、脳の中心にあたる部分は、脳全体を樹木に見
立てると、脳を支える幹のように見えることから**脳幹**と
名づけられている。「幹」という字には、「とても大事
な部分」という意味もあるが、ここは私たちが生きてい
くうえで、絶対に必要な役割を果たしている。

　たとえば、脳幹のうち一番下のところ（ちょうど後頭
部の下の辺り）に**延髄**という部分があり、呼吸中枢を
含んでいる。私たちは、とくに意識をしなくても、胸の
筋肉を常時動かして息をしているが、これは延髄の呼
吸中枢が「胸の筋肉を動かせ!」という指令を出し続
けているからである。

　もし、交通事故などで、後頭部を強く打ちつけてしま

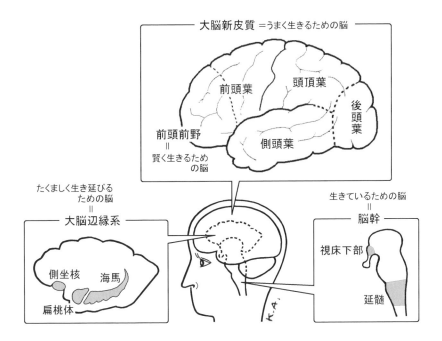

大脳新皮質 ＝うまく生きるための脳

前頭葉　頭頂葉　後頭葉

前頭前野
＝
賢く生きるため
の脳

側頭葉

たくましく生き延びる
ための脳
＝
大脳辺縁系

側坐核　海馬

扁桃体

生きているための脳
＝
脳幹

視床下部

延髄

い、脳幹が損なわれてしまうと、呼吸中枢が機能しなくなって私たちは死んでしまう。

　危険ドラッグの中には、脳の神経を麻痺させる作用を持つものがあるが、その作用が強く現れると、呼吸中枢が麻痺して即死となる。

　また、脳幹のうち上の方（脳のちょうど中心辺り）に視床下部（ししょうかぶ）という部分があり、睡眠、食欲、性欲など、生きていくために必要な機能をコントロールする中枢が含まれている。

　私たちは疲れたら眠るし、お腹が空いたら食べ物を食べるし、子孫を残すために性行為をする。これは地球上のすべての生物が、生きていくために必ず行っていることであり、視床下部が正常に機能しなくなると、人間は生きていくことができなくなるのだ。

　危険ドラッグの中には、睡眠を妨げて覚醒作用を示すもの、食欲を無くしてしまうもの、性欲を減退、または異常に高めるものがあり、その作用のために、まともに生きていけなくなってしまう。

　このように、脳幹は、生命維持に必要不可欠な機能を支えており、**生きているための脳**といえるのだ。

　次に、脳幹の上には**大脳辺縁系**（だいのうへんえんけい）※02がある。

　辺縁という言葉は、日常会話ではほとんど使わないが、脳の中心部である脳幹のまわりを覆うように位置する、大脳の部分が相当する。

　私たちは、呼吸をして、食べて、眠るだけで生きていくことができるだろうか?

　敵に襲われたり、危険な目に会ったりするような、**危機的状況**を乗り切って生き延びるために、大脳辺縁系が大きな役割を果たす。

※02
進化の過程で、比較的古い古皮質や、旧皮質を含む。

私たちが見たり、聞いたり、体験したことを「快」と捉えるか、「不快」と捉えるかは、辺縁系の中の**扁桃体**〈へんとうたい〉※03が決めている。自分にとって有益なことか、害になるかを判断するのである。たとえば、体が傷つくと、私たちは痛みを感じ「不快」と感じる。そしてその苦痛から逃れようとして、行動を起こす。意欲・行動力を司るのは辺縁系の中の**側坐核**〈そくざかく〉※04である。

また、一度失敗したことを忘れてしまったら、再び同じ目に会う。そうならないために、自分が経験したことをしっかりと記憶しておき、「どのようにしていたら危機を避けられたのか」ということを経験から学ぶのだ。こうした記憶・学習力を司るのは、辺縁系の中の**海馬**〈かいば〉※05である。

危険を察知して適切な行動を起こし、かつ経験から学び、適応力を高めていく能力……。それがまさに大脳辺縁系の使命なのだ。特に野生動物にとっては、弱肉強食の世界を生き延びていくために必要不可欠なものである。

大脳辺縁系は、**たくましく生き延びるための脳**なのである。

そして大脳辺縁系のさらに外側に、**大脳新皮質**〈だいのうしんひしつ〉※06がある。たくさんのシワがあり、ちょうど果物の「皮」のように大脳の最外表を覆っている。ほかの動物に比べて、私たち人間は、この大脳新皮質が大きく発達したために、高度な能力を持つことができたと考えられている。

大脳新皮質は、**うまく生きるための脳**である。

大脳新皮質は、**後頭葉**〈こうとうよう〉、**側頭葉**〈そくとうよう〉、**頭頂葉**〈とうちょうよう〉、**前頭葉**〈ぜんとうよう〉という**四つの部分**※07に分けられ、それぞれ異なった役目を持っている。

たとえば、私たちが目でキャッチした視覚情報は、後

※03
「扁桃」とはアーモンドのこと。アーモンドのような形をしているので、こう名づけられた。

※04
大脳基底核に分類されることもある。

※05
「海馬」とは「タツノオトシゴ」の別名であり、タツノオトシゴに形が似ている脳部位として、「海馬」という名前がついた。

※06
進化の過程で新しくできた部分なので「新」がついている。

※07
「葉」がついているのは、脳の形を木に見立てているからである。

頭葉にある**視覚野**に送られて処理され、耳でキャッチした音の情報は、側頭葉にある**聴覚野**に送られて処理される。また、皮膚で感じとった情報は、頭頂葉にある**感覚野**で処理され、私たちが手足を動かそうとする指令は、前頭葉にある**運動野**から発せられる。

前頭葉の中でも特に前の方は、**前頭前野**（ぜんとうぜんや）と呼ばれ、思考力、創造力など、人間特有の能力に関係している。

宗教、芸術、文化、科学など、私たち人間だけの高度な知的活動は、すべて前頭前野が生み出したものである。[08]

さらに前頭前野には、もう一つ重要な機能が備わっている。それは**理性**である。

前述の大脳辺縁系は、自分の身を守ることを最優先とし、嫌なことは嫌とはっきりいい、欲しいものは何が何でも手に入れようとする。野生で生存競争に勝つには、自己中心的な**たくましさ**が必要だからだ。

しかし人間は、社会を形成し、協力しながら集団として生き残る道を選んだ。そのためには、"ジコチュー"な野生の本能を抑えることが、ときには必要になる。

※ 08
「危険ドラッグを生み出したのも、前頭前野である」といえるかもしれない。

前頭前野　　　大脳辺縁系

言わない方がいいよ。

言いたいけど…

ブレーキ

「本当は怒りたいけど……」「本当は言いたいけど……」と我慢して、集団の調和を乱さないように振る舞おうとする。これが理性だ。

前頭前野は**賢く生きるための脳**である。

「生きているための脳」「たくましく生き延びるための脳」「うまく生きるための脳」「賢く生きるための脳」という、この4つ働きが、実にバランスよくできているのが、人間の脳なのである。

●神経細胞（ニューロン）とシナプス

脳をもっと細かくのぞいてみると、何千億個もの細胞が集まってできており、その細胞は、**神経細胞（ニューロン）**と、**グリア細胞**[01]に大きくわけることができる。

感覚、運動、記憶、精神など脳の主な機能を担っているのは神経細胞で、ニューロンの周りを取り囲む多数のグリア細胞は、ニューロンの働きを支えている。

皮膚や筋肉の細胞などと神経細胞が大きく違うのは、**神経突起**と呼ばれる、腕のような構造をもっている点だ。神経突起はさらに、**樹状突起**と、**軸索**にわけられる。

樹状突起は比較的短く、たくさん枝わかれしているのに対して、軸索は通常一本で、とても長く伸びている。樹状突起は、他の神経細胞が発した信号を受け取る**入力端子**であり、一方の軸索は、他の神経細胞に信号を伝える**出力端子**に相当する。

脳の神経細胞は、神経突起を使って、電話回線のような複雑なネットワークを作り、情報を伝え合っているのだ。

ある神経細胞が活動すると、**電気信号**が発生する。

※ 01
神経膠細胞ともいう。

その電気信号は、長い軸索を伝わり、その末端まで到達する。ちょうど電話線の中を電気が流れて、情報が送られるのと同じようなものだ。

軸索末端まで到達した電気信号が、そのまま隣の神経細胞に伝われば簡単だが、実際は違う。

ある神経細胞の軸索の末端と、別の神経細胞の樹状突起の間には、**シナプス**[※02]と呼ばれる、ごくわずかな隙間がある。電線が途切れたような状態であるから、このシナプスの部分では電気が流れない。

ところで、あなたが誰かにメッセージを伝えるために、手紙を持って道を歩いていたとしよう。そのとき目の前に大きな谷が現れ、行く道が寸断されてしまった。谷の向こうに手紙を手渡したい相手がいるのだが、どうすればよいだろう？

一つの方法は声を使うことだ。

手紙を直接渡せなくても、相手に聞こえるように大声で呼んで伝えればよい。実際に、神経と神経のつなぎ目のシナプスでは、これと似た方法で情報が伝えられる。神経細胞の**声**に相当するものが、**神経伝達物質**[※03]である。神経伝達物質は、軸索の末端にある**シナプス小胞**[※04]の中に貯えられていて、電気信号が伝わってくるとシナプス小胞の中からシナプスへと放出される。

しかし、あなたがいくら声を出しても、相手がちゃんと聞いてくれなければ、メッセージは伝わらない。

神経のシナプスにおいて**耳**に相当するのが**受容体**である。受容体は、情報を受け取る側の神経の樹状突起上にあって、そこに神経伝達物質が結合すれば、メッセージが伝わったことになる。

このようにシナプスで情報が伝えられるしくみを**シナ**

※ 02
synapse

※ 03
neurotransmitter

※ 04
小さな袋のようなもの。

プス伝達という。

しかし、なぜ「シナプス伝達」などという、面倒な仕組みがあるのだろう？

軸索を電気信号が伝わり、全く途切れないように軸索が連結していれば、情報は正確に遠くまで伝わるはずだが、シナプス伝達が繰り返されると、伝言ゲーム

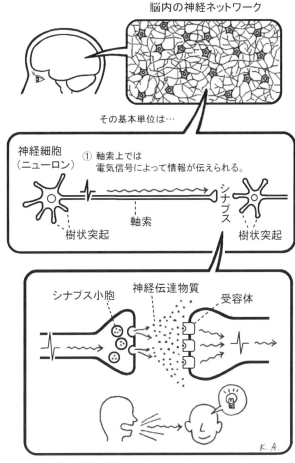

脳内の神経ネットワーク

その基本単位は…

神経細胞
（ニューロン）

① 軸索上では
電気信号によって情報が伝えられる。

樹状突起　　軸索　　シナプス　　樹状突起

シナプス小胞　神経伝達物質　受容体

② シナプスでは
神経伝達物質と受容体によって情報が伝えられる。

のように、情報はどんどん変わってしまうのではないだろうか?

実は、シナプス伝達によって**情報が変化することが重要**なのだ。

ある神経細胞が、10 の情報を出力したとき、シナプス伝達の結果、それが 5 に減ったり、逆に 20 に増えることもあるだろう。また、2 つの神経細胞が出した情報を、一つの神経細胞が合わせて受け取ったり、逆に一つの神経細胞の情報を、複数の神経細胞が受け取ることもできる。

このように情報の質や量を変化させることで、**シナプスが脳の働きを決めている**といってもよい。

危険ドラッグの作用点も、実はシナプスなのである。

●神経伝達物質と受容体

車にアクセルとブレーキがあるように、神経細胞間で行われるシナプス伝達にも、**興奮性**と、**抑制性**がある。

興奮性のシナプス伝達を担う代表的な神経伝達物質は、**アセチルコリン**と、**グルタミン酸**である。

ある神経細胞の終末から、シナプス間隙にアセチルコリンが放出されて、それがニコチン型アセチルコリン受容体に作用すると、受け取った神経細胞は興奮して電気信号を発生させ、ちょうどアクセルを踏むと車が発進するように、先へ興奮を伝えていく。

同じように、グルタミン酸がシナプス間隙に放出されて、それが NMDA 型[01]グルタミン酸受容体、またはnon-NMDA 型グルタミン酸受容体に作用すると、受け取った神経細胞は興奮する。

興奮性の神経伝達物質
アセチルコリン

グルタミン酸

抑制性の神経伝達物質
GABA

修飾性の神経伝達物質
ドーパミン

ノルアドレナリン

セロトニン

※ 01
N - メ チ ル - D - ア ス パ ラ ギ ン 酸 (N-methyl-D-aspartic acid) の省略形で「エヌエムディーエー」と発音する。

一方、抑制性のシナプス伝達を担う代表的な神経伝達物質は、**GABA**^{※02}である。

神経終末からシナプス間隙に、GABA が放出されて GABA 受容体に作用すると、ちょうどブレーキを踏むと走っていた車が止まるように、受け取った神経細胞の活動が止まる。

車の運転中に、アクセルやブレーキをかけるにしても、急に踏んだり、ゆっくり踏んで徐々にスピードを変えたりするなど、いろいろなやり方があるように、シナプス伝達では微妙な調節も行われる。興奮性、ならびに抑制性シナプス伝達を修飾する役割を担う伝達物質には、**ドーパミン**、**ノルアドレナリン**、**セロトニン**などがある。

化学構造を見ると、いずれも芳香環^{※03}から炭素2個分の鎖が伸びて、その先端に NH_2 ^{※04}が一つ、ついている。

この構造上の共通点から、ドーパミン、ノルアドレナリン、セロトニンなどは、**モノアミン系神経伝達物質**と総称され、いずれも精神活動に重要な役割を果たしている。正常な神経活動を保つには、これらの神経伝達物質がバランスよく働くことが重要で、過剰に作用しても不足しても、精神の異常につながる。

この後解説する乱用薬物の多くは、こうした神経伝達物質のバランスを壊してしまうものである。

ここで紹介した以外にも、脳内の神経伝達物質は何十種類もある。^{※05}さらに、一つの伝達物質に対して受容体が何種類もあるので、受容体の種類はもっと多いことになる。

多種類の神経伝達物質と受容体が、さまざまな脳部位でシナプス伝達を行うことによって、私たちの複雑な脳の機能が達成されているのだ。

※02
γ-アミノ酪酸 (gamma-aminobutyric acid) の省略形で、ギャバと発音する。

※03
ベンゼンのように、炭素が環状につながった構造。

ベンゼン

※04
アミン

※05
今も新しい神経伝達物質が発見され続けていることを考えると、もしかしたら百種類以上あるかもしれない。

2 » ドラッグと脳

●ダウナー系の作用

　乱用の危険があるために、規制対象となっているドラッグを第2章であげたが、それらは脳の神経にどう作用しているのだろうか?

　まず、PCPやケタミンのような麻酔薬[01]は、興奮性シナプス伝達を担うアセチルコリンや、グルタミン酸の作用を阻害する。

　具体的には、ニコチン型アセチルコリン受容体や、NMDA型グルタミン酸受容体に結合して邪魔をすることによって、アセチルコリンやグルタミン酸のシグナルを遮断してしまうのだ[02]。

　神経細胞が興奮できなくなるので、「何も感じない」という麻酔状態を生み出す。

　また、バルビツール酸系、及びベンゾジアゼピン系の睡眠薬[03]は、抑制性シナプス伝達を担うGABAの作用を強める。

　具体的には、GABA受容体を敏感にさせる（耳がよく聞こえるようにする）ことによって、GABAのシグナルを伝えやすくする（小さな声でもよく伝わるようになる）。**神経細胞が抑制されやすくなる**ので、眠りやすくなるというわけだ。

　作用点は異なるものの、結果的に脳の神経が抑制さ

※01
P20、P46〜47参照。

※02
これは、「耳をふさいでしまうと、声が聞こえなくなる」ことと同じ。

※03
P18参照。

れる方向は同じであり、これらの薬物はダウナー系として作用する。

　PCPやケタミンについては、単なるダウナー系でない作用もあり、第2章でふれたように、**解離性麻酔**という特殊な精神状態を生み出す。

　一般の麻酔薬は、比較的広範囲の脳を麻痺させるが、PCPやケタミンは、主に意識・感覚・運動を司る**大脳新皮質**を選択的に麻痺させ、夢や幻覚とも関係する**大脳辺縁系**は抑えないために、大脳新皮質と大脳辺縁系の機能が、解離すると考えられている。

　野生の脳である大脳辺縁系の働きは、**理性の脳**である前頭前野によってコントロールされているが、PCPやケタミンが前頭前野を抑制してしまうと、大脳辺縁系はその支配から解放されて、通常より活発に活動しはじめる。まるで、いつも上司に厳しく見張られて

前頭前野 ギラリ

普段は 前頭前野が
抑制している

大脳辺縁系 しょんぼり…

前頭前野が眠って
しまったら…

ZZZZ

前頭前野

ワーイ！ 大脳辺縁系

K.A.

いた部下が、上司がいなくなると思い切り羽を伸ばして、大ハシャギするようなものである。

　大脳辺縁系が、活発化すると、いろいろな幻覚や夢を見るが、大脳新皮質の中にある運動野は、PCPやケタミンで麻痺されているので、体を動かそうとしても思うように動かない。

　つまり、**精神と肉体が解離**^{※04}するのだ。

　こうした特異な作用が、ダウナー系でありながら、幻覚薬とみなされる理由となっている。

※ 04
この解離状態が、いわゆる「幽体離脱」や「臨死体験」のような感覚を生じると考えられる。

●アッパー系の作用（覚醒とノルアドレナリン）

- -

　修飾性の神経伝達物質のうち、ノルドレナリンは、意識レベルを高める役割を果たす。意識レベルが高くなると、脳は覚醒し、感覚が鋭くなる。

　ノルアドレナリンを分泌する神経細胞では、神経軸索末端の中のシナプス小胞に、ノルアドレナリンが貯えられている。この神経細胞が興奮すると、ノルアドレナリン（声に相当）が軸索末端から放出されて、シナプス間隙を拡散する。その一部が、アドレナリン受容体（耳に相当）に届くと、シグナルが伝わったことになる。

　放出されたノルアドレナリンは、軸索末端にある**トランスポーター**^{※01}というしくみによって回収される。

　いつまでも声を出しっぱなしだと困るので、できるだけ早く静めるためのしくみである。このしくみによって、ノルアドレナリンの作用は適度に保たれている。^{※02}

　アッパー系ドラッグのうち、コカインは、「ノルアドレナリンを回収するトランスポーターを阻害する」^{※03}ことがわかっている。トランスポーターが阻害されると、神経

※ 01
輸送体

※ 02
軸索末端に回収されたノルアドレナリンの一部は、再びシナプス小胞に入って貯えられ、神経伝達物質として再利用される。

※ 03
P19、P50 〜 52 参照。

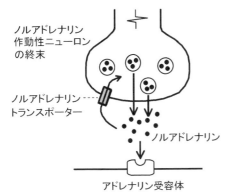

神経から放出されたノルアドレナリンは、通常トランスポーターを介して回収されることによって、適度な濃度になっている。

ノルアドレナリン
作動性ニューロン
の終末

ノルアドレナリン
トランスポーター

ノルアドレナリン

アドレナリン受容体

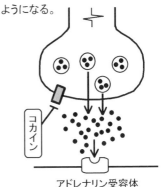

コカインがトランスポーターを阻害すると、放出されたノルアドレナリンがシナプス間隙にたまり、強く作用するようになる。

コカイン

アドレナリン受容体

の軸索末端から放出されたノルアドレナリンが、回収されずに出っ放しになる。

まさに「大きな声がいつまでも響き続けている」ような状態を生み出すのだ。このために、通常は適度に作用しているノルアドレナリンが、過剰に作用するようになり、**強い覚醒効果**がもたらされる。

※04
P19、P53〜54参照。

また、覚醒剤であるアンフェタミン、メタンフェタミンは、[04]化学構造がノルアドレナリンに似ているために、トランスポーターに回収されて、神経軸索に入ることができる。

そして、さらにはノルアドレナリンが貯えられているシナプス小胞まで入り、ノルアドレナリンをシナプス小胞から追い出して放出させてしまう。

神経が声を出そうと思っていないのに、悪さをして勝手に声を出してしまうのだ。このために、ノルアドレナリンがどんどん作用して、強い覚醒効果がもたらされることになる。[05]

※05
メチルフェニデートも、覚醒剤と同じように、ノルアドレナリンを放出させる作用があり、それによって覚醒効果をもたらすと考えられている。

覚醒系は、脳の意識レベルを高めて感覚を鋭くし、

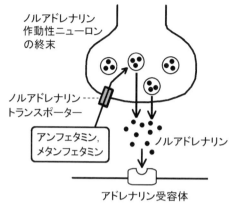

覚醒剤は、トランスポーターを通って
神経終末に入り込み、ノルアドレナリンを
放出させる。

ノルアドレナリン
作動性ニューロン
の終末

ノルアドレナリン----
トランスポーター

アンフェタミン,
メタンフェタミン

ノルアドレナリン

アドレナリン受容体

活動を維持するために働いている。ただし脳は、働き
続けると疲れてダメージを受けるので、あまり覚醒系が
強くならないように調節したり、ある程度覚醒系を動か
したら、いったん休むようにできている。

　ところが、コカインや覚醒剤などで、無理やりノルア
ドレナリンの作用が強められ、覚醒が維持され続けると、
「いつまでも疲れず、頭がはっきりして働ける」と感じ
るのだが、実際には超えてはならない限界を超えてしま
い、脳は大きなダメージを受けて、元に戻らなくなって
しまう。働きすぎて**過労死**してしまうようなものである。

　一時的なドラッグの効果を期待して乱用すると、取り
返しのつかないことになってしまうのだ。

●サイケデリック系の作用（幻覚とドーパミン・セロトニン）

サイケデリック系ドラッグは、共通して**幻覚**^{※01}を引き起

※01
現実にないものが、まるで
存在するように知覚される
こと。

こす。実際には、ないものがあるように見える**幻視**を指すことが多いが、実際にはない音や声が聞こえる**幻聴**、実際にない味覚・嗅覚・触覚がわきおこる**幻味**、**幻臭**、**幻触**なども含む。

しかし、そもそも「幻覚とは何なのか?」「どうして起こるのか?」ということはよくわかっていない。

幻覚の謎を解き明かす、いくつかのヒントがある。

※ 02
Schizophrenia

まずは、**統合失調症**※02という精神疾患に関する知見である。統合失調症は、脳の精神機能が障害され、思考や感情がまとまりにくくなった状態で、主な症状の一つに幻覚がある。統合失調症患者が体験する幻覚は、幻聴が中心で、不快なものが多い。

たとえば、複数の人たちが自分のことをウワサする声がする(ような気がする)。その声に聞き入ろうとして無言になったり、反論しようとして小声でブツブツ独り言をいったりする。

耳元で「死ね!」というささやき声が 24 時間ずっと聞こえ、たまらず自殺してしまう患者も少なくない。また逆に、「殺せ!」という声が聞こえ、人を傷つけてしまうこともある。

声の主の顔が見えたり、恐ろしい怪獣や、虫のようなものが視野に浮かぶこともある。また、幻覚とは関係ないと思われるかもしれないが、統合失調症では、自分自身の体をさわるとくすぐったいと感じる人が多い。

ぜひ、試してほしい。あなたの脇の下を誰かにさわってもらうとどうだろう? もちろんくすぐったくてたまらないはずだ。実際にさわられなくても、手が近づいただけで「キャー、やめて!」となるだろう。

ところが、あなたが自分で脇の下をさわっても、少し

もくすぐったくないはずだ。これは、自己と他者の区別がちゃんとできていて、自分が触るときには感覚を鈍くするような抑制のしくみが働くからである。[*03]

しかし、統合失調症では、自分でさわった場合と、他者がさわった場合が区別できないので、どちらもくすぐったく感じてしまうのだ。

このような「自己と他者が区別できない」という特性は、視覚や聴覚にも表れる。

すなわち、私たちの頭の中に誰かの顔が思い浮かんだとしても、普通なら「自分が勝手に想像したこと」と理解できるが、統合失調症では、そのイメージを自分が生み出していることに気づかず、あたかも実在するように感じてしまうのだ。頭の中で音や声をイメージしたものが、あたかも本当に聞こえていると感じてしまう。

幻覚とは、自分の内部から沸き起こる情報を、自分の生み出したものと認識できないことで生じるものといっていい。

また、統合失調症の脳のどこに異常があるか調べてみると、大脳辺縁系でドーパミンが過剰に分泌されていることがわかった。大脳辺縁系でのドーパミンの過剰と

※03
自分で触ったときに、いちいちくすぐったいと感じては困ってしまう。

人に触られるとくすぐったい。

自分で触ってもくすぐったくない。

幻覚症状には、相関が認められるとともに、過剰なドーパミンの働きを抑えるような医薬品を使うと、幻覚症状が減ることも明らかになっている。[04] よって、修飾性の神経伝達物質のうち、大脳辺縁系で作用するドーパミンが、幻覚に関係していると考えられる。

このことは、**パーキンソン病**という別の脳疾患に関する知見によってもわかる。

パーキンソン病とは、中脳の**黒質**というところにあるドーパミンを含む神経細胞が徐々に死滅していき、手足が震えたり、うまく体が動かせなくなってしまう運動系の難病である。根本的な治療法はまだないが、症状を抑えてくれる医薬品がたくさんできている。

具体的には、働かなくなったドーパミンを補うような薬や、ドーパミンの代わりにドーパミン受容体を刺激する薬などが使われる。[05] ただし、これらの薬は、副作用として幻覚を引き起こすことがある。

黒質のドーパミン神経が失われた分を補うのはよいが、薬は脳全体に分布するから、大脳辺縁系でドーパミンが増えてしまうと、統合失調症と同じ状態になって、幻覚が現れてしまうものと考えられる。

さらに、統合失調症だけでなく、うつ病や神経症など多くの精神疾患で、**セロトニン**の異常が報告されている。

サイケデリック系の代表である**LSD**[06]や**サイロシン**[07]は、化学構造の中にセロトニンの構造を含んでおり、セロトニンと同じような作用を発揮すると考えられている。[08]

よって、修飾性の神経伝達物質のうち、セロトニンも幻覚に関わっているにちがいない。どのようにしてセロトニンが幻覚をもたらすかは解明されていないが、抑制

のしくみを解除することによって、ふだん意識に上らないような自分自身の過去の記憶や、想像のイメージをわき上がらせるのではないかと考えられている。

メスカリン[09]は、セロトニン受容体を刺激して幻覚を生じると考えている。

MDMA[10]は、アンフェタミンやメタンフェタミンと同じように、トランスポーターを介してノルアドレナリンを含む神経軸索終末に入り、ノルアドレナリンの放出を促して覚醒作用を示す。そして、トランスポーターを介して、ドーパミンやセロトニンを含む神経軸索終末に入り、ドーパミンやセロトニンの放出も促す。[11]

フェネチルアミン系合成ドラッグ[12]の DOx シリーズ、2C シリーズ、NBOMe シリーズは、いずれも化学構造がノルアドレナリンに近いが、セロトニン受容体を刺激することによって、幻覚を生じると考えられている。

カチノン類[13]は、化学構造が似ていることもあって、覚醒剤と同じ作用も示すが、さらにドーパミンやセロトニンのトランスポーターを阻害することにより、神経から放出されたドーパミンや、セロトニンの作用を強めるものもある。

ピペラジン誘導体[14]は、MDMA と似た作用を示し、セロトニン受容体を刺激して幻覚を生じると考えられる。

ドラッグの種類によって、幻覚の起こり方が微妙に違うのは、ドーパミンやセロトニンのトランスポーターや、受容体に対する作用の選択性、強さの違いに基づいているのだろう。

いずれにせよ、サイケデリック系ドラッグは、ドーパミンやセロトニンに影響を与えることによって精神作用を発揮していると考えてよい。

※ 09
P63 参照。

※ 10
P63 参照。

※ 11
メスカリンと似て、セロトニン受容体を刺激する作用もある。

※ 12
P65 ～ 68 参照。

※ 13
P69 ～ 74 参照。

※ 14
P75 ～ 76 参照。

●オピオイドの作用

痛みはつらいものだが、必要なものでもある。

たとえば、ケガをしたときに「痛い!」と感じるからこそ、私たちはケガを治そうとするし、「不快だ」と思うからこそ、二度と同じ失敗をしないように気をつけるのだ。

糖尿病がひどくなると神経障害が起こり、足にケガをしたとしても、痛みを感じにくいためにそのまま放置してしまう。すると、その状態がどんどん悪化して、最後には足を切断しなければならなくなることもある。[01]

つまり、痛みは、私たちの体に危険が及んでいることを知らせてくれる**警告系**としての役割を果たしており、とても必要なものなのである。

しかし、あまりにも痛みがひどく続くと、耐えられなくなって弊害が起こる。そんなときに、私たちは必要に応じて、痛みを抑えてくれる鎮痛薬の助けを借りる。

アヘンに含まれる鎮痛成分であるモルヒネや、その類似化合物は、**オピエート**[03]と総称される。[02]

オピエートはどうして強力な鎮痛作用を示すのだろうか?

長年、解き明かすことのできなかったこの謎は、1970年代になって一気に判明した。このころには、前述したように、多くの薬物は生体内にある受容体と呼ばれる特定のタンパク質に結合して作用を発揮することが知られていた。

オピエートも受容体に作用するのではないかと考えられていたが、既知の神経伝達物質の受容体には結合しないことがわかっていた。[04]

1971年、米国のスタンフォード大学の薬理学者エイ

※01
糖尿病による神経障害のために、足に腫瘍や壊疽(えそ)が起こっているのに気づかずに放置して、最終的に足切断に至る患者数は、およそ2万人という推定データがある。

※02
opium
P40参照。

※03
opiate

※04
アセチルコリン、グルタミン酸、GABA、ドーパミン、ノルアドレナリン、セロトニンなど。

ブラム・ゴールドスタイン[05]らは、動物の脳をすりつぶしたサンプルにオピエートを加えて、特異的に結合する未知の受容体の存在を証明しようと試みたが、失敗した。[06]

そして1973年、ほぼ同時期に、米国のジョンズ・ホプキンス大学のソロモン・スナイダー[07]や、米国のニューヨーク大学医療センターのエリック・J・サイモン[08]、スウェーデンのウプサラ大学のラーズ・テレニウス[09]らによって、脳にオピエートの結合部位が存在することが確かめられた。それはこれまでにはなかったものだったので、新たに**オピエート受容体**と名づけられた。

オピエートは、体内にあるオピエート受容体に結合して、鎮痛作用を発揮することが明らかになったが、よく考えてみると、受容体はもともと体内で働く物質[10]に対して用意されているものである。オピエートは、私たち人間の体内にある物質ではないのに、なぜ受容体があったのだろうか?

人間がケシに含まれる成分を見つけて、体に取り込むことを予想した神様が、前もってオピエート受容体を用意しておいたのだろうか?

考えられたのは、「オピエートのような物質がもともと私たちの体内にあって働いている」ということだった。

発想のきっかけとなったのは、1971年に米国・カリフォルニア大学ロサンゼルス校のジョン・リーベスキンド[11]による研究で、特定の神経を刺激すると鎮痛効果がもたらされ、その効果が**ナロキソン**という薬物で阻害されるという発見だった。つまり、「神経からオピエートのような鎮痛作用を示す物質が分泌されている」と考えられたのだ。

そして、そのような物質は、**オピオイド**[12]と呼ばれ、多

※ 05
Avram Goldstein

※ 06
しかし、このときの手法はその後の受容体の同定に活かされた。

※ 07
Solomon Snyder

※ 08
Eric J. Simon

※ 09
Lars Terenius

※ 10
神経伝達物質やホルモン。

※ 11
John C. Liebeskind

※ 12
opioid：-oid は "ような"という意味。

※13
John Hughes & Hans
Walter Kosterlitz

※14
Rabi Simantov

※15
endo- には " 内 " という意
味があるので、体内にある
モルヒネ（モルフィン）とい
うニュアンスでエンドルフィ
ンという名前がつけられた
のだろう。

※16
Shinto Tachibana

※17
多種類のアミノ酸が数珠の
ようにつなぎ合わされてで
きた構造。

※18
ペプチドは体内で容易に分
解されるため、分泌されて
も作用は短く、モルヒネな
ど麻薬のような害をもたら
すことはない。

くの研究者が探し求めた。1975 年には、ジョン・ヒューズとハンス・ウォルター・コステリッツ※13 が、モルヒネと同じ作用を持つ体内物質を、ブタの脳から単離することに成功し、**メチオニンエンケファリン**、**ロイシンエンケファリン**と名づけた。同年、米国ジョンス・ホプキンス大学のラビ・シマントフ※14 と ソロモン・スナイダーが、ウシの脳から **エンドルフィン**※15 を見つけた。1979 年には、エイブラム・ゴールドステインとシント・タチバナら※16 が、**ダイノルフィン**を見つけた。

　化学構造を調べてみると、驚いたことに、いずれもペプチド※17 だったので、これらの物質は**内因性オピオイドペプチド**と総称された。内因性オピオイドペプチドは、体内で産生・分泌され、モルヒネなどオピエートと同じ受容体に作用する。おそらく私たちの体内では、危険が及んでいることを知らせる警告系として**痛覚**が起こる一方で、それにブレーキをかける**鎮痛**のしくみとして、オピオイド系が用意されていたのだろう。

　実際に、内因性オピオイドペプチドは、私たちが苦痛や不快を感じると分泌され、**快楽**状態へと導く役割を果たすことがわかっている。このため、内因性オピオイドペプチドは、**脳内麻薬**という俗称で呼ばれることもある。※18

　発見の経緯から、いったん、**オピエート受容体**と名づけられた受容体であったが、よくよく考えてみると、元来、内因性オピオイドペプチドが働くために、用意されていたしくみなので、**オピオイド受容体**と呼び名が変更された。

　また、内因性オピオイドペプチドの構造は、モルヒネとはまったく違うように思えたが、その後の研究から両者には共通点が見出されている。次ページの図のよう

に、ロイシンエンケファリンをはじめ、内因性オピオイド
ペプチドは共通して**チロシン**というアミノ酸を含んでお
り、モルヒネの部分構造と類似していることが明らかと
なった。

　体内で働く、内因性オピオイドペプチドに似た構造を
含んだ**モルヒネ**という植物成分に、偶然、人類が出会
い、その出会いが「自分の体のしくみを知るきっかけ」
となったのだ。モルヒネは、**痛みを和らげるという薬と**
しての役割を果たしてくれただけでなく、**科学の進歩に**
も大きく貢献してくれた。

　「モルヒネがなかったら……」と考えると、この奇跡
的な出会いに感動さえ覚える。

　モルヒネなどのオピエートと、内因性オピオイドペプ
チドが共通して作用するオピオイド受容体には、性質の
異なるサブタイプの**μ**、**δ**、**κ**の3つがあることが明ら
かにされている。

共通した化学構造

ロイシン
エンケファリン

チロシン　グリシン　グリシン　フェニルアラニン　ロイシン

モルヒネ

μ**受容体**は、モルヒネ「morphine」がもっともよく作用するタイプなので、mのギリシャ文字であるμをあてて名づけられた。内因性オピオイドペプチドの中ではβエンドルフィンがμ受容体に作用する。

δ**受容体**には、メチオニンエンケファリンとロイシンエンケファリンが作用するが、マウスの輸精管「vas deferens」で見つかったことから、dのギリシャ文字であるδをあてて名づけられた。

κ**受容体**には、ダイノルフィンが作用するが、ケトシクラゾシン[21]「ketocyclazocine」という人工的に合成された薬も作用することから、kのギリシャ文字であるκをあてて名づけられた。

μ受容体、δ受容体、κ受容体は、共通して神経の興奮を抑制する働きがあり、いずれの受容体が刺激された場合も鎮痛作用がもたらされるが、それ以外の作用や役割は大きく異なる。

たとえば、μ受容体が動いたときは、多幸感が生じるが、κ受容体が動いたときは、逆に嫌悪、あるいは不快感が生じる。μ受容体とδ受容体は、依存性形成に関係するが、κ受容体を刺激しても依存は生じない。

モルヒネなど、従来のオピエートが、強い鎮痛作用を持ちながら、乱用や依存性という問題点を抱えていたのは、μ受容体のみに作用していたからである。もし、κ受容体に作用する新しい化合物を作ることができれば、乱用や依存性のない鎮痛薬になるかもしれない。[22]

●カンナビノイドの作用

大麻成分であるTHC[01]などのカンナビノイドが作用し

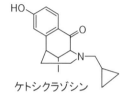

ケトシクラゾシン

※ 21
別名：ケタゾシン
ketazocine

※ 22
κ受容体に作用して鎮痛効果をもたらす医薬品が「非麻薬性鎮痛薬」として開発されている。

※ 01
P90 〜 91 参照。

ているであろう体内のターゲットも、長らく不明であった。THCは既知のどの受容体にも作用せず、オピオイドと同じように何か特有の結合部位があるのではないかと想定されていた。

　ようやくその謎が解けたのは、オピオイドに遅れること約20年後のことである。

　1988年米国のセントルイス大学医学校のオーリン・ハウレット[※02]らは、合成カンナビノイドのCP-55,940を三重水素[※03]で標識化し、これをラットの脳をすりつぶしたサンプルに与えて、特異的に結合する分子が存在するかどうか調べることで、カンナビノイドに対する受容体が存在することをはじめて明らかにしたのだ。

　そして1990年米国・国立精神衛生研究所のマツダ[※04]らは、ラットの脳の遺伝子を解析しているときに、偶然、**カンナビノイド受容体**に相当するものを発見した[※05]。

　遺伝情報がわかると、そこから作られるタンパク質のアミノ酸配列がわかるし、「その遺伝情報を適当な細胞に組み入れて、実際にそのタンパク質を作ってみる」というように研究が進んでいった。こうして、主に脳に分布する第一のカンナビノイド受容体が見つかった。

　その後、1993年には、英国ケンブリッジのMRC分子生物学研究所のシーン・マンロー[※07]らが、HL60細胞[※08]の遺伝子の中から第二のカンナビノイド受容体に相当するものを発見した。その受容体が体内のどこに分布しているか調べたところ、脳にはほとんどなく、脾臓などの末梢臓器にあることがわかった。

　最初に見つかった**中枢型**の受容体は、**CB1受容体**[※09]、二番目に見つかった**末梢型**の受容体は、**CB2受容体**と名づけられた。THCは、CB1受容体とCB2

※02
Allyn C Howlett

※03
トリチウム

※04
Lisa A.Matsuda

※05
オピオイド受容体が研究されていたころには、受容体そのもの（タンパク質）を探していたが、カンナビノイド受容体が発見されたころには、遺伝子から探すのが主流になっていた。

※06
たとえると、以前は家そのものを探していたのが、今では設計図を見つけてそれに基づいて家を作ってみるという手法に変わったようなものである。

※07
Sean Munro

※08
ある白血病患者から採取した白血球細胞を継代培養したもの。

※09
CB1受容体の脳内分布を詳しく調べると、大脳新皮質、海馬、線条体、黒質、前脳基底部、嗅脳および小脳に多いことがわかった。

受容体の両方を刺激するが、危険ドラッグに含まれる合成カンナビノイドは、CB2 受容体よりも CB1 受容体を強く刺激するものが多い。

次いでオピオイドのときのように、「大麻成分のために体が受容体を用意している」とは思えず、「大麻由来のカンナビノイドと同じような働きをする物質が、もともと体内にあるのでは?」と多くの研究者が考え、CB1、および CB2 受容体に結合する体内物質を探した。

かくして 1992 年、イスラエルのヘブライ大学のラファエル・メコーラムの研究室に所属していたチェコの分析化学者ルミール・ハヌス[10]や、米国の分子薬理学者ウイリアム・ディヴェインら[11]によって、その候補物質がブタの脳から取り出された。その物質は、体内に豊富に存在するアラキドン酸という脂肪酸にエタノールアミンが結合した化合物[12]で、**アナンダミド**[13]と名づけられた。

一方、1995 年には、帝京大学薬学部の杉浦隆之と和久敬蔵が、ラットの脳からモノアシルグリセロールの一種である 2- アラキドノイルグリセロール[14]を取り出し、これがもう一つの候補物質であることを示した。ほぼ同時期にメコーラムらも、イヌの腸から同物質を見つけた。

大麻由来のカンナビノイドに対して、体内にあるアナンダミドや 2-AG は、**内在性カンナビノイド**[15]と総称される。

改めてアナンダミドと 2-AG を比べてみると、アナンダミドは、カンナビノイド受容体を部分的にしか刺激しないが、2-AG は完全に刺激する。また、アナンダミドは、正常な組織にはほとんど存在しておらず、実験のために組織を取り出す過程で産生された、副産物の可能性が指摘されている[16]。

※ 10
Lumír Ondřej Hanuš

※ 11
William Anthony Devane

※ 12
N- アラキドノイルエタノールアミン、またはアラキドノイルエタノールアミド。

※ 13
Anandamide。サンスクリット語（梵語）で歓喜という意味がある「アーナンダ」と「アミド」を合わせて名づけられた。

※ 14
2-Arachidonoylglycerol;
2-AG

※ 15
エンドカンナビノイド。
endocannabinoid,
endo- は "内" の意味。

※ 16
今のところ、2-AG が主たる内在性カンナビノイドだと考えられている。

さらに 2002 年には、イタリアと米国の研究グループが、ラットの脳から別の受容体に結合する内在性物質として N- アラキドノイルドーパミン[17]を見つけたが、これが CB1 受容体にも結合することがわかった。[18]

大麻に含まれる THC と、内在性カンナビノイドの化学構造は、パッと見ではまったく違うように思えるが、下の図のように、少し化学構造の書き方を変えて比べてみると、共通点が見えてくる。

もともと体内にあった内在性カンビノイドのことを私たちは知らなかったのに、自然界に存在する THC が偶然にも似た化学構造をもち、また偶然にも幻覚作用を示したことで、私たちに研究する機会を与え、ついに

※ 17
N - arachidonoyl
dopamine; NADA

※ 18
NADA は 2-AG よりも強力に CB1 受容体に作用するが、他の受容体に対する作用も強いことから、内在性カンナビノイドと呼ぶべきかどうか、賛否両論ある。

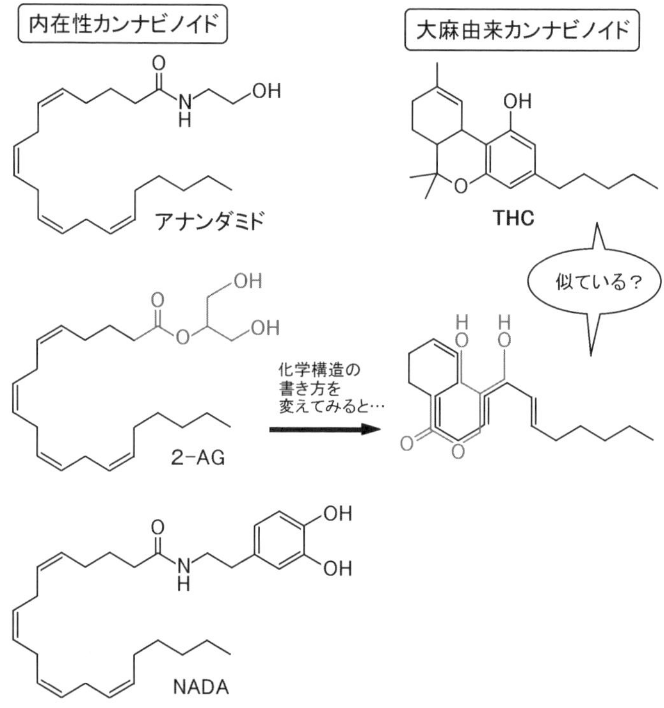

内在性カンナビノイド

アナンダミド

2-AG

NADA

大麻由来カンナビノイド

THC

化学構造の
書き方を
変えてみると…

似ている？

私たちが内在性カンナビノイドに気づいたというわけだ。

内在性カンナビノイドとカンナビノイド受容体の機能については、最近の研究により、もっと詳しいことがわかってきた。

私たちの体を構成する細胞膜はリン脂質からできており、その中には内在性カンナビノイドの原料となるアラキドン酸が含まれている。神経細胞膜で特定の受容体の刺激に伴ってリン脂質が分解されると、アラキドン酸を含む**ジアシルグリセロール**という物質ができる。このジアシルグリセロールに、ジアシルグリセロールリパーゼという酵素が働くと、内在性カンナビノイドの 2-AG が切り出されて、細胞外へ遊離される。

一方、CB1 受容体は、神経軸索の終末に存在していて、2-AG が結合すると神経伝達物質の放出が抑制される。神経軸索終末に取り込まれた内在性カンナビノイドは、モノアシルグリセロールリパーゼによって分解される。

つまり、内在性カンナビノイドは、神経活動に伴って作られ、神経伝達物質の放出にブレーキをかける**フィードバック抑制**として機能しているのだ。

また、シナプス伝達には興奮性と抑制性があるが、CB1 受容体はそのどちらも抑制する。グルタミン酸を放出する興奮性ニューロンの抑制は興奮の低下につながるが、GABA を放出する抑制性ニューロンの抑制は逆に興奮を高めることになる。そのどちらが優位かは脳部位によって異なるようだ。合成カンナビノイドが生じる複雑な精神作用も、脳の広い範囲で CB1 受容体が調節的役割を果たしていることを反映すると思われる。[19]

幻覚薬の作用に関連する重要なこととして、セロトニ

※19
さらに、ノルアドレナリン、ドーパミン、セロトニンなど精神機能に関与する神経伝達物質の放出を、抑制するなどして調節している。

ン受容体の刺激によって、内在性カンナビノイドが産生
され、抑制性ニューロンからの GABA 放出を抑制する
といったメカニズムも報告されている。

　先に紹介したように、多くのサイケデリック系ドラッグ
が、セロトニン受容体を刺激することによって幻覚を引
き起こすが、それらの作用の中に内在性カンナビノイド
が含まれている可能性があるのだ。

　また、THC や合成カンナビノイドを一回または数回
投与したときには、CB1 受容体を介したドーパミンやセ
ロトニン放出の抑制が起こるが、投与を繰り返している
と、逆にドーパミンやセロトニンの放出が増えてくること
が報告されている。

　大麻や合成カンナビノイドの乱用によって、生体内で
機能するカンナビノイド系のバランスが乱され、それが
精神や行動の異常を引き起こしていると考えられる。

　今後、幻覚薬の研究を行う上で、カンナビノイド系
は多くの謎を解く鍵になるだろう。

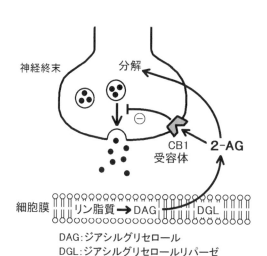

DAG：ジアシルグリセロール
DGL：ジアシルグリセロールリパーゼ

ニセモノを見分ける受容体、気にしない法律

麻黄には、エフェドリン ephedrine のほかに、プソイドエフェドリン pseudoephedrine が含まれる。細かいようだが、pseudo- は英語で [sjú:dou] という発音だから「シュードエフェドリン」と読むべきなのだが、日本ではプソイドエフェドリンと表記されることが多いので、本書ではこれに従う。いずれにせよ、pseudo- は「偽りの」という意味なので、プソイドエフェドリンは「ニセモノのエフェドリン」だ。

エフェドリンとプソイドエフェドリンの化学構造を並べてみるとこうなる。

エフェドリン　　プソイドエフェドリン

「変だぞ?」と思われたことだろう。そうまったく同じなのだ。決して書き間違えではない。実は、平面的な化学構造の表し方では、本物と偽物の区別がつかないのだ。

本物と偽物を見分けるには、どうすればいいだろうか。実は、立体構造を考えればよいのだ。炭素原子（C）は4本の腕を持っているが、その先に4種類の異なるものが付いている場合を考えよう。図のように、その化学構造を立体的に書き示すと（正四面体の中心に炭素原子があり4つの頂点に違うものがついていると考える）、2パターンあることに気づく。

そして、それぞれはちょうど鏡に映ったような反対の立体配置をしているので、この関係を「互いに鏡像異性体である」という。

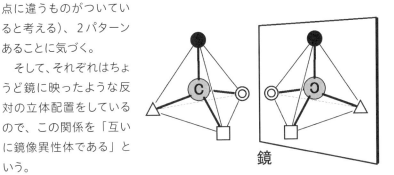

鏡

みなさんは毎朝顔を洗うときに鏡で自分の顔をご覧になっているだろうが、その顔は実際の顔とは左右反転した別物である。

ビデオ撮影された映像中の自分の顔が、毎日見ている鏡の中の自分とは何か違うと感じたことはないだろうか。実はこの2つの顔も、まさしく鏡像異性体の関係にあるのだ。

補足すると、鏡像異性体が存在する上のような化合物は、それぞれの異性体が光の振動する方向（偏光面）を右と左に回転させる性質が認められるので、「光学活性がある」と表現される。

また、その性質を「旋光計」という分析機器で測定し得られる数値、すなわち旋光度が正の値を示す方の異性体には（＋）、負の値を示す方の異性体には（－）を付けるルールになっている。

さて、エフェドリンのα位炭素とβ位炭素（図中でα，βと示してあるところ）の周りには、それぞれ4つの違う構造がついていることになるので、立体構造まで考えると下図のように、4種類があることになる。

①を鏡にうつすと②になるから、①と②は鏡像異性体の関係にある。鏡にうつった顔とビデオで撮影された顔が逆さまであっても、同一人物だと認識されるのと同じように、①と②には同じ名前をつけてもよいだろう。

ちなみに①～④のうち、薬物としての作用が一番強いのは①なので、①が「本物のエフェドリン」とみなせる。さらに、その旋光度の違いによって、

① (−)-エフェドリン　② (+)-エフェドリン

③ (+)-プソイドエフェドリン　④ (−)-プソイドエフェドリン

①が（−）- エフェドリン、②が（＋）- エフェドリンと命名されている。

　しかし、①または②と、③または④は、鏡にうつしても絶対に同じにはならない。つまり「本物とは違うもの」とみなせる。

　かくして、③と④には「ニセモノのエフェドリン」という不名誉な名前がつけられてしまったのだ。

　エフェドリンの薬理作用は複雑だが、β_1 アドレナリン受容体や β_2 アドレナリン受容体に結合して作用を発揮することも知られている。

　そして受容体への結合力が上記①〜④の化合物では大きく異なる。β_1 アドレナリン受容体に対する結合力は①＞②＞③＞④の順で、β_2 アドレナリン受容体に対しては①＞④＞③＞②の順と報告されている。

　どちらの受容体に対しても①が最強であり、さすが本物だ。ただこれは①が受容体を選んでいるというよりは、実際には受容体の方が①を選んで結合させていると言った方が正しい。つまり、受容体は、よく似た本物と偽物をしっかり区別して結合させているのだ。

　薬物と受容体の関係は、よく「鍵」と「鍵穴」の関係に喩えられる。

　本物の鍵は、鍵穴にピッタリおさまり、開錠できる。

　一見似ているように見えても偽物の鍵は、鍵穴にうまくおさまらず、役に立たない。受容体の「鍵穴」は、精巧にできていて、薬物の立体構造の違いまでしっかり識別できるのだ。

　突然話がとぶようだが、エフェドリンは法令で規制される薬物に相当する。

　詳しくは第5章で解説するが、覚せい剤取締法では、1- フェニル -2- メチルアミノプロパノール（エフェドリン及びプソイドエフェドリン）を覚せい剤原料に定めている。エフェドリンとプソイドエフェドリンは同等に扱われ、しかも（＋）と（−）の区別はしない。法律は、本物と偽物の違いなど、ちっとも気にしていないのだ。

■■■ ウンパ・ルンパとアナンダミド ■■■

　私が好きな映画の一つに、「チャーリーとチョコレート工場」（2005 年米国、ティム・バートン監督、原作はロアルド・ダールの児童小説「チョコレート工場の秘密」）がある。娘や息子も大好きで、一緒に映画館や DVD でもう何十回と見たが、何度見ても飽きない。

　ところで、この映画中にウンパ・ルンパという小人のようなキャラクターが登場する。ルンパランド（もちろん架空の国）のジャングルに暮らす彼らは、カカオ豆が大好きだが、厳しい環境の中でカカオ豆がとれるのは年に 3 ～ 4 個。欲しくて欲しくてたまらず、いつも頭の中はカカオ豆のことばかり。

　そんな彼らに、チョコレート工場を営むウィリー・ウォンカは、カカオ豆の報酬と引き換えに自分の工場で働くことをもちかけ、交渉に成功する。

カカオの実と豆

　ウンパ・ルンパにとってのカカオ豆は、ドラッグのような存在だったかもしれない。しかし、これは単なる架空の物語ではない。

　2002 年に米国サンディエゴ・神経科学研究所のダニエル・ピオメリ（Daniele Piomelli）らが、カカオ豆にアナンダミドが含まれていることを『Nature』誌で報告したからだ。

　アナンダミドといえば、私たちの脳内で働く内在性カンナビノイドの一つであるから、「カカオ豆には、大麻のような効果があるかもしれない」と話題になり、テレビや雑誌でも取り上げられた。

　果たして本当だろうか？

　カカオ豆や、それを原料に作られるチョコレートにアナンダミドが含まれるのは事実である。報告によると、「1 g のチョコレートに 0.05 ～ 57g くらいのアナンダミドが含まれている」そうなので、板チョコ 1 枚（だいたい 50 g）で 2.5 ～ 2800 μ g になる。

　体重 50 kg の成人男性の血液量は、4 リットルくらいだから、板チョコ 1 枚分のアナンダミドが 100%体内に吸収されて、血液中に均一に広がったとすると、血中濃度は 0.6 ～ 700 μ g ／リットルと計算される。

最高濃度がそのまま脳に移行したとすれば、わずかに CB1 受容体を刺激できるかもしれないという、ギリギリのレベルである。

　しかし、実際のところ、アナンダミドは体内で速やかに分解されやすい。脳内の神経シナプスで生成されたアナンダミドでも、寿命は短く、極めて狭い範囲にしか作用できないことがわかっている。

　食べたアナンダミドが脳に届くまでは長い道のりだから、そのまま脳に作用できるわけがない。実にナンセンスだ。

　どうも栄養学の分野では、食品に含まれる成分を取り上げ、「食べると ×× によい」などと過大評価する傾向がある。また食品メーカーはそうした説を販売促進に利用しがちだが、もっと人体のしくみや化合物の体内動態を勉強してほしい。

　「チョコレートを食べると楽しくなるのは、アナンダミドが含まれるから」などと軽々しくいわないでほしいのだ。

　カカオ豆は、アナンダミド以外にも、本書でドラッグに関係すると紹介した体内物質の GABA、セロトニン、フェネチルアミンなども含む。

　GABA は、私たちの脳内で抑制性の神経伝達物質として働いているが、動物だけでなく植物や細菌にも広く存在する。カカオ豆も例外ではない。

　さらに近年は、GABA に血圧を下げる作用、利尿作用、精神安定作用、糖尿病予防効果などがあると報告され、特定保健用食品の成分としても話題になった。

　「GABA」という商品名のチョコレートまで発売され、GABA が抑制性の神経伝達物質であることを根拠に、「リラックスできる」と説明しているようだが、本当に食べた GABA が脳に到達して神経を抑制するほど効果を示すとは考えにくい。

　もしそうなら眠くなってしまうはずだし、「眠くなってしまうチョコレート」というキャッチフレーズならあまり売れないだろう。

　真剣に議論するようなレベルの話ではなく、「おいしいチョコレートを食べたら幸せな気分になるのは当たり前」くらいに聞き流しておいた方が無難だ（セロトニンやフェネチルアミンについても同じである）。

　チョコレートに「精神作用を示す成分」が豊富に含まれているからといって、ドラッグのように期待して食べ続けても効果はない。

　カロリー過多で太ってしまうのがせいぜいだろう。

ウンパ・ルンパがカカオ豆に夢中になったのは、大好物がなかなか手に入らず、手に入ったときに大きな喜びを感じたからだ。

　カカオ豆に含まれていたアナンダミドが効いたというより、「カカオ豆が手に入った！」という結果そのものが、脳内の報酬系（次章で解説）を刺激したからだろう。

　チョコレートにアナンダミドや、GABA やセロトニンが含まれている事実は興味深いが、それをもってチョコレートに特別な効果をうたおうとするのは間違っている。

　チョコレートはおいしい。それで十分である。

第**4**章

どうしてドラッグを
やめられないのか

1 ≫ 薬物依存と脳

　乱用薬物は脳に作用して、陶酔感、高揚感、幻覚などを引き起こす。そうした精神作用が感覚や行動の異常をもたらし、さまざまな事件の引き金となっているのは確かだ。しかし、ドラッグ問題でもっと深刻なのは、**やめられない**ということである。

　「ちょっとだけ」「試しに」と軽い気持ちで手を出したとしても、一度でやめられることはまずなく、何度も使うようになる。そして**依存**ができて、薬がないと耐え難い、不快な、精神的、あるいは**身体的症状**が現れるようになり、その苦しみから逃れようとして、ドラッグを使い続けてしまう。

　負のスパイラルは死ぬまで止まらない。幸い誰かの救いの手によって助けられたとしても、ドラッグを使用した跡は、体や心にいつまでも刻み込まれており、ふとしたきっかけで再燃する。

　とにかくやめられないのだ。[※01]

　本章では、乱用薬物に共通した**薬物依存**のメカニズムについて解説する。

　また、依存症はドラッグに限ったことではない。ギャンブルや買い物、スマホなど一般生活の中でも起きている。「依存がなぜできるのか?」「治せるのか?」など依存症全般についてご説明したい。

※ 01
麻薬や覚醒剤の乱用で逮捕された芸能人が、謝罪会見を開き、「2度といたしません」などと誓うものの、ほとぼりがさめると、また同じドラッグ犯罪で逮捕されるのがお決まりのパターンである。

●ドラッグにはまる脳

　すでにご説明したように、薬物依存には**精神的依存**と、**身体的依存**があり、薬物の種類によって依存の形成しやすさや、身体的依存を伴うかどうかは多少異なる。また、最近出回っている危険ドラッグ成分のすべてについて研究しつくされているわけではないが、精神作用や化学構造の類似性を考えると、薬物依存はすべての危険ドラッグで問題になると考えてよいだろう。

　ところで、ドラッグにはまってしまうのは人間だけだろうか?

　ドラッグのことを知っているのは、おそらく人間だけなので、動物が自分から進んでドラッグを使うことはないだろう。そこで動物に最初だけ強制的にドラッグを与えてみたらどうなるのだろうか?

　実はほかの動物も、人間と同じように薬物依存になってしまうのだ。

　たとえば、ラットの血管にチューブ(点滴のようなもの)を装着し、特別な箱に入れて、箱の中にあるレバーを押すと、チューブから一定量の麻薬がネズミの体内に注入されるようなしくみにしておく。[※01]

　興味を示したネズミが、偶然、レバーを押したとたん、麻薬が体内へと入っていく。麻薬は主に大脳辺縁系に作用するが、人間とネズミの大脳辺縁系は大差ないので、おそらくネズミも麻薬の精神作用を受けるだろう。そしてネズミはその体験を記憶する。

　再びレバーを押して同じことが起きると、レバーと麻薬の関連付けが学習される。すると、ネズミは何度も何度も、レバーを押す。しかも頻度が加速度的に増していき、そのうち飲食も忘れて、ひたすらレバーを押し

※01
薬物自己投与実験。

続け、死に絶えることもある。

　ネズミは、薬物効果を期待して手を出すことはないが、何らかのきっかけで偶然に摂取してしまったら、あとは完全にはまってしまい、決して逃れられないのだ。

　ネズミよりもっと下等な動物だとどうだろう?

　2009年12月に、米国カリフォルニア大学サンフランシスコ校の研究グループは、ショウジョウバエがアルコール依存症になると報告した[※02]。通常の液状食とアルコールを添加した液状食を[※03]、自由に摂取させると、アルコール入りの方の消費量が日に日に増していった。しかも、キニンというショウジョウバエが嫌いな成分を混入させても、アルコール入りの方を好み、一定の断酒期間をおいても、アルコールへの嗜好が保たれていたそうだ。つまり、薬物依存は、人間の高等な脳だけで起こる問題ではなく、もっと原始的な神経のしくみで起こる、**動物すべてが持ち合わせている習性**であると考えられる。

※02
Current Biology,19(24):
2126-2132,2009

※03
15%エタノール

●リモコン・ネズミのからくり

　世界的に権威ある科学雑誌『Nature』の2002年5月2日号に、こんな題名の記事が掲載された。

　『リモコンでネズミを操る[※01]』。

　米国・ニューヨーク州立大学の研究グループによる研究成果で、「ネズミの脳に小さな電極を入れて、刺激しながらトレーニングさせると、まるでロボットのように、リモコン操作で思いのままに動かすことができるように

※01
"Rat navigation guided
by remote control."
Nature,417(6884):37-38,
2002

なった」という報告だ。

　なんだか SF のような話だが、いったいどうやってそんなことができたのだろうか?

　人間の脳の大脳新皮質には、**運動野**という領域があり、そこの神経細胞が活動すると、シグナルが最終的に筋肉に伝えられ、体が動くしくみになっている。

　おもしろいことに、運動野の中のある部分の神経細胞が反応すると手が動き、別の部分の神経細胞が反応すると足が動き、別の神経細胞で顔の筋肉が動くなど、運動野の中の場所と動く体の場所が対応することが明らかになっている。

　これはネズミも同じである。ならば、ネズミの右前足を動かす指令を出すであろう運動野の場所に、電極を入れて刺激すれば、右前足を動かせるはずだ。

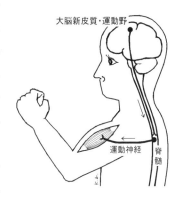

大脳新皮質・運動野

運動神経

脊髄

　ネズミが歩くには、左右の前後に足をタイミングよく動かす必要があるから、コンピュータ制御で運動野の四カ所を絶妙のタイミングで刺激してやれば、うまくいくかもしれない。まさにロボットを動かすようなやり方だ。

　しかし、実際にやってみると、うまくはいかない。ネズミはロボットと違って、体をどう動かしたいか自分なりの意思(**自由意思**)を持つからである。

　あなたが手足に縄をつけられ、操り人形のように動かされることを想像してみてほしい。誰かに操作されて手

足を無理やり引っ張られても、その通りに動きたくなければ抵抗するだろう。ギクシャクしてうまくいかないはずだ。ネズミだって、自由意思があるので、それを無視して強制的に動かすことはできないのだ。

ではリモコン・ネズミはどのようにしたのだろう?

ヒントになるのは、動物園や水族館のショーで曲芸を披露する動物たちだ。トレーナーの指示があるまで静かに待っていて、笛などの合図で曲芸を披露し、成功したら好物のえさをもらえる。

そう、この**ご褒美**が大きな鍵をにぎるのだ。

トレーナーの方に話を伺うと、こちらがやってほしい芸を教えるというよりは、動物がおもしろい動きをして「これは芸になる」と思ったときに、ご褒美を与え、逆にしてほしくない動きのときは、「ご褒美をあげない」ということを繰り返していると、動物は「○○をしたときにご褒美がもらえる」と学習して、ご褒美がほしくて○○を自発的に行うようになるという。

また指示を守らないとご褒美がもらえないように学習させておけば、合図があるまでは動かずにじっと待つようになる。「ご褒美をもらう」という究極の目的のために、動物は自由意思を捨てて、相手の指示を忠実に守るようになるのだ。

実は、リモコン・ネズミの場合も、ご褒美を与えていたのだ。ただし、エサは使っていない。何かほかにネズミが喜びそうな物も与えていない。

2008年に、生理学研究所のグループが、こんな実験結果を発表している。[※02]

19人の被験者に作業を行ってもらい、御礼としてお金を与えた場合と、ほめた場合とで脳のどこが活動し

※02
Neuron,58:284-294,
2008

※03
具体的には、「機能的核磁
気共鳴画像法（fMRI）」
という。

ているか、脳画像検査装置※03を使って比較したところ、同じ部位が反応していたという。つまり、脳はお金と、ほめ言葉を区別していなかったのだ。実体あるご褒美でなくても、最終的に満足するような刺激を脳が受け取ればよいわけだ。

　私たち人間もネズミも、脳の中には**報酬系**というしくみがある。具体的には、中脳の**腹側被蓋野**という場所にある神経細胞の軸索が、辺縁系の**側坐核**という場所まで伸びている神経路で、これが活性化されると、側坐核でドーパミンが放出されるようになっている。

　私たちは、何かに成功すると、「やったー!」「うれしい!」「よかった!」と感じるが、このようなときには「腹側被蓋野」→「側坐核」の神経路が興奮して、ドーパミンがドッと放出されている。つまり、脳にとってのご褒美は、ドーパミン放出にほかならないのである。

　リモコン・ネズミでは、腹側被蓋野に電極が埋め込んであり、そこに電流を流して刺激することで、報酬系が働いて、ネズミは「ご褒美がもらえた」と感じるしかけになっていたのだ。

　加えて、ネズミに「右」、または「左」の指示を伝えるために、ヒゲの感覚を司る脳の場所にも電極を入れて刺激できるようにしておき、右のヒゲに何かが触ったと感じたときにちょうどネズミが右に動いたら報酬系にも刺激を与え、左のヒゲに触ったと感じたときに左に動いたら報酬系にも刺激を与える

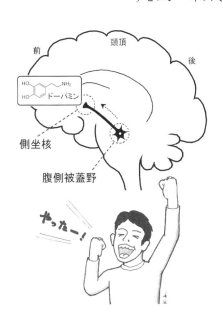

前　　頭頂　　後
ドーパミン
側坐核
腹側被蓋野
やったー!

ということを何度も繰り返す。すると、ネズミは「右」
と指示されたら右方向に、「左」と指示されたら左方
向に、進んで動くようになる。おまけに、言われたこと
をやるとご褒美をもらえるから、指示が与えられるのを
じっと待つようになったというわけだ。

●やる気のサイクルと報酬系

　私たちが行動を起こすために肝心なものがある。そ
れは「意欲」「やる気」だ。やる気がなければ何もは
じめられないし、続けられないはずだ。行動力の源とな
る「やる気」はどうやって生じるだろうか。

　行動のはじまりには、必ず「欲求」がある。ああしたい、
こうしたいという気持ちだ。

　たとえば、お腹が空いたとする。もちろん何か食べた
くなるだろう。食欲、睡眠、性欲などは生きていくため
に不可欠なもので、生まれつき備わっているので、本
能的欲求とか一次的欲求といわれる。[※01]

　さて、食べるとはいっても、何でもいいわけでもない。
目の前にステーキがあって、いい焼き具合と香ばしい
ソースの匂いが漂っていると、食べたくなるだろう。

　つまり、そのときの感覚情報（感覚野、視覚野、聴
覚野などが関与）を参考にしながら、食べるかどうかを
判断する。場合によっては、「おいしそうだけど、この
前これを食べたらあまりおいしくなかった」と、過去の
体験からの情報を参考にして食べるかどうかを決める。[※02]

　もし、今までに見たことも食べたこともないものだった
とすれば、「もしかしたらおいしいかもしれない!」と期
待感を持って、食べようとすることもあるだろう。[※03]

※01
前章でふれたように、脳幹
の中の視床下部というとこ
ろでコントロールされてい
る。原始的な欲求なので、
とくに考えなくても「体の状
態」に応じて自然と生じる
ようにできている。

※02
記憶を司る海馬が関係す
る。

※03
前頭前野が関与する。

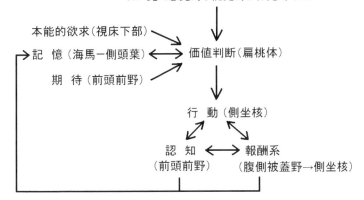

知　覚（感覚野、視覚野、聴覚野など）

本能的欲求（視床下部）

記　憶（海馬－側頭葉）　←→　価値判断（扁桃体）

期　待（前頭前野）

行　動（側坐核）

認　知　←→　報酬系
（前頭前野）　　（腹側被蓋野→側坐核）

　いずれにせよ、これらの情報を統合して、最終的に判断するのは**扁桃体**だ。扁桃体は、本能的欲求だけでなく、感覚情報や過去の記憶などを参照しながら、「これからやろうとすることが有益かどうか」を判断するのである。そして、扁桃体の判断は、**側坐核**に伝えられ、側坐核から行動を起こす指令が出る。

　食べる例をあげたが、遊んだり仕事をしたり、私たちのあらゆる行動はこうした過程を経て、はじまっているのである。

　実際に行動すると、何らかの結果が得られるだろう。「おいしいと予想して食べたステーキが本当においしかった」、あるいは「逆にまずかった」……。

　「発表会で上手に弾けるようにピアノを一生懸命練習したら、本当に上手にできた」、あるいは「せっかく練習したのに本番で失敗した」……。

　などなど、行動によって得られた効果によって、報酬系が働く。ただし成功したら報酬系が働き、失敗したら報酬系が働かないというわけではない。

　成功しても何か満たされず楽しくないと感じていると

きは報酬系が働いていないし、失敗しても「頑張って
よかった!」と快く感じているときは、報酬系が働いて
いる。受け取り方次第でもある。いずれにしても「よかっ
た」と感じているとき、「腹側被蓋野」→「側坐核」
ではドーパミン放出が起き、私たちは「ご褒美が得られ
た」と感じるのだ。

　少し補足しておくと、報酬系は必ずしも「快感」でない。
たとえば、すごくまずいもの、くさいものを食べたときに、
何だか刺激的で興味を引かれることはないだろうか?

　本能的な基準でいえば、「明らかに不快」なのだが、
その不快な感じが「何だかいい」と思えてしまう。"珍味"
とはそういうもので、このときも報酬系は刺激される。
つまり報酬系は、快くなくても、何か「刺激的なご褒
美が得られた」と判断したときに、反応するようだ。[※04]

　また、行動によって結果が生じると、認知系が働く。
つまり、「いつどこで何をしたらどういう結果になったか」
「報酬が得られたかどうか」などが認知される。認知
を担当するのは、主に**大脳新皮質の前頭葉**である。

　そして、認知されたことは関連付けられて記憶され
る。記憶を担当するのは大脳辺縁系の海馬である。私
たちが一度体験したことを覚えておくのは、次から同じ
ような状況に陥ったときに素早く的確に対応できるよう
にするためだ。過去の記憶に基づいて、次なる行動に
よってもたらされる効果を予測、または期待するように
なるというわけだ。

　まとめると、私たちは欲求を満たすために行動を生み
出し、得られた結果を認知・記憶して、次の行動へと
つなげていく。これは、環境に適応していくために身に
つけた脳のしくみで、「たくましく生きるための脳」=「大

※04
報酬系は、恋愛感情とも関
連があると考えられている。

脳辺縁系」が中心的役割を果たしている。特に「報酬系」が働いたときは、また同じことをやろうという「やる気」がわく。

「やる気の源は報酬系にあり！」 である。

●自由意思を奪う報酬系

何か身につけたいと思って練習したら、上手にできるようになり、さらにそれが楽しくなってどんどん練習を繰り返し、もっともっと上手になる……。仕事を頑張ったらよい評価がもらえ、さらに頑張ろうと自己研鑽し、活躍の場を広げていく……。やる気のサイクルがうまく回ると、実にすばらしい効果をもたらしてくれる。本来あるべき形である。ところが、このやる気のサイクルが間違った使われ方をすることがある。

先のリモコン・ネズミをもう一度見てみよう。

研究成果としては実験が成功したということだろうが、ネズミにしてみれば、強制的に報酬系を刺激され、その結果自由意思が奪われ、自らやろうと思っていたことでないことにはめられてしまったのだから、決して幸せではないはずだ。このリモコン・ネズミは、何かに似ていないだろうか。そう、まさに**薬物依存と同じ**なのだ。

乱用薬物には、共通して報酬系を刺激する作用がある。より具体的には、何もいいことをしていなくても、薬物を摂取しただけで「腹側被蓋野」→「側坐核系」においてドーパミンが大量に放出されてしまうのだ。

モルヒネは、ドーパミンを分泌する神経細胞に抑制をかけている GABA の働きを弱めて、ドーパミン作動性ニューロンの興奮を高める。

※01
ドーパミン作動性ニューロン

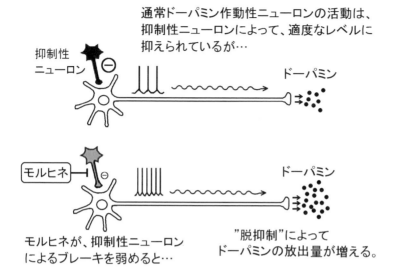

通常ドーパミン作動性ニューロンの活動は、
抑制性ニューロンによって、適度なレベルに
抑えられているが…

抑制性
ニューロン

ドーパミン

モルヒネ

モルヒネが、抑制性ニューロン
によるブレーキを弱めると…

ドーパミン

"脱抑制"によって
ドーパミンの放出量が増える。

コカインは、ドーパミン作動性ニューロン終末のトラ
ンスポーターを阻害して、ドーパミン濃度を高める。

神経から放出されたドーパミンは、
通常トランスポーターを介して回収
されることによって、適度な濃度に
なっている。

コカインが
ドーパミントランスポーターを
阻害すると、シナプス間隙の
ドーパミン濃度が高くなる。

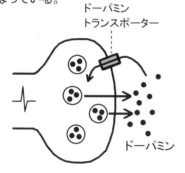

ドーパミン
トランスポーター

ドーパミン

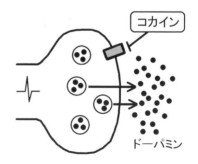

コカイン

ドーパミン

覚醒剤は、ドーパミン作動性ニューロンからドーパミン
を放出させる。

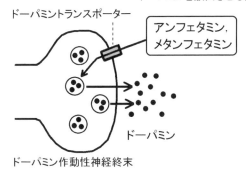

覚醒剤は、トランスポーターを介して神経終末に入り、
ドーパミンを放出させる。

ドーパミントランスポーター

アンフェタミン,
メタンフェタミン

ドーパミン

ドーパミン作動性神経終末

　幻覚薬や**大麻**も、ドーパミン作動性ニューロンからの
ドーパミン放出量を増やす。それぞれ微妙に違うようだ
が、結果的にドーパミン放出を増やす点では同じである。

　報酬系は、やる気のサイクルを担っているので、薬
物によって無理やり報酬系が刺激された結果、再び薬
物が欲しいという気持ちが生まれてしまう。同じサイク
ルが動くのだが、「練習を繰り返してどんどん上手にな
る」場合は有益なのに対し、「ドラッグにはまる」のは
なぜ無益なのだろうか?

　最大の決定的な違いは、目的と結果が一致している
かどうかである。有益なやる気を生み出す場合は、も
ともと「こうしたい」「ああなりたい」という前向きな
欲求を満たそうとして目的の行動にうつり、それが成功
すれば欲求が満たされる。ところが、薬物依存の場合
は、はじめてドラッグに手を出すきっかけは、「嫌な現
実から逃避したいとい」う願望からはじまることが多い。

　つまり、欲求不満から逃れるためにはじめるのだ。

　そして薬物を使用すると、報酬系が刺激されて、
見かけのご褒美が得られたと感じるかもしれないが、当

然ながら薬物に手を出す前に求めていたような解決は得られていない。しかも、2回、3回と薬物を繰り返すと、報酬効果が実感できなくなるので、乱用が増す一方で、欲求不満がつのるばかりとなる。実に無益である。

　また、やる気のサイクルは、どこかで止まることもある。慣れてくると刺激的でなくなり、飽きることもあるかもしれない。しかし、薬物依存の方は、やめようと思ってもやめられない。自由意思を奪われたまま、一生その悪循環から逃れなくなるのだ。

●耐性と相反過程

　リモコン・ネズミの場合は、報酬系にはまってしまっただけだが、薬物依存の場合はそれだけではない。「ドラッグにはまってしまうのは快感を求めるから」と説明している本もあるが、それは間違いである。確かにドラッグには陶酔感や高揚感をもたらす作用があるが、本当にやめられなくなる理由は違う。その説明に重要なキーワードが2つある。それは**耐性**と**相反過程**である。

　私たちの体や心が備えている適応能力の一種で、たとえば、急に暑いところに行くと耐えられないが、長いこと暑いところに住んでいると慣れてくる。辛いものばかり食べていると、少々辛いものを食べてもさほど感じなくなる。これが耐性で、身体が環境に適応できるように変化するのだ。

　一方、たとえばニガウリを食べたときに、はじめは「苦くてまずい」と感じるのだが、しばらくすると「口の中がスーッとしておいしい」に変わることがある。これは「まずい」と「おいしい」という相反する感情が共存する中

※ 01
心理学で提唱された理論。経験した刺激に対する感情は、相反する「快」と「不快」の両面のバランスできまるという考え。

で、はじめは「まずい」が上回っているのだが、「まずい」に慣れてくると「おいしい」が顕在化してくるためであると考えられる。これが相反過程である。耐性と相反過程は、表裏一体の関係にある。

※02
熱いサウナ風呂から出ると、解放された快さを感じるのも同じである。

　心の動きも同様だ。はじめて体験したときは面白かったことも、慣れてくるとつまらなくなることもある。何か楽しいことを体験した後に、ふっとさびしくなることもある。何もしていないときより、快楽を体験した後に、逆に不快な感じがおそってくるのである。心の状態を一定に保とうとするシステムが働くため、強烈な快楽を体験したときには、相反する不快な感情が内発的に生み出され、「快」の刺激が少なくなると「不快」な感情だけが残ってしまうのだ。

　ドラッグの場合も、耐性と相反過程が働く。

　精神作用を示すドラッグではすべて耐性が起こる。薬物を繰り返し使用していると、だんだん薬の効果が実感できなくなるのだ。耐性ができてしまうと、前と同じような効果を得ようとして、用量を増やしたり、使う時間間隔がどんどん短くなっていく。と同時に、薬物によって一時的な快感が得られたとしても、その後に相反過程によって必ず不快感が襲う。そして、その不快感から逃れたくて、また薬物に手を出す。しかし繰り返し薬物を使うたびに耐性が生じるので、薬物を得ても、はじめの状態にもどるほどの効果は得らない。薬を摂取する量を増やし間隔が短くなり、「不快から逃れる」ことの繰り返しが加速されていく。**精神的依存**は、「快感を求めているのではなく、不快から逃れようとしている」のだ。

　身体的依存は、もっと深刻である。たとえば、モルヒネは、中枢抑制薬であり、使用中は中枢神経が抑制

されるが、習慣的な使用によって抑制された状態が続くと、これを打ち消そうとして内発的に中枢神経が興奮しやすいように体が変化していく。そして、モルヒネが存在するときに、中枢神経がちょうどバランスがとれた状態になる。この時点で、身体的依存が完成する。

身体的依存が形成されてからモルヒネ使用を中止すると、いわゆる**禁断症状**として、中枢神経の**異常な興奮状態**が現れるわけだ。具体的には、**精神錯乱**や、**けいれん**などが起こる。

この身体の異常をしずめるには、モルヒネを再び使用するしかない。モルヒネを使用し続けない限りは、身体を正常に保てなくなってしまい、どうにも逃れられないワナにはまってしまうのだ。

(A) モルヒネの連用・中止に対する反応の推移

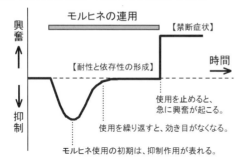

(B) 基礎にある相対立する過程

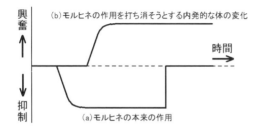

※ (A)のグラフは、(B)の(a)と(b)が合わさった形になっている。

2 ≫ 薬物以外の依存症

●薬物だけではない依存症

薬物以外にも依存症がある。正式な分類ではないが、**ギャンブル依存症**、**買い物依存症**、**ゲーム依存症**、**インターネット依存症**、**スマホ依存症**など、さまざまな用語が作られている。[01]

薬物依存ほど深刻な問題ととらえられていないかもしれないが、これらもやはり一種の心の病気である。

ギャンブル、買い物、ゲームなどを楽しむのは悪いことではないが、それらをやっていないと「落ち着かない」「イライラする」となってしまうのは、「依存症」になっている証である。

対象が薬物でないだけで、発生するメカニズムはほとんど同じで、そのきっかけは、**欲求不満**だ。

本来の望みがかなえられず、解決できない閉塞状態に陥ったとき、ギャンブルや買い物、非現実の世界に逃避する。誰にも邪魔されないということが「不快」の裏返しで「快」の錯覚を与える。そしてその行為の中で、非日常的な刺激的な出来事、自分の思い通りに動く何かがあったとき、**「報酬系」**が働き、はまってしまうのだ。

「ギャンブル依存症」は、パチンコや競馬など賭け事に生活のすべてをかけてしまうくらい、はまってしまった

※01
他には、性依存症、恋愛依存症、仕事依存症などの用語も作られている。

状態だ。余暇を楽しむ程度ならよいが、はまり過ぎて人生を棒に振ってしまうとなると問題である[02]。

そのほとんどは仕事や家庭がうまくいかず、その不満から逃れようとギャンブルにはまることが多い。

たまたまギャンブルで勝ったときには、一時的な快感を覚えるかもしれないが、本当にかなえたい欲求は満たされない。むしろ勝てないことにイライラして、その新たな不満を解消しようとして、ギャンブルがエスカレートし、やめられなくなる。

男性はギャンブルに走る傾向があるが、女性は**おしゃべり**や、**買い物**に走る傾向があるようだ。「買い物依存症」は女性に多い[03]。その理由はわかっていないが、脳のつくりがもともと男女で異なることとも関係しているかもしれない。

買い物自体は悪いことではないが、借金を抱えてまで買い物を続けるとなると問題だ。そのきっかけは、やはり人間関係の**ストレス**のようである。

ストレス発散のつもりではじまった買い物も、繰り返されるうちに習慣性がつき、病的になる。また、**買う**という行為そのものに依存するので、手に入れた物はどうでもよく、たいていは使わない。欲しくもない高額のブランド商品を無駄に買った方が楽しいということになる。

また、普段は誰も気にかけてくれない自分に対して、ブランドショップの店員がかしずいてくれるのも、買い物依存の誘因になっているようだ。

電子技術の進歩によって生まれたコンピュータ関連機器は、私たちの暮らしを便利にしてくれたが、新たな問題も生み出した。

一昔前は、遊びといえば、体を動かすことであったが、

※02
「ギャンブルで生計をたてている。」などと豪語する方もいらっしゃるようだが、ギャンブルには「必ず負けて終わる」という絶対法則がある。勝っているうちは続けるが、負けると続けられないから、当然のことである。

※03
リンカーン大統領夫人やケネディ大統領夫人が買い物依存症だったことは有名だ。

今はゲーム機が人気だ。健全な心でゲームを楽しめるうちはよいが、欲求不満から逃げるようにゲームにはまってしまうと危険だ。ゲームの中では、まるで自分がヒーローになったかのように錯覚し、その世界から逃れられなくなってしまう。

特に自制心ができていない子供たちがゲームにはまってしまうことは、肉体と心の発達を大きく妨げてしまう。

韓国ではオンラインゲーム依存が社会問題となっており、2002年10月には、ネットカフェで24歳の青年が86時間ゲームを続け死亡したというニュースが報道された。彼は86時間のうち、タバコを買いに行くときと、トイレに行くときのみしか休憩していなかったという。[04]

携帯電話やスマホなどのソーシャルネットワークに異常に依存してしまうのも問題だ。現実の世界でうまくいかない自分から逃げ、誰にも邪魔されない自由な非現実世界で本来の自分とは違う人格を形成することができる。

会ったこともない人と交流を広げたつもりになって満足した気になるが、実際には問題は解決していないので、その世界から逃れられなくなってしまう。

結果はどの依存症も同じだ。片時もスマホを手放せない若者[05]を見ると、なんとも哀れで、将来が心配になるのは私だけではないだろう。

●依存症は治せるか？

依存症は、やる気のサイクルが目的と結果が食い違うような、間違った使い方をされて起きるものだ。

つまり、原始的な脳のしくみによって起きているので、

※04
日本でもネットゲームに夢中になった母親が、生後三か月の娘を放置して餓死させた事件や、ゲームのやりすぎを注意された中学生が、母親を絞殺した事件なども報道されている。

※05
ゲーム依存症や、スマホ依存症の者からゲーム機やスマホを取り上げると、落ち着きがなくなり、暴力をふるうこともある。

意志でコントロールするのは難しい。とくに薬物依存の場合は、そう簡単には治せない。薬物依存は、多くの病気のように知らないうちにかかってしまうものではなく、自分で手を出すからなってしまうのだから、現実的な解決法は、未然に防ぐことだ。

　私たち人間は、この地球上でもっとも進化した脳を手に入れた。

　ワニやヘビなど爬虫類の脳は、「生きているための脳（＝**脳幹**）」が大部分だが、ウマなどの哺乳類では、「たくましく生きるための脳（＝**大脳辺縁系**）」が発達した。

　サルは、「うまく生きるための脳（＝**大脳新皮質**）」が、ほぼ人間と同じレベルにまで発達した。

　「サルと人間の脳はほとんど同じ」だといわれるが、決定的に違うのは、「賢く生きるための脳（＝**前頭前野**）」の大きさだ。

　人間がサルよりおでこが広いのは、前頭前野が大きく発達したからである。前頭前野によって大脳辺縁系が持つ野生の本能をコントロールできるのが、人間なのだ。

　ネズミもサルも、麻薬を強制投与されたら最後、絶対に自ら止めることはできない。死ぬまで麻薬を求め続ける。しかし、前頭前野がある人間なら、必ず何とかできるはずである。

※01
最近では、ニコチン（タバコ）依存症やアルコール依存症の治療を助けてくれる薬も開発されているが、あえて本書では紹介しない。「依存症になっても治せる」となると、「試しにドラッグをやっても何とかなる」と考えられても困るからだ。

COLUMN 7

■■■　ドーパミンとドーピング　■■■

　脳内報酬系の本体はドーパミンである。ドーパミンは、神経細胞の中でアミノ酸のチロシンを原料に作られる。

　酵素反応によってチロシンに水酸基（OH）が一つ加えられてできる物質は、フェニルアラニン phenylalanine という別のアミノ酸に二つ（di-）の水酸基（hydroxy-）がついたとみなすことができるので、ジヒドロキシフェニルアラニン dihydroxyphenylanine 略して DOPA（ドーパ）と命名されている。

　さらに、次段階の酵素反応によりドーパから炭酸がとれるとアミンができ、これがドーパ＋アミン＝ドーパミンである。

　ちなみに、ノルアドレナリンを分泌する神経細胞では、ドーパミンからさらにノルアドレナリンが作られる。

　一方、ドーピング doping とは、スポーツ競技で運動能力を向上させるために薬物を使用すること、ならびにそれを隠ぺいすることをさす。

　歴史をたどると、古代ギリシャ時代に既に競技者が興奮剤などを使っていたという記録がある。

　1988 年には、ソウルオリンピックの陸上男子 100m 決勝で、カナダのベン・ジョンソン選手が、9 秒 79 という驚異的な世界新記録で優勝をかざったものの、競技後の検査でスタノゾロールという筋肉増強ホルモン薬を使っていたことが判明し、世界記録と金メダルをはく奪されるという事件があった。そのころ大学院生だった私は、カール・ルイス選手との世紀の対決を心待ちにしていたので、ベン・ジョンソン選手がゴールしたときの感動とドーピングのニュースを聞いたときの落胆は、強烈な思い出として残っている。

　また最近 2015 年 2 月には、ドイツで開催された柔道の世界大会に日本代表選手として参加予定だった女子選手 2 名が、競技前のドーピング検査にひっかかり出場停止になった。彼女たちは体調がすぐれないので、薬局で売っている風邪薬を飲んだそうだが、配合されていた咳止め成分の「メチルエフェドリン」が対象薬物リストに入っており、アウトと判定された。

　有害な危険ドラッグを使うのはスポーツとは関係なく誰でもダメだが、スポーツ選手の場合は、安全性が確認されていて一般人なら何の問題も

なく使える医薬品であってもだめなケースがある。

　現代では、フェアプレー精神にのっとり、スポーツ選手の医薬品使用には厳しい制限が設けられていることに注意しなければならない。

　ドーピングという用語のもとになる「ドープ（dope）」には「麻薬」という意味がある。言葉の起源は諸説あり明確ではないが、昔の儀式で用いられていた飲み物が dop と呼ばれたのがはじまりとの説が有力だ。麻薬のタバコの煙を使って人を朦朧とさせたうえで盗みを働くことを、ドーピングといっていたこともあるようだ。

　また、ジョン・ペンバートンが最初に作りコカ・コーラの原型となったフレンチ・コカ・ワイン（P105）は、俗にドープと呼ばれていたそうだ。

　モルヒネは神経を麻痺させる作用をもっていたが、私たちの脳内でドーパミンという報酬系が働いていなければ、薬物依存という問題を起こすことはなかったかもしれない。

　モルヒネを単なる「麻薬」から恐ろしい「魔薬」に変えてしまったのは、ドーパミンとみることもできる。

　化学構造に基づいて名づけられた「ドーパミン」という名前が、くしくも麻薬を連想させる響きになっている（ドープ＋アミン＝ドーパミン？）のは、果たして偶然だろうか。

チロシン

フェニルアラニン

DOPA

ドーパミン

ノルアドレナリン

COLUMN 8

■■■　天然は毒の宝庫　■■■

　「○○の化粧品は天然成分100％！自信があるから電話しません」

　などというテレビCMがあるように、「天然」「自然」という言葉に惑わ
されてしまう消費者も多いようだ。しかし、「天然＝体にやさしい」「化学
薬品＝有害」というのは大きな誤解だ。人工添加物を摂らないように気遣っ
ているつもりで、天然素材の商品を購入して、健康被害を訴える消費者が
後を絶たない。

　化粧品や食品を売る場合、医薬品のような有効性・安全性の確認が求
められていないうえ、天然素材については原料となった植物名などを表示
するだけでよい。具体的にどんな化合物が成分として含まれているかわから
ないし、極端にいえば何を売ってもいいのである。化学合成された添加物
だと、十分な試験によって安全性が確認されたものしか使用が認められな
いのとは対照的だ。「天然」の方が、得体が知れず、あやしいのだ。

　第2章で紹介したように、危険ドラッグの元をたどると、モルヒネ、コカイ
ン、メスカリン、カチノン、THCなど、ほとんどが天然成分だ。

　ほかにも自然界には、フグのテトロドトキシン、セアカゴケグモのα-ラト
ロトキシン、トリカブトのアコニチンなどの毒がある。

　地球上で最強といわれているのは、ボツリヌス菌が産生するボツリヌス毒
素で、体の筋肉を動かせなくなり息もできなくなってしまう。その半数致死量
（半数の動物が死んでしまう量）はマウスで 0.0000003 mg/kg と報告され
ており、人工合成された毒ガス・サリンの半数致死量 0.3 mg/kg と比べると、
実に100万倍強力である。人工的に作り出された毒は、自然界が生み出し
た毒には到底およばないのだ。

　しかし、なぜ自然界にはこんなに毒やドラッグの元になる化合物が豊富
に存在するのだろうか？　もともと毒は、動物や植物が自分を守るために備
えたものと考えられている。フグは泳ぐのが遅いが、毒をもったおかげで食
べられずに済んだ。微生物の世界でも、細菌は抗生物質を作って出すこと
によって他種の繁殖を阻止し、自ら生き残ろうとしている。ただし、生物が
自己防衛のために毒を作ろうと思って作ったわけではなく、たまたま使える
毒を備えていた種類が生き残ったと考えた方がわかりやすい。

多くの植物はそれほど強い毒を持っていないが、食べると苦かったり、お腹を壊したりしやすい。植物は動けないから積極的に敵を攻撃することはできないが、動物や人間に対して「嫌い」「食べたくない」と思わせれば食べられずに済むという"静かな防御"が成立しているのかもしれない。

　ジャガイモの芽や緑色の皮の部分には、ソラニンという毒素が含まれる。小学校の理科などの授業で育てたジャガイモを、家庭科の授業で食べるという実習が行われることがあるが、若いジャガイモを皮付きのまま食べた子供が食中毒になるという事故が、毎年のように発生している。

　また、クローバーには女性ホルモンのような物質が含まれているため、これを食べた牛が不妊になることがある。牛の繁殖が止まれば、クローバーは食べられずに済むというわけだ。植物の生き残り方は実に巧みだ。とは言っても、やはり植物自身が自己防衛のために毒を作ろうとして作っているとは考えにくい。結果として、人間や動物に効く物質を持っている植物が生き残れたと考えた方が分かりやすい。だから、現存している植物が毒や薬の宝庫なのは、偶然ではなく、必然だろう。

　ただ一つ疑問が残る。モルヒネ、コカイン、THCなどの薬効成分は植物自身に作用しないのだろうか？　いつどこでどう役立つかわからない成分を、手間をかけて作り続けているとは思えない。きっと植物体内でも生理的な役割があるに違いない。ただ、ケシがモルヒネによって陶酔したり、コカノキがコカインによって覚醒したり、大麻草がTHCによって幻覚を見たりしているわけはないだろう。毒や薬としての効果は、あくまで受け取り側によって決まっている。植物自身にとっては全く別の役割があるに違いない。

　研究者が少ないために解明が進んでいないが、大麻草におけるTHC（植物体内ではTHCA）の新しい役割が最近発見されたので紹介したい。

　植物が生長するためには、必要な器官を作るだけでなく不要な器官を取り除かなければならない。古い家を壊してから新しい家を建てるようなもので、細胞死は植物体の形成に必要な過程である。2007年九州大学薬学部の研究グループは、大麻草の葉に細胞死を引き起こす因子として内在性のTHCAが機能していることを発見した。

　THCAは大麻草の体を支える植物ホルモンの一種なのかもしれない。本書のテーマとはそれてしまうが、今後の植物研究の進展にも期待したい。

第 **5** 章

危険ドラッグと法

1 ≫ 危険ドラッグと日常生活

　麻薬や覚醒剤などの多くは、もともと医療目的で開発されたものである。しかし、本来の用法や用量を逸脱して乱用されたとき、個人の健康を害するだけでなく、社会的にも悪影響を及ぼす恐れがあるため、法律で厳しく規制されるようになったのだ。

　ただ近年は、法規制の網をくぐって危険ドラッグが次々と出回り、禁止するだけでは解決しないという意見も多い。危険ドラッグ問題の解決策を見出すためには、法規制の歴史と現状を知っておく必要がある。

　「自分は危険ドラッグを買ったりしないから無関係だ」と思っている方がいらっしゃるかもしれないが、自分の家の庭にケシや大麻草が自生していたら他人事では済まない。薬局で買える風邪薬にも麻薬成分が入っているので、知らないうちに飲んでいる可能性もある。

　そこで本章では、身近な疑問も含めながら、ドラッグ関連の法律や注意点について解説する。

●ケシの見分け方

　私の好きな花に**ナガミヒナゲシ**がある。春になると自宅の庭に生えてきて、オレンジ色の花が咲くと素直に「きれいだな」と思う。雑草として近所の道端にもけっこう生えている。

　ところが、あるとき、近所の方が庭に群生して花を咲かせたナガミヒナゲシをごっそり抜き取っていたので、「どうしたんですか?」とたずねたら、「『庭にケシが生えていたら逮捕され

ナガミヒナゲシの花

る』とテレビ番組でいっていたので、慌てて抜いているんです!」と説明してくれた。確かにケシの中には、麻薬原料植物として栽培が禁止されているものもあるが、ナガミヒナゲシは禁止種ではないので、育てても問題はないのである。濡れ衣をきせられたナガミヒナゲシがかわいそうだ。

　栽培が禁止されているケシと、育ててよいケシを見分けるのは、意外と難しいので、迷ったら最寄りの保健所に相談するのが一番だ。だが、簡単に見分ける方法があるので紹介しておきたい。

　ケシの栽培を規制しているのは、**「あへん法」**と**「麻薬及び向精神薬取締法」**だ。ケシ科ケシ属に含まれる植物は何十種類とあり、いずれも傷をつけると白い乳液が出てくるが、モルヒネを含んでいるのは**ケシ**（ソムニフェルム種／ *Papaver somniferum*）と、**アツミゲシ**（セティゲルム種／ *Papaver setigerm*）の2種だけで、ほかはまったく含んでいない。そのため、「あへん法」ではこの2種を**けし**と定義して栽培を禁止している。けし栽培者として許可された人が、届け出た場所で栽培している場合を除いて、この2種を育てると違法となる。

アツミゲシ

　また、**ハカマオニゲシ**（*Papaver bracteatum*）は、モルヒネを含まないが、**テバイン**という成分を比較的多く含むため、「麻薬及び向精神薬取締法」で栽培を禁じられている。テバインは、化学構造がモルヒネやコデインに似ているものの、中枢抑制作用よりも興奮作用が強く、大量では痙攣を引き起こすことが知られている。またテバインを原料にして、種々の麻薬性鎮痛薬が合成できるので、麻薬原料植物として栽培が禁止されているのだ。

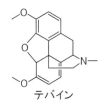

テバイン

　ケシ（ソムニフェルム種）は西アジア原産の一年草で、高さ100〜150cmになる。5〜6月に白・赤・紫色などの大きめの花を咲かせる。

　アツミゲシは、もともと北アフリカ原産の1年草だが、日本に帰化し、

ケシ
（ソムニフェルム種）
＊切れ込みのない葉が
茎を抱いている。

ナガミヒナゲシ
＊葉は切れ込みが多く
茎を抱いていない。

愛知県の渥美半島に大繁殖していたので、その和名がついた。ソムニフェルム種に比べると小さく、高さは 30 〜 80 ㎝ 程度で、紫色または赤紫色の花を咲かせる。

繁殖力が強いので、空き地などに自生していることもあり、知らない間に生えていて問題になるのは、アツミゲシのことが多い。

ケシとアツミゲシを他種と区別するのは、それほど難しくない。注目するのは次の 3 点。

1）毛がないか、少ない。

2）葉に切れ込みがない。

3）葉が茎を抱いている。

特徴的な花を見てケシとわかったら、茎に注目してほしい。ソムニフェルム種は茎がほとんど無毛で、アツミゲシ（セティゲルム種）はまばらに小さな毛が生えている程度だ。

他種の中には、剛毛が多く生えているものがあるので、比べるとはっきりするのだが、はじめて見る人にとっては、わずかに毛が生えているときにどう判別していいのか迷うかもしれない。そこで次に葉に注目してほしい。

ソムニフェルム種とアツミゲシ（セティゲルム種）の葉は、ふちがギザギザしているが切れ込みはほとんどなく「大きな葉っぱ」という感じだ。それ以外の種の葉は、大きな切れ込みがあって、手や羽のような形をしているので、慣れればわかる。さらに、葉が茎についている元の部分を見てほしい。栽培禁止のケシ（ソムニフェルム種）とアツミゲシ（セティゲルム種）は葉が茎を巻くようについている（イラスト参照）。

それ以外の種は、葉が茎にかからず、すっと伸びている。これがもっとも確実に識別できる決定的な違いである。

ハカマオニゲシは、中央アジア原産の多年草で、高さ70〜100cmになる。上の2種とは違って、全体に白い剛毛が生えていて、葉には深い切れ込みがある。ぱっと見では、「栽培してもよい種」としか思えない形態をしている。また、近縁種として**オニゲシ**（*Papaver orientale*／園芸上は、オリエンタル・ポピーの名で親しまれている）がある。ハカマオニゲ

ハカマオニゲシ

苞葉

シは栽培禁止で、オニゲシは栽培してもよいのだが、両者を区別することは、専門家でも難しい。

あえていうなら、"ハカマ"オニゲシには、その名の通り、花の下にハカマのような苞葉がついているのだが、オニゲシの中にも苞葉を持つものがあるので、判別の決め手にはならない。

決して自分で判断せず、保健所などに相談するのが一番だ。

余計な話かもしれないが、オニゲシ（オリエンタル・ポピー）を育てたとしても、決して加工をしてはいけない。栽培禁止のハカマオニゲシに比べると少ないのだが、テバインを含んでいるからである。

テバインは「麻薬及び向精神薬取締法」で定められた「麻薬」であり、オニゲシ（オリエンタル・ポピー）からテバインを抽出すると、「麻薬を製造した」とみなされ、1年以上10年以下の懲役に処される可能性がある。オニゲシ（オリエンタル・ポピー）は、園芸店やホームセンターなどでも普通に売られているので、ご注意を。

これ以外のケシやポピーは、まったく問題ない。だいぶ古いが、「♪オッカの上〜」というアグネス・チャンの歌でお馴みの、**ヒナゲシ**（*Papaver rhoeas*）は、ヨーロッパ原産の1年草で、高さ30〜80cmになる。「雛芥子」は小さなかわいいケシという意味だ。単にポピーというときは、このヒナゲシをさすことが多い。秋まきで、羽状に深く切れ込んだ

葉をつけ、全体に粗毛がたくさん生え、花期は 5 ～ 6 月だ。赤色、白色、桃色、橙色の一重や八重咲きなど、きれいな花を咲かせる多くの園芸品種があり、人々に親しまれている。よく花壇に利用される。

アイスランドポピー（シベリアヒナゲシ／ *Papaver nudicaule*）は、シベリア原産の多年草で、高さ 50 cm くらいになる。園芸上は春まきの一年草として扱われ、通常の花期は 3 ～ 5 月だが、暖地で種を早くまいて育てると 1 ～ 2 月でも花をつけるので、「春の訪れを感じる」と評されることもある。葉が地上すぐのところにしかない（地中の根から葉が生じているように見えるので**根生葉**という）のが特徴だ。

ヒナゲシが、葉のついた茎を伸ばして、枝分かれして花をつけるのに対して、アイスランドポピーは、株元から一本の花柄（かへい）（花を支える茎の部分）を長く伸ばし一輪ずつ花をつける。このため、アイスランドポピーは切花として扱いやすく、切花用に栽培されることが多い。また、他のポピーが一日で花を散らせるのに対して、アイスランドポピーは数日もつことも、切花として人気がある理由である。

ところで、「ケシとポピーはどう違うのか？」と疑問をもつ方も多いだろう。実は、ケシの属名 Papaver は、ラテン語の「papa（粥）」が語源である。幼児を眠らせるため、お粥に催眠作用のあるケシ属の乳汁を加えていたことに由来するそうだ。

また、papa から派生して poppy（ポピー）という言葉ができたので、ケシとポピーは同じ植物ではあるが、一般的には、観賞用のケシをポピーと呼ぶことが多い。確かにケシと呼ぶより、ポピーと呼んだ方が可愛い感じがする。だから、学術的にはオニゲシ、ヒナゲシ、シベリアゲシだが、園芸店で売られるときはオリエンタルポピー、ポピー、アイスランドポピーと表示されるのだろう。

私の近所の人が取り去っていた**ナガミヒナゲシ**（*Papaver dubium*）は、ヒナゲシに似たヨーロッパ原産の一年草だが、高さ 15 ～ 60㎝とヒナゲシより少し小ぶりで、4 ～ 5 月に橙～赤橙色の花を咲かせる。花が落ちた後の実の部分（さく果：ケシのケシ坊主に相当する部分）が

細長い形をしているのも特徴の一つだ。「長実雛芥子」という名前は、さく果の形に由来している。日本に帰化したのは1961年ごろといわれ、今では雑草として日本全国に広く繁殖している。とくに舗装道路脇に生えていることが多いのは、コンクリートによってアルカリ化した土壌を好むためと考えられている。

ナガミヒナゲシのさく果

　ケシ、またはポピーが私たちに関わっているのは、花だけではない。あんパンの上にのっている**ポピーシード**や、七味唐辛子に入っている**けしの実**は、まさにケシ・ポピーの種で、和菓子の松風を作るのにも欠かせない材料である。

　ポピーシードというと、何かお洒落な感じがするが、狭義のケシ（ソムニフェルム種）の種が使われていることがある。でも、種にアヘンは含まれていないので、食べても問題ない。「けしの実」も同じく問題ない。また、市販されているものは加熱処理をしているので、種をまいても草は生えてこない。ただし、あんパンなどをつくる原料として、生のケシの種を仕入れた者が、その種を庭などにバラまくと、栽培に相当して犯罪になる。

　2015年5〜7月に山梨県北杜市の園芸店が、「ポピー」として販売した植物が、実は違法な「ケシ」だったことが判明し、ニュース報道された。栽培するために英国の業者から輸入した種が、実はケシだったということらしい。販売した店はもちろん、知らずにそのケシを購入した個人も処罰対象となってしまうので、注意が必要だ。

　より詳しくケシの見分け方について知りたい方は、次のホームページを参考にするとよいだろう。

◎東京都健康安全センター　「不正なケシの見分け方」
www.tokyo-eiken.go.jp/lb_iyaku/plant/tokyo-keshi/
◎厚生労働省　「大麻・けしの見分け方」（パンフレット）
www.mhlw.go.jp/houdou/2007/04/dl/h0427-1b.pdf

●風邪薬

ほとんどの方が、風邪をひいたときに、薬局で薬を買い求めた経験をお持ちだろう。いろいろなメーカーから、実に多種類の風邪薬（総合感冒薬、解熱鎮痛薬、咳止めなど）が発売されており、一体どれを買ったらいいのか迷ってしまうことも多い。しかし、処方箋が無くても薬局で買える医薬品は、**一般用医薬品**といわれ、過去に長年の使用実績があるか、安全性が見込める一部の医薬品に限られている。つまり、パッケージは違えど中身はさほど変わらないのだ。

さて、風邪薬に含まれる成分で、薬物規制の観点から問題になるのは、**咳止め**（鎮咳薬）だ。

咳は、気道に付着した異物や痰を、体外へ吐き出すために起こる**呼吸運動**で、体を守るための**防御反応**の一つである。

とくに痰がからんで咳が出るときは、鎮咳薬で無理やり咳を止めるのではなく、痰を出しやすくする**去痰薬**を使用したほうがよいといわれる。

しかし、激しい咳が続くと、体力を消耗したり眠れなくなり、治る風邪も治らなくなってしまってはまずい。そんなときには鎮咳薬が役に立つ。

咳は、脳の延髄にある**咳中枢**が刺激されたときに起こるが、薬局で売られている風邪薬に含まれるコデイン、ジヒドロコデインといった鎮咳薬は、この咳中枢を抑制して咳を起こりにくくする。

先述のように、コデインはアヘンに含まれる薬効成分の一つであり、「麻薬及び向精神薬取締法」の規制対象となっているダウナー系の「麻薬」である。通称・**クロコダイル**（デソモルヒネ・P45参照）という、危険ドラッグを製造するのに利用されることもある成分だ。

また、ジヒドロコデインは、コデインを還元して製造され、コデインよりも2倍程度強力な鎮咳作用を示すが、やはり依存性があるため「麻薬」に指定

コデイン

↓

ジヒドロコデイン

されている。

「麻薬が入った風邪薬なんか飲んで大丈夫なのか?」と心配になるかもしれないが、実はコデインとジヒドロコデインには、麻薬及び向精神薬取締法で次のような特別な定めがあるのだ。

（用語の定義）
第二条
＜略＞
五　家庭麻薬　別表第一第七十六号イに規定する物をいう。
＜略＞
別表第一（第二条関係）
＜略＞
七十六　前各号に掲げる物のいずれかを含有する物であつて、あへん以外のもの。ただし、次に掲げるものを除く。
イ　千分中十分以下のコデイン、ジヒドロコデイン又はこれらの塩類を含有する物であって、これら以外の前各号に掲げる物を含有しないもの

つまり、1％以下のコデイン、またはジヒドロコデインは**家庭麻薬**と位置づけられていて、麻薬ではないのだ。薬局で売られている風邪薬中の、コデイン、またはジヒドロコデイン含量は1％以下なので、麻薬としての制限は一切受けず、安心して使用してよい。

ただし、コデイン、またはジヒドロコデインそのものが麻薬であることに変わりはないので、用法・用量を守ることが大切だ。

咳がおさまり、風邪も治ったのに、漫然と飲み続けるのは好ましくない。また、風邪薬からコデインやジヒドロコデインを精製したり、化学的変化を加えようと試みるのは、完全な違法行為になるので、絶対に行ってはいけない。

なお、一般用医薬品として使用が認められているほかの鎮咳成分には、ノスカピン、デキストロメトルファン、チペピジンなどがある。

ノスカピンは、アヘンに含まれるアルカロイドだが、モルヒネのような鎮痛作用、及び依存性がないので、麻薬に指定されていない。デキストロメトルファンとチペピジンも、麻薬ではない。

　咳を鎮めるには、気管支を拡張させる薬も役立つ。気道が拡がれば呼吸が楽になり咳も出にくくなるというわけだ。

　一般用医薬品として使用が認められている気管支拡張成分には、メチルエフェドリン、トリメトキノール、メトキシフェナミン、生薬の麻黄がある。このうち問題になるのは、**メチルエフェドリン**（P205 参照）と、**麻黄**（P53、P58 参照）だ。

　メチルエフェドリンは、後述する（P205 ～ 206）ように、覚せい剤取締法の別表に記されている覚せい剤原料の一つである。

　ただし、「1-フェニル-2-ジメチルアミノプロパノール（メチルエフェドリン及びメチルプソイドエフェドリン、10%以下を除く）」とされており、薬局で売られている風邪薬中のメチルエフェドリン含量は 10%以下なので、製品としては覚せい剤原料にならず、安心して使用してよい。

　だが、メチルエフェドリンには弱い覚醒作用があるので、用法・用量を守ることが大切だ。

　また、風邪薬からメチルエフェドリンを精製しようとしたり、化学的変化を加えようと試みるのは、やはり違法行為になるので、絶対にやってはいけない。

　また、麻黄はエフェドリンを含む生薬で、麻黄湯や葛根湯などの漢方薬や、風邪薬、鼻炎薬などに含まれる。

　覚せい剤取締法の定義によると、10%を超えるエフェドリンを含んでいれば覚せい剤原料とみなせるのだが、麻黄の総アルカロイド含有量は 0.5 ～ 2% 程度である。

　ちなみに、マオウ科マオウ属の植物は世界で 50 種ほどが知られており、その品種や産地、成長段階、植物部位によってエフェドリン含量はまちまちだ。そのため、日本薬局方では、生薬としての麻黄を次のように定義している。

本品は *Ephedra sinica Stapf*、*Ephedra intermedia Schrenk et C. A. Meyer* 又は *Ephedra equisetina Bunge*（*Ephedraceae*）の地上茎である。本品は定量するとき、換算した生薬の乾燥物に対し、総アルカロイド［エフェドリン（$C_{10}H_{15}NO$：165.23）及びプソイドエフェドリン（$C_{10}H_{15}NO$：165.23）］0.7％以上を含む。

Ephedra sinica Stapf は **シナマオウ**（草麻黄）、*Ephedra intermedia Schrenk et C. A. Meyer* は、**チュウマオウ**（中麻黄）、*Ephedra equisetina Bunge* は、**モクゾクマオウ**（木賊麻黄）のことである。生薬としての品質を保証するために、「エフェドリン含量0.7％以上」としているが、いずれにしても10％には到底届かない。

よって通常の麻黄は、覚せい剤原料とはみなされない。しかし、麻黄、あるいは麻黄を含む漢方薬からエフェドリンを精製したり、化学的変化を加えようと試みるのは、完全な違法行為になるので、絶対にやってはいけない。

覚せい剤取締法では、第30条の8で、許可なく覚せい剤原料を製造することを禁止しており、これに違反すると**「10年以下の懲役」**（第41条の3）と定められている。

もし「営利目的で覚醒剤を製造した」と判断された場合には、麻薬特例法の規定により、**「無期又は5年以上の懲役及び1千万円以下の罰金」**が科せられる（詳しくは後述）。

2015年2月に、日本代表の柔道女子選手が競技前のドーピング検査で問題視されたのが、薬局で売っている風邪薬に配合されていたメチルエフェドリンである。前述したように、エフェドリンは、気管支拡張剤などとして医療目的で使用される一方で、仕事や運動の能力を高めると期待した学生や、スポーツ選手が乱用することが問題となっていた。

そして、1972年のミュンヘン・オリンピックにおいて、米国の水泳選手リック・デモントが、400m自由形で金メダルを獲得したが、競技後

のドーピング検査でエフェドリンが検出され、メダルを剥奪されるという事件が起きた。デモントには喘息の持病があり、「エフェドリンは治療のために必要で、競技における不正の意図はなかった」と訴えたが、認められなかった。メチルエフェドリンは、弱いながらも覚醒剤やエフェドリンと似た覚醒作用を示すことから、スポーツ選手が使用禁止とされる薬物リストに入っている。

　一般人なら何の問題もなく使える医薬品であっても、**フェアプレー精神**の考えから、スポーツ選手の医薬品使用には厳しい制限が設けられている。

　特に市販の薬や強壮剤やサプリメントには、メチルエフェドリンのような禁止薬物が含まれていることが多いので、注意が必要だ。

　なお、スポーツ選手の使用禁止薬物リストは、国によっても違うし、定期的（通常は一年おき）に更新されているので、出場する大会の開催国や年によっては、OKだったりNGだったりする。

　現代のスポーツ選手には、**ドーピングに関する理解と知識**をもつことが求められているが、禁止薬物をすべて把握することは困難だろうから、ドーピングに関する専門知識を持った薬剤師（スポーツ・ファーマシスト）などに相談するのがよい。

　気になる方は、**公益財団法人・日本アンチドーピング機構**（JADA）のホームページ（http://www.playtruejapan.org/）に詳しく書かれているので、参考にしていただきたい。

●危ない麻と危なくない麻

- -

　現在、日本では「大麻取締法」によって大麻の使用が規制されている。

　しかし、もともと大麻草は私たちに身近な植物で、紀元前から栽培され、様々な形で有効利用されてきた。

　麻繊維は強靭なので袋やロープにも使われ、吸湿・放熱性にも優れているので夏服にはぴったりだ。

種子は油をとったり、そのまま食べることができる（唐辛子に入っている**麻の実**）。

第二次世界大戦以前は、大麻の栽培・生産が政府によって推奨されていたが、突然、戦後から厳しく規制されることになり、現在では日常生活の中で大麻草を目にすることはめったにない。

私たちに身近な**麻**と、ドラッグとして規制される**大麻**は、果たしてどう区別すればよいのだろうか。

「麻」という言葉を辞書でひいてみると、「大麻などの総称、またはそれらから製した繊維」と書いてある。つまり、「麻」は、ときに**植物名**であり、ときに**繊維**のことをさすのだ。

「そんな細かいことはどうでもいいじゃないか!」

と思われた方もいらっしゃるかもしれないが、「私は麻を持っています」といったときに、植物の麻と、繊維の麻では大違いなのである。

まずは、植物名としての「麻」について整理しよう。実は「麻」が名前に含まれる植物は大麻草以外にもたくさんある。

ところが、次のページの表を見ていただければわかるように、植物学の分類で、アサ科に属するのは大麻草だけである。見かけも違うので、容易に区別がつく。

共通しているのは、いずれも茎から繊維が採れること。まったく別の種類なのに、大麻草と同じように茎から繊維がとれる植物にすべて「麻」の字を入れて名前をつけてしまったのが、混乱の原因なのだ。よって、植物としての麻は、大麻草に限定するのが正しい。

一方、繊維としての「麻」も大麻草から取れたものが最もたくさん利用されてきた。しかし、昭和37年に制定された**家庭用品品質表示法施行令**で繊維製品を定義する文には、「麻（亜麻及び苧麻に限る）」と記されている。つまり、繊維としての「麻」は、**亜麻**と**苧麻**から取れたものをさすのだ。これは、ドラッグとして大麻を規制するうえで混乱しないよう配慮された結果と思われる。

縄文時代から利用されてきた**本家**の大麻草繊維が、今では「麻」と

麻の種類

和　名	英　名	分　類	備　考
大麻草	Cannabis、Hemp	アサ科（1年草）	• THC含量が多い薬用型は、葉や花穂から「大麻」が得られ、医療に用いられるとともに、乱用の対象となっている。 • THC含量が少ない繊維型は、茎から取れる繊維が、衣類、ロープ、かばん、その他袋類の素材として多く使用される。また、古来より神聖な繊維として神社の鈴縄や注連縄など神事に使われる。
アマ（亜麻） ＊茎の繊維をリンネルまたはリネンという。	Flax	アマ科（1年草）	• 繊維の強靭性から、昔はテントやロープ、麻袋などに広く利用された。 • 通気性・吸湿性に優れて肌触りがよいことから、織られてシャツ、ブラウス、肌着、服地、着尺等に広く使用される。 • 細い糸を産地独特の技法で織りあげて「上布」が作られる。
チョマ（苧麻） または**カラムシ**	Ramie	イラクサ科（多年草）	• 繊維の強靭性から、衣類、紙、漁網などに広く利用される。
黄麻（こうま） または**ジュート**	Jute	シナノキ科（1年草）	• 繊維が強く、耐久性に優れる。 • 麻袋として穀物の輸送・保管に使われる。寒さ等から樹木を防護する幹巻き、根巻、寒冷紗（目の粗い、薄地の織物）、河川の土留用等緑化資材、街中での防水対策の土のう、インテリア用品等に広く使われている。
マニラアサ （マニラ麻）	Abaca	バショウ科（多年草）	• 水に浮き、太陽光や風雨に対しても非常に高い耐久性を示すため、ロープをはじめ、高級な紙（紙幣や封筒）、織物などに用いられている。
サイザルアサ （サイザル麻）	Sisal	ヒガンバナ科（多年草）	• 繊維が水中での腐食に強いことから、船舶用ロープ、漁網等に適している。 • 繊維が短く強いことから、製紙用（フィルター、紙幣）にも使われている。
ケナフ （洋麻、 ボンベイ麻、 アオイツナソ）	Kenaf	アオイ科（1年草）	• ジュートの代用として麻袋に使われる。 • 空気中の炭酸ガスを吸収するため、パルプの代用として広く使用されている。 • ケナフの葉の形は大麻草と似ているが、ケナフは葉の切れ込みが大麻草ほど深くない点で区別できる。

画 像

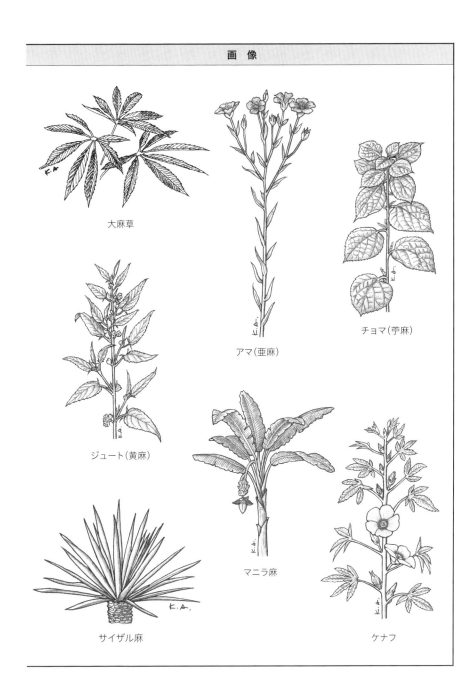

大麻草

アマ(亜麻)

チョマ(苧麻)

ジュート(黄麻)

マニラ麻

サイザル麻

ケナフ

は名乗れなくなっているのだ。もし大麻草から取れた繊維を使った商品ならば、タグに**ヘンプ**（指定外繊維）のように記さなければならない。だから、今店頭で売られている服やシーツに「麻」と表示してあれば、大麻草の繊維を使ったものではないということになる。

　「では、"ヘンプ"と表示のある布類を燃やして吸えば、マリファナの代わりになるのか?」

　というと、そうではない。大麻草のことをもう少し詳しく解説しておこう。

　大麻取締法の冒頭にはこう書かれている。

第一条　この法律で「大麻」とは、大麻草（カンナビス・サティバ・エル）及びその製品をいう。ただし、大麻草の成熟した茎及びその製品（樹脂を除く）並びに大麻草の種子及びその製品を除く。

　つまり、大麻取締法が対象にしている「大麻」は、大麻草の葉と花穂の部分である。第2章で解説したように、大麻の主な薬効成分は**THC**（テトラヒドロカンナビノール）であり、葉や花穂にはTHCが含まれるので規制対象となるが、繊維、繊維をはいだ後の茎（**麻芯**）、種子からはほとんどTHCが検出されないので対象外となっているのだ。

　麻袋や麻の実を燃やしても**マリファナ**のような害はないので心配ない。ただし、水分をとばして樹脂に加工したものは、THCが濃縮されているので規制対象となる。

　さらに、大麻草には、いくつかの品種がある。大麻草の学名**カンナビス・サティバ・エル**（*Cannabis sativa L.*）は、1753年に「植物の種（*Species Plantarum*）」を発刊したスウェーデンの博物学者カール・フォン・リンネ（*Carl von Linné*）によってつけられたものである（植物の学名は、属名＋種小名で構成される。さらに学名の後ろに命名者を付けることがあり、「L」は命名者のリンネに相当する）。

　その後になって形態や分布の異なる品種として、カンナビス・インディカ（*Cannabis indica RAM.*）と、カンナビス・ルデラリス（*Cannabis ruderalis JANISCH.*）が加えられた。

　第5改正日本薬局方まで収載されていた印度大麻草は、カンナビス・インディカに相当する。しかし、現代の技術で遺伝子解析したところ、これらは同じ種とみなすべきであり、アサ科アサ属は「大麻草＝*Cannabis sativa L.*」の一種類とするのが統一見解となっている。

　また、近年は大麻草の品種改良が行われ、形態が似ていても含有成分が異なるものもある。医療用大麻として品質を確保するためには、単なる形態や分布による分類ではなく、含有成分で区別するのが実用的とされている。

　具体的には、幻覚を引き起こす薬効成分のTHCと、作用の弱いCBD（カンナビジオール）の含有量によって「薬用型」「中間型」「繊維型」に分けるのが一般的だ。

・**薬用型**：THCが2〜25％含まれ、CBDをあまり含まない。
・**中間型**：THCとCBDを同じくらい含む。
・**繊維型**：THCが0.25％未満で、THCよりCBDを多く含む。
（＊THC含有量の測定は、大麻草の開花直後の花穂を基準とする）

　ドラッグとして乱用されるのは、主に薬用型大麻草の葉と花穂ということになる。繊維型大麻草の葉や花穂を煙草として吸っても、マリファナのような効果はない。

　ヨーロッパ、カナダ、オーストラリアなどでは、THC含有量が少ない特定の品種を**産業用ヘンプ**として認めており、繊維型大麻草の葉を混ぜたハーブティや、花穂からとった精油を含む香水（甘い柑橘系のにおい）などが販売されている。しかし、日本では**大麻取締法**が品種を問わず「葉と花穂」という植物部位で規制しているため、繊維型大麻草であっても、葉と花穂を使った商品を販売することはできない。

　そもそも薬用型大麻草と繊維型大麻草は、なぜTHC含有量が違うのだろうか？

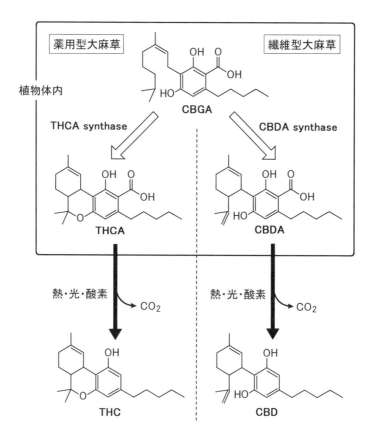

　「大麻の薬効成分は THC である」と説明されているが、実は新鮮な大麻草の植物体内では、THC ではなく THCA（テトラヒドロカンナビノール酸）という形で存在しており、THCA 自体には効果がない。

　大麻を乾燥・加熱すると、炭酸がとれることで THC に変わり、はじめて効果が現れるのだ。

　乾燥大麻を燃やして煙を吸う（マリファナ）、手もみで樹脂を作る（チャラス）といったプロセスの中で THC が作られていたのである。細かいようだが、「大麻の薬効成分は THC である」は正しいが、「生きた大

麻草に含まれる有効成分は THC である」といったら間違いである。

　また、CBD も同じように、生きた大麻草の体内では CBDA（カンナビジオール酸）として存在する。したがって、植物体内の THCA 及び CDBA 含有量が、製品としての大麻中の THC および CBD 含有量に反映される。

　大麻草内で THCA と CDBA は、CBGA（カンナビゲロール酸）を原料に生合成されるが、最近の九州大学大学院薬学研究院生薬学分野の研究によると、CBGA から THCA を合成する酵素（THCA synthase）を持つ品種では、THCA がたくさん作られ、CBGC から CDBA を合成する酵素（CDBA synthase）を持つ品種では CBDA がたくさん作られることになる。

　薬用型と繊維型は、遺伝的に合成酵素が違っていたのだ。この知見に基づき、最近では、薬用型大麻草を **THCA 種**、繊維型大麻草を **CDBA 種**と呼ぶこともある。そして、THCA 種は CBDA 種より遺伝的に優性であるため、自然な交雑が繰り返されると CBDA 種が減ることもわかっている。

　日本では、古来から大麻草が栽培されていたにもかかわらず、乱用が問題になることはなかった。ある調査によると、本州の在来種の THC 含有量は 0.08 ～ 1.68％であり、**繊維型**（CBDA 種）が中心だったと推定される。

　また、大麻草を栽培していると、茎が赤紫色になったものが出現するが、これは繊維質が悪いので間引かれていた。後に調査してわかったことだが、この"変わり者"は THC 含有量が高いもので、それを偶然にも間引いていたために、交雑が進まず、繊維型の大麻草がうまく保存されていたようである。

　なお、現在日本国内で栽培される大麻草は、ほとんどが栃木県産である。主にしめ縄等神事用の繊維を得るため、栃木県では「とちぎしろ」という、THC をほとんど含有しない繊維型の品種（1983 年登録）が栽培されている。とちぎしろは県外へ持ち出すことが禁じられており、ま

た、栃木県内の大麻草の交雑状況を調査しながら、繊維型としての品質が保持されている（もともと栃木県では、「白木」という高品質の大麻草が栽培されていたが、これにはTHCが含まれていた。そこで、THCをほとんど含まない佐賀県在来の品種を交配させて品種改良を行い、「とちぎしろ」が誕生した）。

　海外で流通している**医療用大麻**（THC含有量が8〜25%）の扱いには規制が必要だが、果たして日本在来の大麻草をすべて取り締まる必要があったのか、疑問を投げかける人もいる。

　現在の大麻取締法では大麻草の植物部位「葉と花穂」だけを規制対象にしているとはいえ、葉と花穂だけ栽培することはできないし、薬用型か繊維型かは問われないので、結局はすべての大麻草について許可なく栽培することが禁じられている。

　意図的に栽培しなくても、知らぬ間に自宅の庭に大麻草が生えているだけ（しかも繊維型でまったくマリファナにならないもの）でもダメなのである。

　大麻草はもともと強い植物で、農薬や化学肥料など使わなくてもどんどん育つので、山林に自生していることも珍しくない。心配な方は自宅の庭や近所の草むらなどを見て回り、万が一大麻草らしきものを見つけたときは、最寄りの保健所に相談するとよい。計画性や事件性がないか警察が調べることもあるので、勝手に抜いたりしてはいけない。そのままの状態で連絡するのが原則だ。

　2009年における大麻取締法違反での検挙者数は3,087人で、そのうち栽培事犯は254人にのぼり、いずれも過去最高を記録した。

　ほかの規制薬物と違って、30歳未満の若年層が6割近くを占めているのも大きな特徴である。「大麻は安全」「自分で栽培して吸うのは問題ない」というトンデモナイ誤解が広がり、こっそりと大麻を栽培する若者が増えたようだ。

　THCを多く産生するように品種改良された大麻草の種子を、販売する業者が存在し、大麻草を室内で栽培するキットまで出回った。有名国

立大学や私立大学の学生が、大麻栽培、または所持で逮捕される事件が相次いで報道され、中にはキャンパス内で大麻を売買して逮捕された者もいた。

市場に出回る大麻種子を追跡することで摘発が進み、栽培事犯の検挙は減少傾向にあるものの、問題はまだ終息していない。

2013年10月には、宮城県仙台市で建設会社社長ら男4人が大麻栽培で逮捕され、「工場」となっていた仙台市内の建物から、大麻草160鉢、乾燥大麻1キログラムや栽培器具などが押収された。

また同年同月に岡山県倉敷市では、男3人が自宅で大麻を栽培したとして逮捕され、栽培中の大麻草243本と乾燥大麻6.2キログラムが押収された。同年11月には、兵庫県加古川市でベトナム人が大麻栽培で逮捕され、民家から大麻草189鉢が押収された。

2015年4月には、東京都練馬区で、自宅近くにマンションを借り大麻草を栽培していた男が逮捕され、大麻草の苗木71本や照明器具、肥料などが押収された。下の階への水漏れが発覚のきっかけだった。

ここ数年は大麻栽培事犯の件数は減りつつあるものの、一件あたり栽培されていた大麻草の本数が増え、規模の大型化が目立つ。

明らかに営利目的で栽培されているようで、数年前に若者が興味本位で栽培していたのとは様相が異なる。大麻草の室内栽培には設備投資と維持に相当な費用がかかるにもかかわらず大型化しているのは、逮捕された男が、「売れるあてがあった」と示唆したように、密売を行う犯罪組織が関与している可能性が高い。

2015年8月には、北海道大学の構内で、大麻草を無断栽培していた男が逮捕された。大学の構内なら警察に見つかりにくいと考えたらしい。

また、2014年9～10月には、水産加工業や農業の季節労働者として、北海道標津町などで働いていた男計12人が、付近に自生する大麻草を所持したとして逮捕される事件があった。繁忙期に北海道を訪れる若者は地域にとって貴重な労働力だが、中には大麻目当ての者

もいるらしい。

北海道に大麻草が多いのには理由がある。

　北海道でも大麻草は身近な植物として古来から栽培されていたようであるが、1873年の屯田兵制度により、明治政府による殖産政策の一つとして大麻草栽培が奨励されたのがきっかけで、一気に増えたのだ。大麻草だけでなく亜麻の栽培も行われるようになり、麻紡績の会社も設立され、栄えた。

　第一次世界大戦、第二次世界大戦中は、日本政府の主導によって、軍服、ロープなどの軍需用に大麻草が増産された。しかし、第二次世界大戦敗戦後の1948年に**大麻取締法**ができてからは、栽培されずに放置された大麻草が野生化してしまったのだ。

　1969〜1973年にかけて北海道立衛生研究所が行った調査によると、北海道内の野生大麻のTHC含有量は0.56〜5.73%（平均1.26%）とやや高い値であった。管理されないことで自然に交雑が進んだ結果、THC含有量が増えた可能性がある。海外で医療利用されている品種（THC含有量8〜25%）に比べるとかなり低値なのだが、マリファナのような効果を期待して持ち出そうとする者が後を絶たない。

　対策として、北海道では野生の大麻草を年間100〜200万本ぐらい除去しているという。

2 » 危険ドラッグと法令

●法令のなりたち

　私たちは一般に成文化されたルールを、広く**法律**と表現しがちだが、厳密には法律は国会によって制定され、天皇の名で公布されるものである。日本国憲法第 41 条には「国会は、国権の最高機関であって、国の唯一の立法機関である」、同第 7 条には「天皇は、内閣の助言と承認により、国民のために、左の国事に関する行為を行為を行ふ」とし、「一　憲法改正、法律、政令及び条約を公布すること」と定められている。

　法律中には、「…政令で定める麻薬…」とか「…厚生省令で定めるところにより…」といった条文がある。大きな方針は十分な議論を経て法律で定めるが、あまり議論の必要がない細かいところは、政令や省令に任せているのだ。たとえば、「遠足のお菓子は 300 円以内とする」という大きな方針が小学校のルールとして伝えられるが、「何を買うかは各家庭に任せる」ということに似ている。政令や省令は、法律から委任を受けて、詳細な法律の実体面を補う役割を果たしているのだ。

　なお、政令は、日本国憲法第 73 条第 6 号に基づき、内閣によって制定され、天皇の名で公布される。省令は、各省の大臣によって制定され、各省大臣の名で公布される。政令と省令は、出所が違うものの、法律から正式な委任を受けて出されたものなので、法律と同等の効果を有している。

　なお、政令、省令の他、内閣府令や規則を合わせて**命令**と総称する。法律と命令のすべてをさすときは、**法令**と呼ぶのが正しい。

薬物規制においても、政令や省令の存在意義は大きい。

　とくに新しい危険ドラッグ成分が次から次へと見つかり、いたちごっこ
が繰り返されている現状において、対象となる薬物を法律でしか規定で
きなければ、大変なことになる。

　そもそも薬の素人である国会議員が、政党優先の多数決で、違法薬
物を定めるのはいかがなものだろうか。また法律を改正するには、国会
の承認が必要なために、手続きが複雑で会期が足らず廃案になること
もある。一方の政令・省令は、行政の権限で変更ができるため、比較
的短期間で改正できる。

　新しい危険ドラッグ成分が見つかったら、医薬行政を担当する厚生労
働省が専門家の意見を聞き、速やかに省令として違法薬物リストに加え
ることができるしくみになっているのである。

　自国の法律だけで対応できない課題については、国際的なルールを
定め、二国間あるいは多国間で取り決めを行う必要がある。そのため
に**条約**がある。

　条約とは、通常、国家間において書面の形式により締結され、国際
法によって規律される国際的合意の総称である。国際的合意文書の名
称として、ほかに、**協約、協定、憲章、宣言、議定書**などもあるが、
特に差があるわけではなく、慣習的に使いわけられている。また、条約
に関して**批准**という言葉がしばしば登場する。国際的ルールを決める
会議に各国の代表者が集まり、合意して署名すれば、内容が確定し締
結が成立する。しかし、これで内容を実行することが決定したわけでは
ない。いったん各国に持ち帰り、国会等で内容を確認しながら審議し、
承認を得なければならない。

　同意が決定したら、「我が国はそのルールを受け入れて守る」という
ことを世界に伝える。このプロセスが批准である。実際には批准書の
作成によって批准が完了し、条約の効力がはじめて生じるのだ。

　次に薬物規制に関する具体的な法令を紹介するが、条約、法律、
政令、省令の特徴と関係性を留意していただきたい。

●戦前から敗戦直後までの麻薬統制

現在の日本で、乱用性の高い薬物を規制するための主な法律として、

・**麻薬及び向精神薬取締法**（昭和 28 年 3 月 17 日法律第 14 号）
・**あへん法**（昭和 29 年 4 月 22 日法律第 71 号）
・**覚せい剤取締法**（昭和 26 年 6 月 30 日法律第 252 号）
・**大麻取締法**（昭和 23 年 7 月 10 日法律第 124 号）

の4つがあり、**薬物四法**と総称される。さらに、

・「国際的な協力の下に規制薬物に係る不正行為を助長する行為等の防止を図るための麻薬及び向精神薬取締法等の特例等に関する法律（略称：**麻薬特例法**）」（平成 3 年 10 月 5 日法律第 94 号）

を加えて、**薬物五法**と呼ばれることもある。すべて第二次世界大戦後に制定されたものであるが、どのようにして現在の法律の形になったか、戦前から敗戦直後までの歴史を振り返ってみよう。

1840 ～ 1842 年の**アヘン戦争**後、アヘン依存の中国人が世界諸国に移住することでアヘンの使用が広まり、危機感を抱いた世界各国で反アヘン運動が高まった。

日本で最初に、薬物の使用やそれを助長する行為が公衆の健康を損なう「罪」であると規定したのは、1907 年 4 月 24 日に公布された刑法（明治 39 年法律第 45 号：明治41年 11 月施行）であろう。

刑法の第 2 編第 14 章（第 136 条～ 141 条）には、「あへん煙に関する罪」が定められている。ここでいう「あへん煙」とは、吸食用として製造されたアヘン煙膏（生アヘンを溶解・煮沸するなどして加工したペースト状のもの）のことで、その原料である生アヘンは該当しない。

当時中国では、アヘン煙膏を特殊なキセルに塗って炎にかざし、出てきた煙を吸引するのが、上流階級の一つのスタイルになっていた。その煙に含まれるモルヒネを吸い込むと、肺からすぐに血液中にモルヒネが入るため、速効的に作用する。

　アヘンを口から服用していたヨーロッパでは、アヘン中毒は少なかったのに対して、蒸気吸引が行われた中国では、アヘン中毒者が大量発生する結果となった。情報を得た日本では、アヘン煙膏を禁じようとしたのである。

　実際のところ、当時の日本では、アヘン乱用は問題になっていなかったようなので、隣国の様子を憂えて用意された法律規定と考えられる。刑法のこの条文は今も有効であるが、生アヘンの使用や輸入などは、**あへん法**で取り締まられているので、刑法の本罪が適用されることはほとんどない。

　薬物問題を一国内で解決することは不可能で、世界的な統制が必要であることはいうまでもない。そこで、1909 年 2 月には、日本を含む 13 カ国による**万国阿片委員会**が上海で開かれ、主に中国におけるアヘンの問題について協議された。

　そして、採択国の国内、及び中国におけるアヘン等の統制に関する議定書が採択されたものの、拘束力が無いため、ほとんど実効性はなかった。そこで、国際的な統制を進展させるため、1911 年 12 月オランダのハーグにおいて**万国阿片会議**が開催された。

　この会議では、アヘンの他にモルヒネやコカインの統制についても協議され、1912 年 1 月に**万国阿片条約**が調印された。この条約も大半の国が批准せず、機能しなかった。

　1914 〜 1918 年の第一次世界大戦中は、モルヒネやコカインが兵士を中心にたくさん使用された。改めて麻薬統制を進めるため、1924 〜 1925 年に**ジュネーブ国際阿片会議**が開催された。

　当時アヘン貿易を行っていた国（日本も該当）で、第一会議を開くとともに、それ以外の国も加えた第二会議が開かれ、麻薬の製造や使用

の制限などに関して協議し、それぞれ**第一阿片会議条約**と、**第二阿片会議条約**が締結された。

　日本は、当時領有していた台湾などにアヘンを供給しており、第一阿片条約会議の締結国に入っていたものの、日本国内ではアヘン等の乱用が問題になっていなかったため、第二阿片会議条約に沿った国内法の整備が行われることとなり、1930 年 5 月に内務省令の**麻薬取締規則**が公布された。

　この麻薬取締規則は、日本の**現行薬物五法のルーツ**とみなせる。

　規制対象（麻薬と定義）とされたのは、**モルヒネ**、**ヘロイン**、**コカイン**、**エクゴニン**（コカインの原料となる）、**印度大麻草**などで、覚醒剤や向精神薬、幻覚剤などは含まれていなかった。しかも、麻薬の国際的な流通規制が主な目的だったため、製造や輸出入を規制しているものの、麻薬の乱用を禁止していない。

　そのうち、**満洲事変**がきっかけで、1933 年に日本は国際連盟を脱退することとなり、政治的にも、麻薬政策の上でも孤立していった。

　世界が麻薬の規制を強化する一方で、日本国家はヘロインやコカインの製造・輸出を続けていた。

　1945 年 8 月 15 日、日本は**ポツダム宣言**を受諾し、無条件降伏をする。第二次世界対戦に敗れた日本は、**GHQ**（連合国軍最高司令官総司令部 /General Headquarters ）からの指令を受けることになった。麻薬政策も例外ではない。麻薬を不正取引する問題国家とみなされていた日本に対して、GHQ はさっそく指令を出し、

・「塩酸ヂアセチルモルヒネ及其ノ製剤ノ所有等ノ禁止及没収ニ関スル件」（昭和 20 年厚生省令第 44 号）

・「麻薬原料植物ノ栽培、麻薬ノ製造、輸入及輸出等禁止ニ関スル件」（昭和 20 年厚生省令第 46 号）

・「特殊物件中ノ麻薬ノ保管及受払ニ関スル件」（昭和 21 年厚生省令第 8 号）

という、いわゆる**ポツダム省令**が次々と施行された。

1946 年 1 月には、4 つめの薬物規制に関するポツダム省令として

・**麻薬取締規則**（昭和 21 年厚生第 25 号）

が制定された。同じ規則名であるため、昭和 5 年のものは**旧・麻薬取締規則**、この昭和 21 年のものは**新・麻薬取締規則**と呼んで区別される。

この新・麻薬取締規則まで、大麻は麻薬指定されていたが、日本には古くから麻繊維の産業があることから、ほかの麻薬と同じ法律で規制するのは難しいと判断され、1947 年に 5 つめの薬物規制に関するポツダム省令として

・**大麻取締規則**（昭和 22 年厚生・農林省令第 1 号）

が制定された。

この後、現行の薬物五法が制定されていく。

●麻薬及び向精神薬取締法

1948（昭和 23）年にポツダム省令が廃止され、

・**麻薬取締法**（昭和 23 年法律第 123 号）

ができた。それまでの取締規定を集大成したものであったが、その後の国際的な不正取引や、組織的な密輸事犯に対する効果的な取締りの必要性などが生じたため、1953 年に改めて、

・**麻薬取締法**（昭和 28 年法律第 14 号）

が制定（同年 4 月施行）された。同じ法律名なので、区別するため、昭和 23 年のものは**旧・麻薬取締法**、昭和 28 年のものは**新・麻薬取締法**と呼ばれる。

いずれにせよ、これらが現行の**麻薬及び向精神薬取締法**の原型となった。同法は、麻薬の用途を医療、及び学術研究だけに限定し、麻薬取扱いをすべて免許制として、免許を有しない者による取扱いを原則として禁止した。

違反行為に対しては、ジアセチルモルヒネ（ヘロイン）等と、その他

の麻薬とに区分した上で、営利性・常習性の有無等により法定刑を区別した罰則が設けられた。その後現在に至るまで、**麻薬取締法**は幾度となく改正された。

たとえば、1963 年の一部改正においては、ヘロインの営利目的輸入等についての法定刑の上限が、懲役 10 年から無期懲役に引き上げられるなど全般に厳罰化されたほか、輸入・輸出・製造についての予備罪、資金等の提供罪、周旋罪等が新設された。

1970 年には、麻薬を指定する政令の改正（同年 2 月施行）により、幻覚剤である **LSD** が麻薬として指定された。

世界で規制が進む中、アヘンや麻薬の取締りに関する国際条約や協定が多数できて複雑になっていた。これらを整理統合して一つにまとめようと、1961 年に**麻薬に関する単一条約**（Single Convention on Narcotic Drugs）ができた。麻薬の乱用を防止するため、医療や学術研究など特定の目的について許可された場合を除き、麻薬の生産および供給を禁止した。

また、単一条約が規制対象とした麻薬、あへん、大麻以外にも幻覚剤、覚醒剤、精神安定剤等の乱用が世界的に広まってきたことを受け、それら規制されていなかった薬物を国際的に統一して規制するため、1971 年に**向精神薬に関する条約**が締結された。アンフェタミンや、メチルフェニデートなどの**中枢興奮薬**、バルビツール酸系や、ベンゾジアゼピン系などの**催眠鎮静薬**、LSD や MDMA などの**幻覚薬**、THC などカンナビノイドのような**向精神薬**を、医療及び学術における使用を確保した上で、乱用を抑止するために管理するための国際条約である。

さらに、麻薬や向精神薬の不正取引が増加して深刻な社会問題となりつつあったのを受け、**麻薬に関する単一条約**と、**向精神薬に関する条約**を補い強化するため、1988 年に**麻薬及び向精神薬の不正取引の防止に関する国際連合条約**が採択され、1990 年に発効した。

日本は、1971 年の**向精神薬に関する条約**の採択国でありながら、長らく批准していなかった。主な理由は、医療で汎用されていた睡眠薬

をどう規制するか議論がまとまらなかったためといわれる。睡眠薬の乱用に対しては、とりあえず**薬事法**（詳しくは後述）における**習慣性医薬品**に指定して対処していた。しかし、1988年の**麻薬及び向精神薬の不正取引の防止に関する国際連合条約**が一つのきっかけとなり、ようやく1989年の中央薬事審議会にて、**向精神薬乱用防止対策の在り方**が議論され、1990年に**向精神薬に関する条約**を批准した。同年に、麻薬取締法が一部改正され、

・麻薬及び向精神薬取締法

となった。主な改正点は、医療に用いられる睡眠薬・精神安定剤などの向精神薬も取締りの対象となったこと、向精神薬の取扱いについて免許制度及び登録制度が設けられたこと、向精神薬の輸入・輸出・製造・譲渡し等につき罰則が新設されるとともに麻薬についての罰則も強化されたことなどである。

この法律の冒頭には、制定の目的がこう記されている。

（目的）
第一条　この法律は、麻薬及び向精神薬の輸入、輸出、製造、製剤、譲渡し等について必要な取締りを行うとともに、麻薬中毒者について必要な医療を行う等の措置を講ずること等により、麻薬及び向精神薬の濫用による保健衛生上の危害を防止し、もつて公共の福祉の増進を図ることを目的とする。

同法では、別表第一に示したものを**麻薬**と定義し、その中にはジアセチルモルヒネ（別名ヘロイン）、モルヒネ、コデイン、コカ葉、コカインなどが列記されている。大麻は含まれていない。また別表第一75号には「前各号に掲げる物と同種の濫用のおそれがあり、かつ、同種の有害作用がある物であって、政令で定めるもの」と記されているので、法律改正をしなくても、新たなドラッグを政令で麻薬指定することができるようになっている。

麻薬の中で、とくにヘロインは医療上も何ら有用性がない違法薬物と

位置づけられ、単独で禁止事項が記されている。

（禁止行為）
第十二条　ジアセチルモルヒネ、その塩類又はこれらのいずれかを
含有する麻薬（以下「ジアセチルモルヒネ等」という）は、何人も、
輸入し、輸出し、製造し、製剤し、小分けし、譲り渡し、譲り受け
交付し、施用し、所持し、又は廃棄してはならない。ただし、麻薬
研究施設の設置者が厚生労働大臣の許可を受けて、譲り渡し、譲り
受け、又は廃棄する場合及び麻薬研究者が厚生労働大臣の許可を受
けて、研究のため、製造し、製剤し、小分けし、施用し、又は所持
する場合は、この限りでない。
2　何人も、あへん末を輸入し、又は輸出してはならない。
3　麻薬原料植物は、何人も、栽培してはならない。但し、麻薬研
　　究者が厚生労働大臣の許可を受けて、研究のため栽培する場合
　　は、この限りでない。
4　何人も、第一項の規定により禁止されるジアセチルモルヒネ等の
　　施用を受けてはならない。

　ヘロインが医薬品として使用されていた時代もあったことから（ドイツ
のバイエル社から発売されていた当時は、咳止めの飲み薬だった）、**製
剤、小分け、交付**など、薬剤師による調剤業務や、「施用を受けては
ならない」と患者側の責任まで言及しているいう点にも注目したい。

　なお、これら禁止事項に違反した場合の罰則についても、第 64 条（輸
入・輸出・製造）、第 64 条の 2（製剤・小分け・譲り渡し・譲り受け・
交付・所持）、第 64 条の 3（施用・廃棄・施用を受けること）において、
ヘロイン単独で厳しい処罰が定められている。

　とにかく麻薬の中で、ヘロインは別格扱いとなっているのだ。

　ヘロイン以外の麻薬、モルヒネ、コデイン、コカインなどについては、
第 13 条〜第 29 条の 2 において、輸入・輸出・製造・製剤及び小分け・
譲渡・譲受・施用・交付・所持・廃棄・広告が制限されている。

医療目的で使用されるものも含まれるため、**麻薬用処方せん**（都道府県知事から免許を受けた医師などの麻薬施用者が交付する、麻薬を記載した処方せん。医療用麻薬は、がんの痛みの治療に欠かせない）の必要性まで説明されている。違反した場合の罰則は、第65条〜第66条の2に定められ、全体的にヘロインよりも少し軽く設定されている。

一方、**向精神薬**は、同法別表第3に示したもので、その中にはメチルフェニデートや一部のバルビツール酸系薬、ベンゾジアゼピン系薬などが列記されている。別表第3の11号にはやはり「前各号に掲げる物と同種の濫用のおそれがあり、かつ、同種の有害作用がある物であって、政令で定めるもの」と記されているので、法律改正をしなくても、新たなドラッグを政令で向精神薬指定ができるようになっている。

向精神薬の輸入・輸出・製造・製剤及び小分け・譲り渡しについては、50条の8〜第50条の18において制限されている。

これらに違反した場合の罰則は、第66条の3と4に定められ、麻薬より軽く設定されている。

なお、向精神薬の製造に関して、次のような禁止事項が含まれている点にも注目したい。

（製造等）

第五十条の十五

＜略＞

2　向精神薬製造製剤業者又は向精神薬使用業者でなければ、向精神薬に化学的変化を加えて向精神薬以外の物にしてはならない。ただし、向精神薬試験研究施設において学術研究又は試験検査に従事する者が学術研究又は試験検査のため行う場合は、この限りでない。

つまり、許可なく、向精神薬リストに含まれる医薬品の化学構造を変えて、向精神薬リストに含まれない化合物を製造してはならないということだ。これは、近年出回っている危険ドラッグが、既存の医薬品に化

学的変化を加えることで生み出されていることを意識した規定と思われる。危険ドラッグにつながる「化学合成を試みた」だけでも、違法となるのだ（6カ月以下の懲役、もしくは20万円以下の罰金）。

　なお、向精神薬はすべて医薬品として使用することが前提とされているので、所持・使用・廃棄に関する制限は定められていない。もしそこまで規制してしまったら、患者が睡眠薬や精神安定剤などをもらうことも使うこともできないし、自宅で使い残した薬を捨てることさえできなくなるからだ。つまり、使用者側の乱用を防ぐ手立ては、向精神薬としてはとられていないことになる。むしろ、必要以上の睡眠薬や精神安定剤などが患者の手に渡らないよう、供給する側に制限をかけているわけだ。それでも乱用が問題になるようであれば、医薬品としての認可自体を取り消すか、麻薬に格上げすることで使用等を制限することができる。

　現在麻薬や向精神薬を指定するための政令は、

・「麻薬、麻薬原料植物、向精神薬及び麻薬向精神薬原料を指定する
　政令」（平成2年政令第238号）

であり、その冒頭の制定文には「内閣は、麻薬及び向精神薬取締法（昭和28年法律第14号）別表第1第75号及び別表第3第11号の規定に基づき、この政令を制定する」と記されている。

　新たに薬物を麻薬や向精神薬に指定するたびに、「麻薬、麻薬原料植物、向精神薬及び麻薬向精神薬原料を指定する政令の一部を改正する政令」が公布・施行されて、政令に薬物名が追加されている。

　第2章で「麻薬指定されている」と紹介したドラッグのうち、麻薬、及び向精神薬取締法の別表に載っていないものはすべて（フェンタニル、フェンシクリジン、ケタミン、メスカリン、MDMA、LSD、サイロシンなど）はこの政令に記載されている。

　なお、大麻成分であるTHCも、麻薬としてこの政令に載っている。

●あへん法

前述のポツダム省令のうち、「麻薬原料植物ノ栽培、麻薬ノ製造、輸入及輸出等禁止ニ関スル件」（昭和 20 年厚生省令第 46 号）によって、けしの栽培等が禁止されるとともに、その輸入も厳しく制限され、この規制が昭和 23 年制定の旧・麻薬取締法にも受け継がれた。

しかしその結果、あへんの供給が難しくなり、医療用麻薬の製造に支障をきたすようになってしまった。

不正な麻薬の製造や取引きは厳しく規制すべきだが、医療が後退してしまっては、本末転倒である。

また、昭和 28 年には、国際条約「けしの栽培並びにあへんの生産、国際取引、卸取引及び使用の制限及び取締に関する議定書」（昭和 28 年条約第 10 号）に対応した国内法整備が必要になった。

そこで、あへんをほかの麻薬や向精神薬と区別して規制するために、1954 年に「あへん法」（昭和 29 年法律第 71 号）が制定（同年 5 月施行）された。

この法律の冒頭には、目的がこう記されている。

（目的）
第一条　この法律は、医療及び学術研究の用に供するあへんの供給の適正を図るため、国があへんの輸入、輸出、収納及び売渡を行い、あわせて、けしの栽培並びにあへん及びけしがらの譲渡、譲受、所持等について必要な取締を行うことを目的とする。

あへん法は、あへんの用途を医療、及び学術研究だけに限定して適正な供給を図るため、許可制の下にけしの栽培を認めている。

また、あへんの輸入・輸出・買取り、及び売渡しの権能を国に専属させ、けし、けしがら（ケシの果実から種子を取った後のカラのこと。けしがらの中にも、モルヒネやコデインが含まれている）、及びあへんについて、

それぞれ違反行為を規定して、営利性・常習性の有無等により法定刑を区別した罰則を設けている。

なお、本法では、けし、けしがら、あへんを次のように定義している。

（定義）

第三条　この法律において次の各号に掲げる用語の意義は、それぞれ当該各号に定めるところによる。

一　けし　パパヴェル・ソムニフェルム・エル、パパヴェル・セティゲルム・ディーシー及びその他のけし属の植物であって、厚生労働大臣が指定するものをいう。

二　あへん　けしの液汁が凝固したもの及びこれに加工を施したもの（医薬品として加工を施したものを除く）をいう。

三　けしがら　けしの麻薬を抽出することができる部分（種子を除く）をいう。

けしの品種については、先に解説した通りである（P170〜175）。あへんについては、「けしの液汁が凝固したもの」が生アヘンに相当し、「これに加工を施したもの」にはあへん煙膏が含まれる。

先述したように、刑法第2編第14章（第136条〜141条）には「あへん煙に関する罪」が定められており、あへん煙膏に関連した犯罪の場合は、刑法とあへん法の両方が関わることになる。そのため、あへん法の第56条では、両法における罪が競合する場合には、法定刑が重い方で処断することを定めている。

制定後、幾度と改正されているが、主な変更点としては、罰則が全般に厳しくなったこと、けしの栽培等の予備罪・資金等提供罪・周旋罪（けしの栽培等を勧めたり紹介する罪）などが新たに設けられたこと、国外犯処罰規定（自国民が外国で罪を犯した場合、国内の法律に基づき、処方できる規定）が追加されたことなどがある。

●覚せい剤取締法

第 2 章で紹介したように、日本では第二次世界大戦の敗戦直後から、軍が所蔵していた覚醒剤が市場に流出するなどして、第一次乱用ブームが起こった。そこでまずは、1948 年 7 月に公布・施行された (旧) 薬事法（昭和 23 年法律第 197 号）で覚醒剤を**劇薬**に指定し、販売等に関する規制が行われた。

しかし、乱用防止の効果が上がらなかったため、1951 年に**覚せい剤取締法** (昭和 26 年法律第 252 号) が制定 (同年 7 月施行) された。覚醒剤が国際的に規制されるようになったのは、1971 年締結の**向精神薬に関する条約**からであるから、国際的な規制に先立って法整備を進めた日本は、まさに覚醒剤先進国だったのだ（不名誉なことであるが）。

覚醒剤（アンフェタミン、メタンフェタミン）は、国際条約「向精神薬に関する条約」の中では、メチルフェニデートや THC と同じ付表（スケジュール）IIの規制薬物に含まれる。それに対して日本では、麻薬や向精神薬と切り離し、覚醒剤を別個の法律で規制した。

戦後の日本では、薬物犯罪の大部分が覚醒剤の乱用事犯であり、いち早くその根絶をめざして、麻薬や向精神薬よりも重い刑罰で厳しく規制しようとしたからである。

覚せい剤取締法の冒頭には、目的がこう記されている。

> （この法律の目的）
> 第一条　覚せい剤の濫用による保健衛生上の危害を防止するため、覚せい剤及び覚せい剤原料の輸入、輸出、所持、製造、譲渡、譲受及び使用に関して必要な取締を行うことを目的とする。

同法は、覚醒剤の用途を医療及び学術研究のみとし、覚醒剤を取り扱うことができる者を限定して、それ以外の者による取扱い（輸入、輸

出、製造、所持、譲渡、譲受、使用）を禁止し、違反行為に対する罰則を設けた。

　また、この法律で規制対象となる覚醒剤は次のように定義されている。

（用語の意義）
第二条　この法律で「覚せい剤」とは、左に掲げる物をいう。
一　フェニルアミノプロパン、フェニルメチルアミノプロパン及び各
　　その塩類。
二　前号に掲げる物と同種の覚せい作用を有する物であって政令で
　　指定する物。
三　前二号に掲げる物のいずれかを含有する物。

　フェニルアミノプロパン、フェニルメチルアミノプロパンは、それぞれアンフェタミン、メタンフェタミンのことである。政令による指定で関連薬物を追加できるようになっているが、現在までに政令指定は行われたことがないので、日本の法律で覚醒剤といえばアンフェタミンとメタンフェタミンの2種だけである。

　覚せい剤取締法は、覚せい剤原料についても、一般の人の輸出入、所持、使用などを禁止し、違反者に対して罰則を定めている。

　密造グループが覚醒剤を製造するときは、麻黄から抽出・精製したエフェドリンを還元して化学合成することが多い。比較的簡単に作ることができるので、覚醒剤の合成原料および中間体も、取扱いを厳しく規制している。

　覚せい剤取締法の別表に記されている覚せい剤原料は、次の8種類である。

・1-フェニル-2-メチルアミノプロパノール（エフェドリン及びプソイドエフェドリン、10%以下を除く）

・1-フェニル-1-クロロ-2-メチルアミノプロパン（クロロエフェドリン及びクロロプソイドエフェドリン）

・1-フェニル-2-ジメチルアミノプロパノール（メチルエフェドリン及

びメチルプソイドエフェドリン、10％以下を除く）
- 1-フェニル-1-クロロ-2-ジメチルアミノプロパン（クロロメチルエフェ
  ドリン及びクロロメチルプソイドエフェドリン）
- 1-フェニル-2-ジメチルアミノプロパン（ジメチルアンフェタミン）
- フェニル酢酸
- フェニルアセトアセトニトリル
- フェニルアセトン

　さらに、覚せい剤取締法の別表9項には、「覚せい剤の原料となる物で
あって政令で定めるもの」と書かれており、これに対応した「覚せい剤原
料を指定する政令」（平成8年2月21日政令第23号）において、
- N・α-ジメチル-N-2-プロピニルフェネチルアミン（デプレニルま
  たはセレギリン）
- エリトロ-2-アミノ-1-フェニルプロパン-1-オール（ノルエフェドリン、50％以下を除く）

の2物質が、覚せい剤原料として追加指定されている。

　これらのうち、フェニル酢酸やフェニルアセトンは、覚醒剤に限らず、様々な医薬品等の合成にも利用できそうな比較的単純な化合物だが、当然ながら試薬としても入手は困難である（市販されているが「覚せい剤原料研究者指定証」がなければ購入できない）。

　だからといって、「じゃあ、

覚醒剤原料

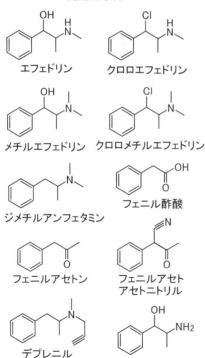

エフェドリン

クロロエフェドリン

メチルエフェドリン

クロロメチルエフェドリン

ジメチルアンフェタミン

フェニル酢酸

フェニルアセトン

フェニルアセトアセトニトリル

デプレニル（セレギリン）

ノルエフェドリン

自分で作るか」と気軽に化学合成したら、犯罪になってしまう。たとえ覚せい剤を作るのが目的でなくても、覚せい剤原料を作っただけでもダメなのである（覚醒剤原料研究者、または覚醒剤研究者の免許がなく違反した場合は、10年以下の懲役となる）。

また、作ろうと思って作ったわけでなくても、化学合成の副産物としてできたものを精製しようとしたら、これも犯罪となる。

1951年に覚せい剤取締法が施行された後も、覚醒剤事犯検挙者数は増え続けた。ヘロインは医療目的も含めて完全に禁止された薬物として、もっとも重い罰則が設定されているが、覚醒剤はヘロインに比べると軽い罰則であった。そのため、1955年と1973年の法改正に伴い、罰則水準の引き上げが行われ、ヘロインと同水準にされた。

現行の覚せい剤取締法では、第41条で覚せい剤の輸入・輸出・製造（未遂を含む）、第41条の2で所持・譲渡・譲受（未遂を含む）、第41条の3で使用に対する罰則が定められている。

●大麻取締法

かつての日本では大麻が医薬品として認められていた。

1886年に公布された日本薬局方に、**印度大麻草、**および**印度大麻草エキス**が「鎮痛、鎮静もしくは催眠剤」として収載され、さらに、1906年の第3改正で**印度大麻草チンキ**（生薬やハーブをアルコールの水に浸して作った製剤）が追加収載された。

しかし、先述したように、国際的な麻薬統制の流れの中で、1930年5月に公布された内務省令の旧・麻薬取締規則では、印度大麻草が「麻薬」として規制されることとなった。

ただし、本法が輸出入の規制を主としたため、国内での大麻草の栽培や流通にはほとんど影響がなかった。

戦後のポツダム省令のうち、1945年の「麻薬原料植物ノ栽培、麻薬ノ製造、輸入及輸出等禁止ニ関スル件」において、大麻は引き続き

麻薬として規制されただけでなく、大麻草の栽培等が全面的に禁止された。

　日本では、古来から繊維などの産業用として大麻草を栽培しており、日本在来の大麻草は、薬効成分であるTHCの含有量が少ない品種であり、薬用の印度大麻草とは明らかに違っていたにもかかわらず、すべての大麻草がいきなり栽培禁止となったのである。

　単なる薬物規制ではなく、麻産業を絶やそうとする米国の陰謀だったのではないかとの説もあるが、真偽は定かでない（化学繊維の市場拡大を狙っていたとの説あり）。

　いずれにせよ、1946年の**新・麻薬取締規則**でも、大麻は引き続き麻薬指定されていた。大麻を全面禁止しようとするGHQに対して、当時の農林省が中心となって、麻産業を守るべく交渉を続けたそうだ。

　また、アヘンやモルヒネなど、麻薬の取扱者と認められるのは医師、薬剤師等の医療従事者が主であるが、大麻を栽培するのは主に農業従事者であり、同じ法律で扱うには無理があった。

　結果的には、1947年に5つめのポツダム省令として**大麻取締規則**（昭和22年厚生・農林省令第1号）が制定され、麻薬と切り離した形で、大麻に関する規制が行われることとなったのだ。

　薬物規制に関する5つのポツダム省令のうち、4つが厚生省令なのに対して、これだけ厚生・農林省令であることに注目してほしい。

　1948年に「大麻取締規則」は廃止され、代わって、

・**大麻取締法**（昭和23年7月10日法律第124号）

ができた。

　なお、第5改正日本薬局方まで収載されていた医薬品としての印度大麻草は、実際にはあまり医療に使用されることなく、1951年の第6改正日本薬局方（医薬品の開発、試験技術の向上に伴って改訂が重ねられ、現在では第16改正日本薬局方が公示されている）から削除された。

　ほとんどの法律の冒頭には、目的が記されているのだが、大麻取締

法にはない。ただ、内容を読めばわかるように、大麻の用途を学術研究、及び繊維・種子の採取だけに限定し、大麻の取扱いを免許制とし、無免許の大麻取扱いを禁止することに主眼がおかれている。

したがって、取扱者の免許（第5条～）、大麻取扱者の義務（第13条～）、大麻取扱者に対する監督（第18条～）、罰則（第24条～）などが規定されている。

大麻取締法は、制定後改正を繰り返し現在に至っているが、注目すべきこととして次の点があげられる。

まず、1953年の改正で、大麻の定義が「大麻草及びその製品」と改められ、大麻草の種子は規制の対象から外れた。

また、1963年の改正では、大麻から製造された医薬品の施用を受けることを禁止する規定が新設された。関連する条文は次の通りである。

第四条　何人も次に掲げる行為をしてはならない。
一　大麻を輸入し、又は輸出すること（大麻研究者が、厚生労働大臣の許可を受けて、大麻を輸入し、又は輸出する場合を除く）。
二　大麻から製造された医薬品を施用し、又は施用のため交付すること。
三　大麻から製造された医薬品の施用を受けること。
四　医事若しくは薬事又は自然科学に関する記事を掲載する医薬関係者等（医薬関係者又は自然科学に関する研究に従事する者をいう。以下この号において同じ。）向けの新聞又は雑誌により行う場合その他主として医薬関係者等を対象として行う場合のほか、大麻に関する広告を行うこと。

つまり、大麻から製造された医薬品の使用は、全面的に禁止されており、麻薬、及び向精神薬取締法においてはモルヒネ等が、覚せい剤取締法においてはメタンフェタミン等が、医療用途に限って使用を認め

られている点とは大きく異なっている。

　いうまでもなく、大麻をみだりに栽培・輸出入・所持・譲り受けまたは譲り渡すことは禁じられ、改正に伴い厳罰化されている。

　現行の大麻取締法では、第 24 条で大麻の栽培・輸入・輸出・製造（未遂を含む）、第 24 条の 2 で所持・譲渡・譲受（未遂を含む）、第 24 条の 3 で使用など、第 24 条の 4 で予備に対する罰則が定められている。

●麻薬特例法

　1988 年の**麻薬及び向精神薬の不正取引に関する国際連合条約**に対応した国内法整備の一つとして、1991 年に、**国際的な協力の下に規制薬物に係る不正行為を助長する行為等の防止を図るための麻薬及び向精神薬取締法等の特例等に関する法律**（平成 3 年法律第 94 号）、いわゆる**麻薬特例法**が制定（平成 4 年 7 月施行）された。

　この法律の冒頭で、趣旨と対象薬物について次のように記されている。

（趣旨）
第 1 条　この法律は、薬物犯罪による薬物犯罪収益等をはく奪すること等により、規制薬物に係る不正行為が行われる主要な要因を国際的な協力の下に除去することの重要性にかんがみ、並びに規制薬物に係る不正行為を助長する行為等の防止を図り、及びこれに関する国際約束の適確な実施を確保するため、麻薬及び向精神薬取締法（昭和 28 年法律第 14 号）、大麻取締法（昭和 23 年法律第 124 号）、あへん法（昭和 29 年法律第 71 号）及び覚せい剤取締法（昭和 26 年法律第 252 号）に定めるもののほか、これらの法律その他の関係法律の特例その他必要な事項を定めるものとする。

> （定義）
> 第2条　この法律において「規制薬物」とは、麻薬及び向精神薬
> 取締法に規定する麻薬及び向精神薬、大麻取締法に規定する大麻、
> あへん法に規定するあへん及びけしがら並びに覚せい剤取締法に規
> 定する覚せい剤をいう。

　麻薬特例法という略称だけ聞くと、麻薬だけを対象にしているように
誤解しがちだが、「麻薬及び向精神薬・あへん及びけしがら・覚醒剤・
大麻」のすべてをカバーし、**薬物四法**を補い、強化する法律である。
むしろ略称を、『規制薬物特例法』とすべきだったと思われる。

　同法には、従来の薬物四法と違ういくつかの特徴がある。

　日本の薬物犯罪に対する罰則は、諸外国と比べると軽いといわれる。
組織ぐるみの薬物犯罪をより厳しく取り締まるため、第5条では、すべ
ての規制薬物に関する「業として行う不法輸入等」に対して、次のよう
な厳しい罰則を定めた。

> 第3章　罰則
> （業として行う不法輸入等）
> 第5条　次に掲げる行為を業とした者（これらの行為と第8条の罪
> に当たる行為を併せてすることを業とした者を含む）は、無期又は
> 5年以上の懲役及び1千万円以下の罰金に処する。
> 一　麻薬及び向精神薬取締法第64条、第64条の2（所持に係
> 　　る部分を除く。）、第65条、第66条（所持に係る部分を除く）、
> 　　第66条の3又は第66条の4（所持に係る部分を除く）の罪
> 　　に当たる行為をすること。
> 二　大麻取締法第24条又は第24条の2（所持に係る部分を除く）
> 　　の罪に当たる行為をすること。
> 三　あへん法第51条又は第52条（所持に係る部分を除く）の罪
> 　　に当たる行為をすること。
> 四　覚せい剤取締法第41条又は第41条の2（所持に係る部分を
> 　　除く）の罪に当たる行為をすること。

要約すると、この定めが対象としているのは、

・ヘロイン、ヘロイン以外の麻薬、向精神薬の輸入・輸出・製造・譲渡・譲受

・けしの栽培、あへんの採取、あへん、またはけしがらの輸入・輸出・譲渡・譲受

・覚せい剤の輸入・輸出・製造・譲渡・譲受

・大麻の輸入・輸出・栽培・譲渡・譲受

　を許可なく営利目的で行った場合である。

　これらの違反については、各種法律で既に定めがあったが、同じ違反に対してもっと厳しい罰則が加わったということだ。

　同じ薬物犯罪に対する罰則が、別の法律で重複して定められている場合、重い方が適用されることになっているので、現在では**麻薬特例法**のこの規定が優先され、従来の規定は実質的に無用となっている。

　気軽な気持ちで大麻草の栽培を行っただけでも、規模によっては「営利目的」と判断されて**無期懲役**になることもあるのだ。

　犯罪によって得られた収益金の出所を隠して、一般市場で使ってもバレれないようにしてしまう行為を、**マネー・ローンダリング**という（money laundering/ マネーロンダリングともいう）。「コイン・ランドリー」で知られるように、launder には「洗濯する」という意味があり、汚れたお金を洗ってきれいにするという意味合いから、そう名づけられている。和訳では**資金洗浄**という。

　規制薬物に関連した犯罪でもマネー・ローンダリングが行われている。具体的には、薬物取引で得た収入を、銀行口座を転々と移動させたり、会社の債権や株式の購入に充てたり、大口の寄付を行うなどの手法が使われている。行方がわからなくなったように見える資金は、いつしか表に出て、薬物犯罪だけでなく、詐欺、脱税、粉飾決済などにも利用されることがある。近年では、国際テロリズム組織の資金供与にも利用されているともいわれ、国際的な取り締まりが強化されている。

　薬物犯罪収益のはく奪をめざした本法では、マネー・ローンダリング対策が重点項目となった。そのため第 6 条で**薬物犯罪収益等隠匿**に関する罰則が、第7条では**薬物犯罪収益等収受**に関する罰則が定められた。

また、第11条では**薬物犯罪収益等の没収**、第12条では**薬物犯罪収益等が混和した財産の没収等**ができるように定められた。

第13条では、財産没収ができないときでも**追徴**ができるように、第14条では、犯人が取得した財産が稼働状況などに照らして不相当に高額と認められる場合には、**薬物犯罪収益**と推定できる規定まで設けられた。

最後に、いわゆる**泳がせ捜査**を可能にする特例が設けられたのは、従来の国内法では見られない本法の大きな特徴である。

泳がせ捜査とは、違法行為が発覚してもすぐに検挙するのではなく、様子を見ながら監視し続け、犯罪の全体像が判明してから検挙する捜査のことである。英語で**コントロールド・デリバリー**（controlled delivery：監視のもとに移転させる）と呼ぶ。薬物を他の物にすり替えて流通させる「クリーン・コントロールド・デリバリー」と、薬物をそのまま流通させる「ライブ・コントロールド・デリバリー」がある。

第3条では**上陸の手続の特例**、第4条では**税関手続の特例**が設けられ、検察官からの通報、または司法警察職員からの要請があった場合に、入国審査官や税関長が規制薬物や密輸者を発見したとしても、あえて捕まえず、上陸や通関を認めることを合法化している。泳がせ捜査は、密輸者だけでなく、大きな犯罪組織の摘発につながることもあるが、監視がうまくいかないと、犯罪を継続させてしまう危険もはらんでいる。

2012年10月には、東京湾に着いた外国船が運んできた機械の中に、覚醒剤約40キログラムが隠されているのを東京税関が発見・押収したが、機械だけ入国させ、それが届いた福島市内の男らが逮捕された。また、2014年11月には、横浜税関が発見した覚醒剤約17キログラムを岩塩にすり替えて流通させ、関係者の逮捕に成功した。

●薬事法

- -

薬物五法を中心に説明してきたが、もう一つ大事な法律がある。
薬事法（昭和35年8月10日法律第145号）である。

元を辿ると、1943 年にはじめて制定公布されたが、その後 1948 年と 1960 年に全面改正されて現在に至ったので、1960年の法律が現行法となっている。

　なお、2014年 11 月 25 日に、**薬事法等の一部を改正する法律**（平成 25 年法律第 84 号）が施行されて、法律名が「医薬品、医療機器等の品質、有効性及び安全性の確保等に関する法律」（略称：**医薬品医療機器等法**または**薬機法**）に改められたが、新名称がまだ浸透しておらず、専門家の間でも**薬事法**といった方が伝わりやすい。

　そのためここでは、現行法について説明する際にも、**薬事法**（現・医薬品医療機器等法）と表記させていただく。

　さて、薬物五法が、薬物犯罪と刑罰の内容を定めた刑事法であるのに対して、薬事法は、薬事行政に関する事項を定めた**行政法**である。つまり、薬物犯罪の取り締まりを主目的とはしていない。

　薬事法（現・医薬品医療機器等法）の冒頭には目的が次のように記されている。

（目的）
第一条　この法律は、医薬品、医薬部外品、化粧品、医療機器及び再生医療等製品（以下「医薬品等」という）の品質、有効性及び安全性の確保並びにこれらの使用による保健衛生上の危害の発生及び拡大の防止のために必要な規制を行うとともに、指定薬物の規制に関する措置を講ずるほか、医療上特にその必要性が高い医薬品、医療機器及び再生医療等製品の研究開発の促進のために必要な措置を講ずることにより、保健衛生の向上を図ることを目的とする。

　医薬品の中には、毒性の強いもの、重い副作用を示すもの、習慣性や依存性を生じやすいものもあり、保健衛生上の危害の発生、及び拡大を防止するためには、危険度に応じて医薬品を分類し取り扱いを規制しなければならない。

その目的で、**毒薬、劇薬、習慣性医薬品、指定薬物**などが定められている。毒薬と劇薬については、次のように記されている。

第九章　医薬品等の取扱い

第一節　毒薬及び劇薬の取扱い

（表示）

第四十四条　毒性が強いものとして厚生労働大臣が薬事・食品衛生審議会の意見を聴いて指定する医薬品（以下「毒薬」という）は…＜省略＞

2　劇性が強いものとして厚生労働大臣が薬事・食品衛生審議会の意見を聴いて指定する医薬品（以下「劇薬」という）は…＜省略＞

3　前二項の規定に触れる毒薬又は劇薬は、販売し、授与し、又は販売若しくは授与の目的で貯蔵し、若しくは陳列してはならない。

毒薬と劇薬は、**危険性の高い医薬品**と位置づけられ、第 44 条〜48 条で取扱いが大きく制限されている。

罰則については、第 44 条の第 3 項の規定に違反した者に対して、「三年以下の懲役若しくは三百万円以下の罰金に処し、またはこれを併科する。」と第 84 条に記されている。

どの医薬品が該当するかは、**薬事法施行規則**（昭和 36 年 2 月 1 日厚生省令第 1 号：新・医薬品、医療機器等の品質、有効性及び安全性の確保等に関する法律施行規則）の別表第 3 に記されている。

毒薬か劇薬かは、主に急性毒性の致死量（動物実験で求められる「50％致死量」が主な根拠とされる）によって決められることが多く、少ない量で死亡してしまう方がより危険と判断され、毒薬に指定される。前述のように、発効当初の薬事法では、覚醒剤を劇薬に指定して販売等を規制したが、乱用防止にはつながらなかった。覚醒剤使用を明確に「犯罪」と位置づけ厳しく罰するためには、やはり刑事法が必要だったということだろう。

睡眠薬等は、現在のように向精神薬として扱われる前は、薬事法における**習慣性医薬品**に指定され対処していた。

習慣性医薬品に関する薬事法（現・医薬品医療機器等法）の記述は、次の一つのみである。

（直接の容器等の記載事項）

第五十条　医薬品は、その直接の容器又は直接の被包に、次に掲げる事項が記載されていなければならない。ただし、厚生労働省令で別段の定めをしたときは、この限りでない。

＜略＞

十一　習慣性があるものとして厚生労働大臣の指定する医薬品にあつては、「注意―習慣性あり」の文字

どの医薬品が該当するかは、「薬事法第 50 条第 10 号の規定に基づき習慣性があるものとして厚生労働大臣の指定する医薬品」（昭和 36 年厚生省告示第 18 号:「薬事法」は新法律名に「第 50 条第 10 号」は「第 50 第 11 号」と読み替える）によって指定されている。

現在では、多くの睡眠薬等が**向精神薬**に分類され、**麻薬及び向精神薬取締法**の規制対象となっている。

指定薬物について、**薬事法**（現・医薬品医療機器等法）では、次のように定義している。

（定義）

第二条

＜略＞

15　この法律で「指定薬物」とは、中枢神経系の興奮若しくは抑制又は幻覚の作用（当該作用の維持又は強化の作用を含む。以下「精神毒性」という）を有する蓋然性が高く、かつ、人の身体に使用された場合に保健衛生上の危害が発生するおそ

れがある物（大麻取締法（昭和二十三年法律第百二十四号）に規定する大麻、覚せい剤取締法（昭和二十六年法律第二百五十二号）に規定する覚醒剤、麻薬及び向精神薬取締法（昭和二十八年法律第十四号）に規定する麻薬及び向精神薬並びにあへん法（昭和二十九年法律第七十一号）に規定するあへん及びけしがらを除く。）として、厚生労働大臣が薬事・食品衛生審議会の意見を聴いて指定するものをいう。

　この条文は、**薬事法の一部を改正する法律**（平成 18 年 6 月 14 日法律第 69 号）の施行によって新しく加わった内容である。

　また、法改正によって、指定薬物の製造等の禁止（第 76 条の 4）、広告の制限（第 76 条の 5）、疑いがある物品の検査等（第 76 条の 5）、廃棄等（第 76 条の 7）、立入検査等（第 76 条の 8）が定められている。

　これらはまさしく、既存の法律で規制対象になっていない危険ドラッグ対策を念頭に、取り入れられたしくみである。

　従来の法律による危険ドラッグ対策としては、薬事法に対応する医薬品であることを立証し、無承認無許可医薬品として取り締まるか、麻薬等に指定して法規制することが行われてきた。

　たとえば、ある店が「快感が得られる」と効能とうたって危険ドラッグを売っていたら薬事法違反で逮捕できるだろうが、実際には入浴剤とかアロマに偽装されていたら違法性を問うことが困難であった。

　また、麻薬等に指定するためには、「当該薬物がどのような毒性・精神作用を持つか」「依存を形成するか」などについて動物実験等を通して証明することが必要であり、迅速な対応が困難だった。

　新たにできた、**指定薬物**という分類は、「保健衛生上の危害が発生する恐れがある中枢神経作用薬だ」と厚生労働大臣が認めれば（実際には専門家で構成される厚生労働省の薬事・食品衛生審議会で審議・決定される）、規制対象にできるものであり、従来より確実かつ迅速な対応を可能にした。

薬事法（現・医薬品医療機器等法）の第 77 条には、指定手続きの特例が設けられている。

（指定手続の特例）

第七十六条の十　厚生労働大臣は、第二条第十五項の指定をする場合であって、緊急を要し、あらかじめ薬事・食品衛生審議会の意見を聴くいとまがないときは、当該手続を経ないで同項の指定をすることができる。

2　前項の場合において、厚生労働大臣は、速やかに、その指定に係る事項を薬事・食品衛生審議会に報告しなければならない。

これは、前書きで紹介した**緊急指定**の制度に相当する条文だ。

2014 年 6 月に、東京・池袋で起きた乗用車暴走事件の犯人が吸ったとされる危険ドラッグの 2 成分を、わずか 1 カ月で違法化できたのは、この制度の賜物だった。

ただし、危険ドラッグを指定薬物として全面禁止しているわけではなく、医療等の用途は認められている。

たとえば、教育または学術研究や、犯罪鑑識に使うことなどは禁止されていない。また危険ドラッグの中には、医薬品として用いられているもの（かつ規制されていなかったもの）が出回っていたケースもあり、その成分を正当に医薬品として用いることは、引き続き認められている。

具体的な指定薬物名は、「医薬品、医療機器等の品質、有効性及び安全性の確保等に関する法律第 2 条第 15 項に規定する指定薬物及び同法第 76 条の 4 に規定する医療等の用途を定める省令」（平成 19 年 2 月 28 日厚生労働省令第 14 号）の第一条にすべて記されていて、新しい危険ドラッグ成分が見つかるたびに、改めて書き加えられてきた。

特に危険と判断された一部の指定薬物は、麻薬に"格上げ"されて、「麻薬及び向精神薬取締法に基づく麻薬のリスト」に移されると同時

に、指定薬物リストから削除されていった。

　また、先述のように、現に市場で見つかった成分だけでなく、今後出回ると予想される合成カンナビノイドやカチノン類を包括指定したものも、厚生労働省令に含まれている。

　指定薬物に関係する規定に違反した場合の罰則は、薬事法（現・医薬品医療機器等法）の第83条の9から第90条に定められている。最も重いのは、業として指定薬物を取り扱った場合で、第83条の9には次のように記されている。

第八十三条の九　第七十六条の四の規定に違反して、業として、指定薬物を製造し、輸入し、販売し、若しくは授与した者又は指定薬物を所持した者（販売又は授与の目的で貯蔵し、又は陳列した者に限る）は、五年以下の懲役若しくは五百万円以下の罰金に処し、又はこれを併科する。

　なお、上の条文中にある「指定薬物の輸入」ついては、ごく最近2015年4月に施行された改正関税法によって「10年以下の懲役若しくは3,000万円以下の罰金」というさらに厳しい罰則が定められたため、そちらが優先されることとなった。

　輸入以外の製造・販売・授与・所持についてはこの条文が現在も生きている。

　指定薬物制度がはじまったころは、主に輸入・販売・授与といった売り手側の規制が中心に定められていたが、結局は使用者がいるから商いが成り立つわけだから、現在では使用者側にも罰則が設けられている。2014年4月1日より、指定薬物の所持、購入、譲り受け、医療等の用途以外の使用も禁止となった（第76条の4）。

　たとえば、使用していなくても自宅に指定薬物が見つかっただけでも、「3年以下の懲役または300万円以下の罰金」が科せられることとなった（第84条）。

●関税法

現在日本で問題となっている危険ドラッグを含む規制薬物の大半は、諸外国で製造され輸入されたものである。周囲を海に囲まれた島国に持ち込まれるルートは、海路か空路しかなく、規制薬物の流通を絶つために税関の果たす役割は非常に大きい。

税関とは、関税の徴収、輸出入貨物の通関、密輸の取締りなどを行う国の行政機関で、国際的な物流の管理に欠かせない。

日本では、財務省の地方支分部局として、函館、東京、横浜、名古屋、大阪、神戸、門司及び長崎の8税関のほか、沖縄地区税関が設置されている。そして、税関が関与する業務内容等について定めた法律が、**関税法**（昭和29年4月2日法律第61号）である。

1899年に制定された関税法が1954年に全面改正されたものが、現行法となっている。

関税法で「輸出してはならない貨物」「輸入してはならない貨物」と定めている中に、次のように麻薬及び向精神薬、大麻、覚醒剤などの規制薬物が含まれている。

第一款　輸出してはならない貨物
（輸出してはならない貨物）
第六十九条の二　次に掲げる貨物は、輸出してはならない。
一　麻薬及び向精神薬、大麻、あへん及びけしがら並びに覚醒剤（覚せい剤取締法（昭和二十六年法律第二百五十二号）にいう覚せい剤原料を含む）。ただし、政府が輸出するもの及び他の法令の規定により輸出することができることとされている者が当該他の法令の定めるところにより輸出するものを除く。

<略>
第二款　輸入してはならない貨物
（輸入してはならない貨物）
第六十九条の十一　次に掲げる貨物は、輸入してはならない。
一　麻薬及び向精神薬、大麻、あへん及びけしがら並びに覚醒剤（覚せい剤取締法にいう覚せい剤原料を含む）並びにあへん吸煙具。ただし、政府が輸入するもの及び他の法令の規定により輸入することができることとされている者が当該他の法令の定めるところにより輸入するものを除く。
一の二　医薬品、医療機器等の品質、有効性及び安全性の確保等に関する法律（昭和三十五年法律第百四十五号）第二条第十五項（定義）に規定する指定薬物（同法第七十六条の四（製造等の禁止）に規定する医療等の用途に供するために輸入するものを除く。）

　また、2015年4月1日より、関税法の一部改正により、「輸入してはならない貨物」に指定薬物が加わった（上の太字部分）。
　そして、これに違反した者への罰則は、次のように規定されている。

第十章　罰則
第百八条の四　第六十九条の二第一項第一号（輸出してはならない貨物）に掲げる貨物を輸出した者（本邦から外国に向けて行う外国貨物（仮に陸揚げされた貨物を除く）の積戻し（第六十九条の十一第二項（輸入してはならない貨物）の規定により命じられて行うものを除く）をした者を含む。）は、十年以下の懲役若しくは三千万円以下の罰金に処し、又はこれを併科する。
<略>
第百九条　第六十九条の十一第一項第一号から第六号まで（輸入してはならない貨物）に掲げる貨物を輸入した者は、十年以下の懲役若しくは三千万円以下の罰金に処し、又はこれを併科する。

許可なく指定薬物を輸入した場合の罰則は、**薬事法**（現・医薬品医療機器等法）において、「3年以下の懲役、300万円以下の罰金又はこれらを併科（業として行った場合、5年以下の懲役、500万円以下の罰金又はこれらを併科）」と定められるとともに、改正された関税法で、「10年以下の懲役、3,000万円以下の罰金又はこれらの併科」と定められたわけだ。

　同じ違反内容に対する罰則が、複数の法令に定められている場合、重い方が適用されることになっているので、指定薬物の輸入に関しては、関税法の厳しい罰則が違反者に対して科せられることになった。

　改正された関税法が施行されて1週間後の2015年4月7日、**ラッシュ**と呼ばれる液体ドラッグ（主成分の亜硝酸エステル類が指定薬物）10 ml入りの小瓶3本を、上海から成田空港に国際郵便で輸入した男が、関税法違反容疑で逮捕された。

　ラッシュは、もともとは狭心症の治療に用いられていたニトロ薬の一種で、気化しやすく、蒸気を吸引すると、即効性に酒に酔ったような酩酊感覚を生じる。ただし、強い血管拡張作用があるので、急激な血圧低下をもたらす液体ドラッグである。

　今後も、危険ドラッグの流入を阻止する、**税関の水際対策**の強化が期待される。

●薬物乱用防止条例

　危険ドラッグ対策は、国全体として推進すべきことではあるが、各地方でも独自の取り組みが行われている。

　特に地方自治体が、薬物乱用防止に関する施策を推進するために作った**薬物乱用防止条例**は、国の法令を補う役割を果たしている。

　条例とは、地方公共団体が定める自主法である。

　日本国憲法第94条は、「地方公共団体は、その財産を管理し、事務を処理し、及び行政を執行する権能を有し、法律の範囲内で条例を

制定することができる」と定めている。

　条例は国の法令よりも下位に位置づけられるため、既に国の法令が規制している内容を条例が定めることはできないが、国の法令が触れていない領域は条例で任意の規制ができる。住民が条例の制定を直接請求することもでき、条例の制定・改廃は、地方議会で議決される。

　いうまでもなく条例の効力は、該当する地域にしか及ばないが、国の方針が定まらないときに、地方自治体が独自、かつ迅速に対策をとることができる点は長所といえる。

　薬物乱用防止条例がはじめて制定されたのは、2005年3月の東京都で、正式な条例名は、**東京都薬物の濫用防止に関する条例**である。

　その後、2016年1月現在までに、愛知県、大阪府、徳島県、和歌山県、鳥取県、石川県、兵庫県、岐阜県、佐賀県、福岡県、新潟県、静岡県、愛媛県、京都府、神奈川県、千葉県、埼玉県、滋賀県、岡山県、群馬県、北海道、栃木県、宮城県（施行順）で薬物乱用防止条例ができている。

　各地方自治体では、科学的根拠に基づいて独自に知事指定薬物を指定し、知事指定薬物については学術研究、試験調査などの正当な目的で行う場合を除き、製造、栽培、販売、授与、広告、使用、使用目的の所持、多数の人が集まって使用することを知っての場所の提供やあっせんを禁止している。

　各自治体の薬務課や保健所に所属する薬事監視員が、知事指定薬物を製造・販売する場所などに立ち入って調査を行うことができ、禁止行為に違反した者に対して、製造や販売等の中止等の警告を行うことができる（検査のために無償で薬物を収去できるのは、薬事監視員のみで、警察官等はできない）。

　警告に従わない場合は、**命令**を下すことができ、行政命令に従わない場合は**刑事罰**が科せられる。立ち入り調査の拒否も罰金対象である。

　ただし、条例は法律の下位にあるため、知事指定薬物として指定できるのは国の**薬事法**（現・医薬品医療機器等法）でまだ指定していな

いものに限られる。

　また、一度知事指定薬物として定められたものでも、国が指定薬物に定めた時点で廃止されるため、薬物乱用防止条例の知事指定薬物が一時的に空になることは珍しくない。

　違反に対する罰則は条例ごとに少しずつ違うが、**東京都薬物の濫用防止に関する条例**を例にとると、製造・栽培、販売・授与、販売・授与目的の所持に対しては「1年以下の懲役、50万円以下の罰金」、所持、所持（販売目的以外）、購入、譲受けに対しては「6月以下の懲役、30万円以下の罰金」が科せられる。

　また、中止命令に従わない場合は、さらに重い罰が科せられる。

　「薬物乱用防止条例には限界がある」との意見もあるが、まだ国の法令で対応できない危険ドラッグ成分を、いち早く指定して取り締まりを可能にできる点では存在価値がある。

　たとえば、2013 ～ 2014 年、薬事法に基づく薬物指定制度においてナフトイルインドール系合成カンナビノイドや、カチノン類が包括指定された直後に、その枠にはまらない合成カンナビノイドや、カチノン類が市場で見つかった。これらをいち早く規制したのは知事指定制度であり、国の指定はそれに遅れた。

　今後も地方自治体の独自の取り組みに期待したい。

●毒物及び劇物取締法

- -

　シンナー（トルエンなど）は乱用対象となっているが、薬ではないので、**毒物及び劇物取締法**（昭和 25 年 12 月 28 日法律第 303 号：最終改正は平成 23 年 12 月 14 日）で規制されている。

　本来、「人体への使用が想定されていない化学物質に暴露されたときに生じる健康被害」などを防ぐことを主目的とし、急性毒性などに基づいて、危険とみなされる毒物や劇物を指定し、製造、輸入、販売、取扱いなどの規制を行うことを定めている。

毒物及び劇物には、この法律で指定されているもののほかに、薬事・食品衛生審議会の答申に基づき政令で指定されているものがある。

　法律の別表第一に掲げられている毒物には、シアン化ナトリウム、水銀、砒素など、別表第二に掲げられている劇物には塩化水素、クロロホルム、硝酸、水酸化ナトリウム、メタノール、硫酸など、別表第三に掲げられている特定毒物には、有機リン化合物（農薬）などがある。

　シンナーのトルエンなどは、比較的毒性が低く劇物の基準にも満たないが、乱用が社会問題となったため、政令で劇物に指定され、次のように摂取・吸入またはその目的で所持することが禁じられている。

（禁止規定）
第三条の三　興奮、幻覚又は麻酔の作用を有する毒物又は劇物（これらを含有する物を含む）であって政令で定めるものは、みだりに摂取し、若しくは吸入し、又はこれらの目的で所持してはならない。

　対応する政令として、**毒物及び劇物取締法施行令**（昭和 30 年 9 月 28 日政令第 261 号）があり、その中で次のように定義されている。

第五章の二　興奮、幻覚又は麻酔の作用を有する物
（興奮、幻覚又は麻酔の作用を有する物）
第三十二条の二　法第三条の三に規定する政令で定める物は、トルエン並びに酢酸エチル、トルエン又はメタノールを含有するシンナー（塗料の粘度を減少させるために使用される有機溶剤をいう）、接着剤、塗料及び閉そく用又はシーリング用の充てん料とする。

　違反した場合の罰則は、次のように定められている。

第二十四条の二　次の各号のいずれかに該当する者は、二年以下の懲役若しくは百万円以下の罰金に処し、又はこれを併科する。
一　みだりに摂取し、若しくは吸入し、又はこれらの目的で所持することの情を知つて第三条の三に規定する政令で定める物を販売し、又は授与した者
二　業務その他正当な理由によることなく所持することの情を知つて第三条の四に規定する政令で定める物を販売し、又は授与した者
三　第二十二条第六項の規定による命令に違反した者
第二十四条の三　第三条の三の規定に違反した者は、一年以下の懲役若しくは五十万円以下の罰金に処し、又はこれを併科する。

●薬物犯罪の罰則は重いか、軽いか。

現在、日本で薬物犯罪を取り締まる法律をすべて網羅した。

様々な薬物に対して、あらゆる角度から規制しようとしてきた取り組みがうかがえるだろう。それにもかかわらず、薬物犯罪がいっこうに無くならないのは、なぜだろうか?

もっと規制を厳しくするべきか、むしろ寛容な政策に転換すべきか?

その選択は難しい。薬物犯罪に科せられる罰は、

(1) 薬物の種類　(2) どうしたか　(3) 営利目的か個人の範囲か

の3点によって差がつけられている。

薬物の種類については、ヘロインや覚醒剤が最も重い水準に位置づけられている。過去の歴史から、有害性や乱用の危険性が明らかであり、かつ医療等での利用価値もないものであれば、全面禁止としても問題ないからだ。

それに対して指定薬物は、危険ドラッグ成分として見つかったものの、その薬理作用や有害性・依存性などが十分調べられていないため、麻薬や覚醒剤のような水準で罰することは控えられている。

　ただし、指定薬物という位置づけはあくまで経過措置であって、調査・研究の結果、有害性・依存性が高いと認められれば、麻薬等に順次、**格上げ**され、厳罰対象となる。

　行為としては、輸入・輸出・製造などは、譲渡・譲受・所持・使用などより重く位置づけられている。前者はその一つの行為が、社会全体に悪影響をおよぼす可能性が高いと考えられ、公益保護の観点から重い処罰が科せられている。それに対して、所持や使用は、個人レベルの問題なので、罰則がやや軽くなっている。

　一部の規制薬物については、法律制定当初は、所持や使用が罪に問われないものもあった。しかし、近年危険ドラッグの使用者が、「関係のない人の命を奪ってしまう事件」などを引き起こしていることを考えると、単なる所持や使用が「軽い」とは決していえない。

　使用者の考えや行動が軽率なのであって、その犯した罪は重い。このような考えから、近年では個人的な単純所持でも厳罰化される傾向にある。

　営利目的（法律によっては「業として」と記されている）で、薬物犯罪が行われた場合は、それによって得られた資金が同じ犯罪に繰り返し利用されたり、別の新たな犯罪につながる可能性が高い。やはり公益保護の観点から重い処罰が科せられるのは当然といえるだろう。

　ただし、目的を特定するのは容易でない。犯罪組織が摘発されたり、取り引きに関する帳簿等が発見されれば、営利目的を裏付けることができるが、個人が薬物を輸入したときに転売を計画していたか、単に自分が使用することを想定していたのかを区別することは困難だ。

　一般的には、量や範囲によって判断されることが多く、たとえば、とても個人で使用しきれないと思われるほどの大量の薬物を扱っていれば、営利目的が疑われるだろう。

ここでは最も刑罰が重く設定されている、「営利目的で許可なくみだりに輸入した（不正輸入）」場合と、最も刑罰が少なく設定されている、「個人が許可なくみだりに所持した（不正所持）」場合をとりあげ、代表的な規制薬物ごとに比較したものを、次のページの表に示した。

　近年、薬物関連犯罪に対する取り締まり強化の一環として、少しずつ厳罰化されているものの、それでも日本は諸外国に比べると甘いという指摘がある。

　世界各国の薬物関連犯罪の最高刑をみてみると、エジプト・シンガポール・マレーシア・韓国・中国では**死刑**、死刑制度が廃止されている。オーストラリアでは**仮釈放がない絶対的終身刑**となっている。

　同じく死刑制度が廃止されているイギリスとフランスでは**無期刑**（仮釈放がある相対的終身刑）、アメリカは州によって異なり、**絶対的終身刑**か**相対的終身刑**となっている。

　イスラム圏では、コーラン（イスラム教の聖典）で麻薬の使用が厳禁とされており、特にサウジアラビアでは麻薬犯罪に厳しく、運び屋など麻薬売買に従事しただけで**死刑**（斬首刑または絞首刑）、麻薬の使用で**終身刑**となっている。

　またシンガポールでは、入国審査時に提出する出入国カードに「Death for drug traffickers under Singapore law.（麻薬密輸者はシンガポールの法律下で死刑）」という警告文が赤字で大きく記されているくらい厳しい。ヘロイン 15 グラム以上、モルヒネ 30 グラム以上、覚醒剤 250 グラム以上などの所持・密売・密輸で**死刑宣告**され、恩赦なく必ず処刑される（絞首刑）。

　2009 年 10 月に、マレーシアで覚醒剤 3.5 キログラムを持ち込んだとして、一人の日本人女性が逮捕された。1 審、2 審とも死刑判決で、本人は「頼まれて運んだだけで、中身は知らなかった」と無罪を主張したが、2015 年 10 月 15 日、上告は棄却され、死刑が確定した。

　諸外国において、薬物所持等で逮捕された日本人が死刑になった

薬物犯罪と罰則

名　前	営利目的の不正輸入	個人による不正所持
ヘロイン	無期又は5年以上の懲役及び1,000万円以下の罰金【麻薬特例法・第5条】	10年以下の懲役【麻薬及び向精神薬取締法・第64条の2】
ヘロイン以外の麻薬（モルヒネ、コカインを含む）		7年以下の懲役【麻薬及び向精神薬取締法・第66条】
覚醒剤		10年以下の懲役【覚せい剤取締法・第41条の2】
大麻		5年以下の懲役【大麻取締法・第24条の2】
薬事法に基づく指定薬物	10年以下の懲役、3,000万円以下の罰金又はこれらの併科【関税法・第108条の4】	3年以下の懲役または300万円以下の罰金またはこれらの併科【薬事法（現・医薬品医療機器等法）第84条】

というニュースを聞いたとき、多くの日本人は「そこまで厳しくしなくても……」という感想をもらす。これは、私たち日本人の薬物関連犯罪に対する認識が、諸外国に比べて甘いことを示す証であろう。

　また、「自分は薬物なんか手を出さないから関係ない」といった発言も、意識の低さを示している。

　こうした意識の低い日本人は、諸外国から見れば、いいカモである。現在日本で流通している危険ドラッグのほとんどは、外国から持ち込まれたものであり、日本は格好の**市場**にされているのだ。

　「自分には関係ない」などといっている限り、わが国に明るい未来はない。

■■■ 医薬品販売のネット解禁に物申す ■■■

2013 年に、一般用医薬品のネット販売が大きな議論となったが、薬物乱用防止の観点からすれば、全面解禁すべきではないと私は考えている。

一般用医薬品（OTC とも呼ばれる）とは、医師による処方箋がなくても、薬局などへ行き自分で直接買って使える薬のことだ。保険がきかない分、自分の支払額は多くなってしまうが、時間がないときでもすぐに薬が使えるといった手軽さから利用される方も多いだろう。

一般用医薬品には、使用実績が過去にあって比較的安心して使えるものが選定されているのだが、それでも多少のリスクはある。

近年、医薬品販売の規制緩和が進む中で、一般用医薬品をリスクの高さに応じて分類する必要が生じ、2009 年 6 月に施行された改正薬事法で、第 1 類医薬品から第 3 類医薬品までの分類が設けられた。

「第 1 類医薬品」は、販売して間もなく使用実績が少ないなど、安全性上、特に注意を要すると考えられるものである。もともと病院でしかもらえなかった薬が一般用医薬品に転用された、いわゆる「スイッチ OTC」も含まれる。第 1 類医薬品は、リスクが比較的高いので、薬の専門家である薬剤師でなければ販売できないこととされた。

「第 2 類医薬品」は、"まれに入院相当以上の健康被害が生じる可能性がある成分を含む医薬品"である。

「第 3 類医薬品」は、副作用によって体調が不良になることがあったとしても日常生活に支障を来す程度ではないと考えられるものである。

第 2 類医薬品と第 3 類医薬品は、薬剤師でなくても、改正薬事法により新設された「登録販売者」でも販売できるとされた。実際のところは、医薬品販売の規制緩和を進めるために、薬剤師でなくても薬を売れる資格として「登録販売者」制度ができたのだが、すべての医薬品を登録販売者に任せられないということで、一般用医薬品を分類したのである。

この規制緩和により、コンビニエンスストアなどでも多くの一般用医薬品が販売されるようになった。

咳止め成分として、ジヒドロコデインやメチルエフェドリンを含む風邪薬は、「指定第 2 類医薬品」という分類に属する。第 2 類医薬品のうち、特

別の注意を要するものという位置づけである。ちなみに、第1類医薬品は、薬剤師でないと販売できないだけでなく、対面販売と書面を用いた情報提供が義務付けられていた一方、第2類医薬品は登録販売者でも売ることができ、しかも対面販売や情報提供は「努力義務」とされていた。「指定第2類医薬品」という特別な肩書きがついていても、第2類医薬品と何ら変わらず、必ずしも薬の専門家ではない登録販売者が声掛けの努力さえすれば売ってもよいという扱いである。

　ジヒドロコデインとメチルエフェドリンの両方を含む市販の風邪薬は、一部の消費者の間では有名で、1980年代から乱用が問題になっていた。まるでドリンク剤のように大量販売するドラッグストアが、問題になったこともある。現在メーカーでは「お一人様一点限り」としており、優良な店では「一人一点」を守っているが、何度かに分けて来店すれば把握しきれない可能性もある。第1類医薬品に求められている、薬剤師による対面販売だけで解決するとは限らないが、それが義務付けられていない第2類医薬品という位置づけなのは、乱用防止の観点から非常にマズイと思う。

　さて、一般用医薬品販売の緩和規制、とくにインターネット販売がここ数年で大きく変わった。

　2009年からの制度変更によって、コンビニエンスストアなどでの店頭販売が可能になった一方で、厚生労働省は「医薬品は対面販売が原則」として、逆にそれまで容認されていた一般用医薬品のインターネット販売を省令により原則禁止（第3類医薬品だけは認める）という方針を打ち出した。これを不服としたインターネット販売業者が訴訟を起こし争っていたが、2012年4月26日に東京高等裁判所が厚生労働省令を無効とする判決を下し、さらに2013年1月11日最高裁判所がこれを支持した。

　これを受けて、インターネットによる一般用医薬品販売の全面解禁が検討されたものの、意見が大きくわかれて混迷が続いた。

　最終的には、2013年11月に、一般用医薬品すべてがインターネット販売可能となる案がまとまった。ただし、厚生労働省は、一部のリ

スクが高い医薬品（医療用から切り替えられて間もない『リアップ X5』など）を、一般用医薬品から外して「要指導医薬品」という新しい分類に組み込み、薬剤師による対面販売を引き続き義務付けた。

見かけは「全面解禁」なのだが、実質的にはごく一部（約 0.2%）の医薬品が売れないことになった。インターネット業者からは不満が出たものの、この新しいしくみが 2014 年 6 月より施行されている。

ジヒドロコデインとメチルエフェドリンを含む風邪薬をインターネット検索してみると、現在 60 以上のネット店舗で販売されているようだ。破格値で安売りしているネット店舗もある。多くは「お一人様一点限り」と表示されているが、中には 5 点まで買えるところもあり、実にまちまちだ。

ジヒドロコデインやメチルエフェドリンを含まない他の風邪薬との区別も特にない。おまけに、インターネット上では、いまだに風邪薬の大量服用を勧めるような書き込みまであり、非常に危険である。

最高裁の判決が、一般用医薬品のネット販売全面解禁を認めたかのように一部では伝えられているが、それは拡大解釈である。実際は「インターネット販売が危険だという証拠が少ない」という理由で、「ネット販売を一律に禁止した厚生労働省令が、適当ではない」という判断を示しただけである。

よく「UFO は実在するか？」という問いに対して、「UFO が絶対にないという証拠が示せないのだから、UFO は実在する」といわれることがあるが、これは単なる"屁理屈"である。これと同じで、「全面解禁したことがないのだから、何が起こるかはわからない」というのが当然であって、それをもって「解禁しても問題は起こらない」とはいえないはずだ。

また、この裁判では、原告となった業者の主張を認めたに過ぎない。極端にいえば、訴訟に加わっていない業者は認められていないのである。

おまけに、議論が白熱していた矢先に、全面解禁を強く訴えてきたインターネット通販大手で、不当な価格表示問題が発覚し、社長が謝罪したのは記憶に新しい。医薬品とは直接関係ないかもしれないが、インターネット販売の脆弱性が露呈された格好だ。

店頭の対面販売でも、薬物乱用を十分に防ぎきれないかもしれないのに、不当な価格表示をあっさり見逃してしまうような運営者に、医薬品販売を任せてしまってよいのだろうか。

▪▪▪ 麻にまつわるエトセトラ ▪▪▪

　東京都港区の麻布といえば、「都会の高級住宅街」というイメージである。地名の由来には諸説あるが、「麻の産地であり布を織り出した所」からきたというのが定説だ。今の街の様子からは、大麻草が生えていた昔の姿は想像がつかない。

　「麻」がつく地名は他にも、全国にわたってたくさんある。特に麻生は多く、茨城県行方郡、群馬県多野郡万場町、岐阜県揖斐郡大野町、鳥取県岩美郡国府町、愛媛県伊予郡砥部町、高知県中村市などにある。

　神奈川県川崎市には麻生区があり、麻生川が流れている。

　北海道札幌市北区にも麻生という町名があるが、こちらは「あさぶ」と読む。亜麻栽培のパイオニアであり、かつて麻産業で栄えたことを地名に残したいという住民の希望で、1959 年 4 月 1 日に「札幌市麻生町」が誕生したそうだ。

　北海道江別市には「大麻」という地名がある。「大曲」という地名と、「麻畑」という地名が合体されて、昭和 11 年に「大麻」の地名が誕生したそうだ。ただし「たいま」ではなく、「おおあさ」と読む。

　島根県浜田市、香川県小豆郡小豆島町、徳島県鳴門市には「大麻山」という地名があり「おおあさやま」と読むが、香川県善通寺市の大麻町大麻山は「おおさちょうおおさやま」と読む。きりがないのでこれくらいにしておくが、インターネット検索で麻のつく地名を探すと、簡単に数十種類が見つかるので、実際にはもっとたくさんあるに違いない。

　「麻」は日本人の苗字にも数多く見られる。
　麻井、麻丘、麻川、麻木、麻下、麻口、麻倉、麻崎、麻島、麻原、麻見、麻宮、麻本、麻山、麻生、麻生川、大麻、麻植、色麻、宅麻、当麻、天麻などなど、こちらもきりがない。

　必ずしも麻に関係なく、音の響きで「麻」の字をあてたケースも多いが、それだけ麻が私たち日本人に身近な存在だった証であるといってよい。

　名前にいたっては、「〜麻呂」という古代の偉人は数え切れず、「ま」や「あさ」の響きが優しいこともあって、女性の名前に多い。

　麻に親しんだのは、日本人だけではない。英語で繊維の麻は Hemp

（語源は古英語、またはアングロ・サクソン語の hænep）というが、世界には、Hemphill（米国テキサス州）、Hempland（英国ヨーク州）、Hempriggs（スコットランド）などの地名がある。

　ちなみに Hemphill は、テキサス州最高裁判所裁判官で、後に上院議員を務めた、John Hemphill にちなんで付けられた町名で、そもそも Hemphill という名字はスコットランドに起源を持つそうだ。どこかで麻と関係があったに違いないが、詳細は不明だ。

　大麻草の学名はカンナビス Cannabis だが、その語源はギリシャ語の κάνναβις（= cannabis）だそうだ。さらに派生してキャンバス canvas という言葉が生まれた。キャンバスといえば、油絵を描くときに用いる画布を思いつく人が多いだろうが、もともとは帆船に使う帆布を canvas といい、それをカバンやテント、帯、そして油絵用に応用したのだ。昔はこれらの布を作るのには、丈夫な大麻草の繊維が広く使われていたので、そう呼ばれるようになったそうだが、今では、亜麻や綿、合成樹脂が使われることが多い。

　亜麻の繊維は、リネン（英語の linen）またはリンネル（フランス語の liniere）とも呼ばれる。語源をたどると、ラテン語で亜麻を意味する linum に -en をつけて「亜麻製の」という形容詞ができ、それが亜麻繊維をさす名詞になったと考えられている。

　そして亜麻繊維は、古くはライン（line）ともいわれていた。大麻繊維と同じように、細くて丈夫な亜麻糸は、帆布やテントを作るのに広く利用されていたことから、ライン（line）は「線」という意味でも使われるようになった。電話線から派生して、電話そのものを意味してラインということもある。

　最近では LINE というスマホのソーシャルネットワーク用アプリがあるように、「つながる」「つなげる」というニュアンスで、ラインという言葉を使う若者も少なくない。

　ちなみに今私は、通勤中に「湘南新宿ライン」という JR 路線の電車の中で、パソコンを使ってこの原稿を書いている。麻の糸が、私の自宅と仕事場をつないでくれているのだと考えると、ちょっと感慨深い。

　古来より長い間、私たちに寄り添い生活を豊かにしてくれた麻。それが、今では危険ドラッグという悪者に姿を変え、私たちの生活を乱している。神聖なる御札「大麻」の力も通じそうにない。糸のほつれを解いて、明るい未来へ "つなぐ" ことは、私たちの責務である。

第 **6** 章

危険ドラッグの
対策

1 ≫ 危険ドラッグの対策

　私たち人間は、危険ドラッグを次々と作り出し、それによって自らを苦しめてきた。愚かな歴史に目をつむりこのまま続けていくか、失敗を認めて解決に向けて努力するかの選択は、私たち自身にかかっている。

　本書をしめくくる最終章では、未来に向けて私たちにできることは何かを考えていきたい。

　今の危険ドラッグ問題は、**製造・販売する者、業者と消費者をつなぐ仲介者、買い求める消費者**など、違う立場の人々が関与している。それぞれどのような心理で危険ドラッグに関わっているかを改めて整理し、対策を考えてみたい。

　また、「私はドラッグとは関係ない」という方もいるだろうが、無関心は犯罪を野放しにすることにほかならない。

　危険ドラッグ問題は、「勝ち組」「負け組」といった社会の歪みが生み出したと考えることもできる。同じ人間社会を形成する全員が関わっていることを、認識していただきたい。

●製造・販売する業者の心理と対策

　新しい危険ドラッグを次々と供給し続ける者たちの目的は、ほぼ間違いなく**金儲け**である。

　まっとうな人間なら、自分たちがバラまいている危険ドラッグによって、多くの人が害を被っていると思うと恐ろしくてとても扱えないはずだ。だが彼らは、自分たちの欲求を満たすために必要な資金を得ることしか頭になく、実に利己的である。ほとんど野生の脳だけで生きているといっ

ても過言ではない。

「三つ子の魂」といわれるように、利己的な脳である大脳辺縁系や、理性・人格・社会性を担う前頭前野の働きは、生まれてから大人になるまでの環境によって形作られる。

幼いころから他人に勝つことを人生の目標とし、他人を排除してでも自分が利益を得ることをよしとする経済至上主義で育った脳は、もはや自分のための金儲けしか考えられないのである。

真偽は定かではないが、現在日本で出回っている危険ドラッグの大部分は、中国で製造されたものだといわれている。近年、食肉加工やプラスチック米などの食品偽装事件や、毒物混入事件が中国で起きていることと、危険ドラッグ問題は無縁ではないだろう。

中国は、薬物関連犯罪に対しては非常に厳しいので、本気で取り組めば、危険ドラッグを製造する業者を摘発することができるのではないだろうか。日本国政府は、危険ドラッグ問題に関して、中国をはじめとする諸外国に対してもっと積極的に働きかけ、**国際協力による解決努力**をしてほしい。

とはいえ、危険ドラッグの製造・販売を根絶することは容易ではない。そのため、一定のルールを作って、一部のドラッグ使用を認めようという寛容政策も検討されている。2013年にニュージーランドが打ち出した政策が、その一例である。

「嗜好目的の薬物（リスクの低い精神作用物質）を販売したい業者は、安全性を保障するデータなどを提出するとともに一定の登録料を支払うことによって、18歳以上の成人に対して正式に販売することができる」という制度（精神作用物質法案/Psychoactive Substances Bill）である。製品の安全性を確保することで、消費者の被害を減らすことを目指したというわけだ。

2013年秋から実際にこの制度がスタートし、148の販売業者が仮免許を受け、41種の製品が低リスクの精神作用物質として仮承認を受けるところまで進んだ。

ところが、一年も経たない 2014 年 5 月に、ニュージーランド国会は精神作用物質法の改正法案を緊急承認し、薬物販売の許可はすべて取り消され、あらゆるドラッグの販売や所持が禁止されることとなった。

　方針が覆された理由は明確ではないが、いずれにせよ、低リスクの製品だけを認めても、買い求める消費者の多くはもっと効果が高いドラッグを求めるだろうから、新たな犯罪が生まれる危険性が高い。

　寛容政策は一時しのぎにはなっても、根本的な解決にはならないことを物語っていると思われる。

　前章でふれたように、日本における薬物関連犯罪に対する刑罰は、諸外国に比べると甘いといわれている。国内だけでなく、海外での製造に対しても、極刑を求められるくらいの法整備が今後必要になってくるだろう。

●仲介者の心理と対策

　危険ドラッグを流通させる仲介者の中には、自分の不満を解消しようとして、危険ドラッグを故意にバラまこうとする者もいるかもしれないが、ほとんどの場合は、やはり「金儲け」が第一の目的だろう。

　「自分は上からの指示に従って売っていただけ。ドラッグだとは知らなかった」などという、摘発されたショップの店員のコメントが報道されているが、実際には、同じ店内にハーブを煙草のように吸引するための器具などが売られていたり、中には使い方をアドバイスするような店もあったらしい。もし、本当に知らなかったとしても、得体の知れない商品を無責任に譲り渡すことは、もっと罪深いといえる。

　危険ドラッグの販売ルートを断つことは非常に難しい。**販売形態が多様化**しているからである。

　かつては、口コミで得た情報を頼りに、限られた地域で、限られた人から限られた人へドラッグが譲渡されていた。ところが近年は、危険ドラッグが、ハーブやアロマ、入浴剤などに偽装され、雑貨販売店やアダル

トショップなどで堂々と売られるようになった。もともとタバコ用のものを改造した「危険ドラッグの自動販売機」が路地に設置されたり、ワンコインで買える「ガチャポン式」の製品が売られているのも見つかっている。

　2015年7月10日に、「取り締まりの強化により、国内の危険ドラッグ販売店がゼロになった」と厚生労働省は発表しているが、販売店がなくなっても、危険ドラッグの流通はいっこうに収まってはいない。最大の問題は、**インターネット**である。

　電子通信技術の進歩は、私たちの暮らしを便利にしてくれたかもしれないが、様々な社会問題を生み出した。試しにインターネットでドラッグ関連のキーワードを検索してみると、驚くべき数の情報が飛び込んでくる。

　得体の知れない薬物を、「合法」「安全」と偽って販売しているサイトが簡単に見つかる。

　現在私はこの原稿を、通勤電車の中でパソコンを使って書いているが、周りを見回すと、携帯電話やスマホの画面を食い入るように見つめる人々であふれている。もしかしたら、この中の誰かが、危険ドラッグ情報を見ていてもおかしくない。

　危険ドラッグは、私たちの目の前に出回っており、画面をタッチするだけで買えてしまうのだ。

　2015年6月10日、危険ドラッグをネット販売していたグループの5人が摘発・逮捕された。危険ドラッグを販売するインターネットサイトを運営し、客からの電話注文を受けて郵送、または宅配（デリバリー）する手口で、この1年半の間に、少なくとも十数億円を違法に売り上げていたと見られている。しかし、これは氷山の一角に過ぎない。

　最近では、インターネットの交流サイト（SNS）で個人的に連絡を取り合い、駅のホームなどで受け渡しをするケースもあり、売買の流れがつかみにくくなっているという。

　国内には偽装されたドラッグ販売サイトがまだまだあるうえ、インター

ネットには国境はないため、海外からの個人輸入も可能なのが現状だ（もちろん違法である）。

さらには、オークションサイトを利用して、個人で危険ドラッグを転売する者や、危険ドラッグを直接売買していなくても、使用を勧めるページも存在する。これらをすべて**包括的に禁じる政策**が絶対に必要だ。

たとえば、危険ドラッグに関連したインターネットサイトを監視するシステムをつくり、発見された際には速やかに強制削除するとともに、そのサイトの運営者だけでなく、利用したユーザーも告発するくらいの強い対応が求められる。

また、インターネットのプロバイダにも、危険ドラッグ情報を排除することを義務付けることも必要だろう。

いずれにしても、危険ドラッグの流通を絶つためには、**インターネット対策**が最大の鍵であることは間違いない。

●買い求めるユーザーの心理と対策

危険ドラッグの使用動機は「快楽を求めて」と説明されることが多いが、本当は違う。

危険ドラッグに手を出してしまう人は、もともと**欲求不満**と**閉塞感**をかかえており、そこから逃れようとして、危険ドラッグの製造・販売業者の罠にまんまとはめられてしまうのである。そして、自分の健康を害し、さらに不幸になる。主観的にみれば、**被害者**である。

しかし、結果として、意識を失って倒れたり、精神錯乱に陥って他人を傷つけたりして、**加害者**となる。

さらに忘れてならないのは、危険ドラッグを購入・使用することは、製造・販売する犯罪組織に加担していることにほかならない。**共犯者**であって、**個人の自由では済まされない**のである。危険ドラッグの所持や使用についても、今後さらに厳しい規制が必要と思われる。

2014 年 11 月、東京・世田谷区のマンションで、危険ドラッグを吸っ

た後に、隣人女性を切りつけた 31 歳の男が、2015 年 3 月末に東京地方検察庁によって起訴された。「『しぇしぇしぇのしぇ～』と意味不明の言葉を繰り返していた」と報道された男である。

　罪状は住居侵入と傷害で、「違法薬物と認識しながら使用したことが証明できない」という理由で、危険ドラッグの使用については起訴が見送られたそうだ。

　男は以前からほかのドラッグを常習していたとも伝えられ、自ら得体の知れないハーブを吸煙しているわけだから、認識していないわけがない。

　「違法性が問えなければ無罪」という判断は、いかがなものだろうか。

　また、危険ドラッグの使用者は、いくら刑に服しても、再び同じ罪を犯す確率が高い。そもそも使用の動機である欲求不満や閉塞感が解決されない限り、同じことを繰り返すだけである。

　また、心と体についた**薬物依存**という傷は一生消えない。再犯防止のためには、環境の改善、周囲のサポートなども欠かせないのだ。

　単に罰則によって取り締まるだけでなく、**ドラッグ使用がいかにむなしいことか**を、徹底的に教育することが非常に重要だ。

2 » 危険ドラッグと教育

● 「関係ない」が一番危険

「ドラッグに興味もないし、見たこともないので、自分は関係ない」

と思ったら大間違いだ。もしあなたがそう考えているなら、いつかドラッグの罠にかかってしまう危険性を秘めている。

何年か前に、あるテレビのバラエティ番組で、「納豆がダイエットに有効」と紹介された翌日に、スーパーで納豆があっという間に売り切れるという事態が起こった。

近年では、「インフルエンザ予防にヨーグルトがよい」とテレビで紹介されると、やはりヨーグルトが品切れ状態になったこともある。

納豆やヨーグルトに効果があるかどうかはこの際どうでもよい。問題なのは、「テレビで紹介されたから」「本に書いてあったから」「友人にいいと勧められたから」という安直な理由で、よく考えもしないで商品に手を出してしまう消費者が非常に多いことだ。

納豆やヨーグルトならまだ笑い話ですむが、「このハーブを使うと頭脳明晰になります!」と、テレビや雑誌で紹介されていたら、みんな危険なハーブを買いに店に走るのだろうか? 十分あり得る話である。

その証拠に、ゲルマニウムという、体にとっては有害としか思えない金属元素を含んだ水が、「とても体によい」というふれこみで売られている。購入者によれば「ゲルマニウムは体にいいイメージがある」そうだ。

ゲルマニウムは原子番号 32 の元素。半導体としてトランジスタに利用されていたことで、「すごい物質」というイメージが定着したようだが、「私たちの体にいい」という科学的根拠はない。それどころか、ゲル

マニウム摂取による健康被害報告がある。

とんでもない話だが、これが現実だ。

本当はわかっていないのに、わかった気になるのが一番怖い。

「私は大丈夫!」という人ほど、詐欺にひっかかりやすいといわれている。なぜなら「大丈夫!」と思った時点で、それ以上考えることを放棄してしまっているからだ。

現代社会はとかく情報が氾濫しており、消費者に考える余裕を与えず、次から次へと新しい情報が飛び込んでくる。常に疑い客観的に判断するように意識し続けていないと、とんでもない罠にはまってしまう。

考えることをやめてはならない。

危険ドラッグ問題は、当事者だけでなく、みんなが正しく理解して取り組むべき課題である。**無関心であることは、犯罪を野放しにすること**であり、罪である。

●子どもたちを守るため

危険ドラッグは、大人だけの問題ではない。明るい未来は、今の大人たちが子どもたちをどう守り、どう導くかにかかっている。

かつての麻薬や覚醒剤は、何段階もの仲介者を経て密売され、使用者が手にする時点での末端価格は非常に高価で、ハマってしまうとすべての財産を失うだけでなく、借金まみれになって社会から抹殺されるという結末をもたらした。

ところが、近年の危険ドラッグは、販売ルートが簡素化されて、手頃な価格で手を出しやすくなっている。

インターネットの普及で、誰でもどこでもいつでも情報が入手でき、偽りの誘い言葉にあふれている。十分な分別がつかない未熟な少年少女が、薬物犯罪に巻き込まれる危険性が非常に高い状況にあるのだ。

子どもたちを守るためのポイントは4つある。

最も現実的ですぐにもはじめるべきことは、**インターネット対策**であ

る。アダルトサイトの閲覧に、年齢制限が設けられているというのに、ドラッグ情報は何のフィルターにもかからず垂れ流しである。

インターネットプロバイダや、ネット通販会社をはじめとする関係者は、未成年保護の観点から、**ドラッグ情報の統制**を真剣に検討していただきたい。危険ドラッグを販売することはもちろんダメだが、それ以外にも、未規制の薬物や、医薬品の乱用を勧めるようなホームページや書き込みも簡単に見られることで、こうした囁きが青少年の心の隙間に入り込む可能性が高い。すべて含めて禁止とする、断固たる**法整備**が必要だ。

第2は、かなり根本的な問題であるが、「ドラッグを試してみたい」と思わせてしまう**不健全な環境を改善**することである。

いくら分別が難しい子どもでも、単なる興味だけでは危険ドラッグに手を出さない。友人関係のもつれ、受験の悩み、両親の離婚など理由は様々であろうが、欲求不満やプレッシャーからくる閉塞感に苦しんだ末に、**現実から逃避**するようにドラッグへと誘われてしまうのだ。

とりわけ現代社会は、情報が氾濫している。テレビ、雑誌などのマスコミは、視聴者・購買者を獲得しようと、次々と新しい情報を提供し続ける。中には有益な情報もあるが、大部分は不必要な情報を一方的に伝えているだけだ。CMは必要以上に不安感をあおり、視聴者の願望をあおりたてる。

「テストでいい点をとりたい!」「もっと強くなりたい!」「もっときれいになりたい!」といった願望は、やがて脅迫感となる。全然太っていない子が「やせないといけない」と思い込んだり、自分の努力が誰にも認めてもらえない閉塞感から、道を踏み外してしまうのである。

生まれたときから比較的恵まれ、たくさんの情報が手に入れられる便利な社会に育った今の少年少女は、「不要な情報の渦にのみこまれ、悲鳴をあげている」という事実を認めなければならない。

マスコミを含め、周囲の大人たちは、少年少女を脅迫するような言動を厳に慎むべきである。

第3は、子どもたちを**孤立させない**ことである。

今の社会は、人間同士のつながりが希薄で、孤立しやすい。核家族化が進み、世代をこえた関わりが減ってきた。

　子どもに無関心で仕事に没頭する親や、会話が少ない家庭……。心を開いて話すことのできる相手を見つけられない子どもたちは、電子通信機器の世界に逃げ込む。

　相手が誰なのかも知らないで、ヒマを惜しんでほとんど実のないメッセージを交換し合う。もしかしたら相手は実在しないかもしれないのに、仮想の世界で心を満たしたつもりになっている。たくさん友達がいるようで、実体としての友人はいない。そんな孤立した状態で、ドラッグに関する情報がとびこんでくる。

　「誰にも相談ができずに、暗闇にはまりこんでしまう」という構図である。今の社会構造が病んでいることを認め、各家庭で子どもが孤立しないよう努力をすべきであろう。

　最後に、最も重要なのは**教育**だ。

　「ダメ。ぜったい。」というスローガンに代表されるように、薬物乱用防止のための啓蒙活動は、ある程度成果を上げつつある。

　最近では、危険ドラッグに関する講話などを開催している小中学校も増えた。公益財団法人・麻薬・覚醒剤乱用防止センターでは、「薬物乱用防止キャラバンカー」の巡回、派遣事業を行っている。

　「子どもにわざわざドラッグのことを教える必要はない」という意見もあろうが、知らないで罠にはまらないためには、できるだけ早く正しい知識を身につけさせる必要がある。

　ただし、子どもたちに対しては、脅しをかけてもあまり効果がない。「恐ろしいからダメ」と抑えつけるより、「やらない方が楽しい」というメリットのメッセージを伝えたほうが、はるかに効果的である。

　どんな些細なことでもいいから、自分ががんばって努力が報われた経験を持った子どもたちは、きちんと自分で「やる気のサイクル」を回すことができる。子どもたちが数々の成功体験を重ねられるよう、周囲の大人たちがサポートし、認めてあげることが大切なのだ。

●脳内戦争

これらの課題は、危険ドラッグ問題に限ったことではなく、あらゆる犯罪に共通している。戦争、差別、いじめなど、人間社会が抱えるすべての問題も基本的に同じである。

突き詰めて考えると、**人間の脳内で繰り広げられる戦い**にほかならない。利己的な野性の脳（**辺縁系**）を、人間らしい"賢い"脳（**前頭前野**）がどうやってコントロールできるかにかかっている。

第4章で解説したように、人間は前頭前野を発達させ、大脳辺縁系がもつ野性の本能をコントロールすることができるよう進化した。サルは麻薬などを強制投与されたら最後、自ら止めることはできずに死ぬまで薬を求め続ける。しかし、前頭前野がある人間なら、何とかできるはずだ。

人間に最も近いといわれるチンパンジーの研究によれば、チンパンジーの親が子に行動を示すことによって、子が自発的にそれをマネするようになるらしい。ただし、チンパンジーは手本を見せるだけで、子がマネをしても知らんぷりをしている。

これに対して、人間は手助けをして積極的に「教える」という行動がとれる。おまけに、学びの状況を確認し、ときには叱ったり褒めたりする。人間が多くの知識や技術を使って文明を発達させることができたのは、こうした教育活動の賜物である。

私たち人間だけが、自分の経験を通して得た知恵や技術を、未来を生きる子孫へと伝えることができるのだ。

危険ドラッグ問題は、私たち人間が犯した過ちのひとつである。だが、その失敗の歴史を後世に伝え、しっかりと教育していくことが私たちの使命ではないだろうか。

COLUMN 11

■■■化学と生命■■■

　有機化学は、炭素原子（C）を含んだ物質を研究対象とする化学の分野とされているが、もともとは、私たち動物や植物の生命の源になる物質を研究する学問であった。英語では organic chemistry で、organ には「器官、臓器、有機体」という意味がある。「機」は「細かい部品の組み合わせで働くしかけ」であり、それが有る「有機体」とは、全体を構成している各部分が互いに密接な関連と統一性をもって働いている「生命体」を意味する。多種多様な細胞や組織が集まって、まとまった機能を発揮しているのが、器官または臓器というわけだ。対する無機化学 inorganic chemistry は、非生命体、たとえば鉱物などから得られる金属などの化学を扱う学問であった。

　19世紀初頭までは、「生命体には特別な力が宿っている」と考える生気説（vitalism）が信じられていたため、生命が作り出す化合物群、すなわち有機化合物は、人間の手で作り出すことなどできない神秘的なものと信じられていた。この壁を打ち破いたのは、ドイツのフリードリヒ・ヴェーラー（Friedrich Wöhler）である。1828年に彼（当時28歳）は、無機化合物である「シアン酸アンモニウム」の水溶液を加熱すると、有機化合物である「尿素」ができることを発見した。フラスコの中で、生命と無縁の物質を、生命に関わる物質に作り変えたのだから、まるで、「ぬいぐるみをシルクハットに入れて、呪文を唱えるとハトが飛び出す」というマジックのよ

$$N\equiv C-\overset{\ominus}{O}\cdot\overset{\oplus}{NH_4} \longrightarrow \overset{O}{\underset{H_2N}{\overset{\|}{C}}}NH_2$$

シアン酸
アンモニウム　　　　　　　　尿素

うである。生気説を信じていた当時の人たちは、さぞかし驚き、にわかには信じられなかったことだろう。いずれにせよ、ヴェーラーの功績によって、有機 "合成" 化学が花開いた。

　有機合成化学は大きな発展を遂げ、現代の技術を使えば、私たちの体を構成するタンパク質、脂質、炭水化物などはもちろん、遺伝子の本体である核酸まで、人工的に作り出すことができるようになっている。生物学においても、ほとんどの生命現象が有機体の化学反応で説明されるようになってきた。しかし、物質的側面が解明されればされるほど、その限界が見え

てきたのも事実だ。たとえば、脳科学の分野において、「精神」や「心」を神経伝達物質の働きだけですべて説明しきれていないのが現状だ。ヴェーラーの発見によって影が薄くなった生気説だが、「生命とは何か」という大命題の答えを求め、生気説を見直す学者も少なくない。

さて、ここで私自身が行っている薬の研究も、少しだけ紹介させていただきたい。私が担当する武蔵野大学薬理学研究室では、認知症の原因となる「アルツハイマー病」の治療に役立つ医薬品の開発を研究テーマにかかげている。アルツハイマー病では、脳、特に海馬の神経細胞が原因不明に脱落し、記憶障害が現れるので、神経細胞を保護する作用や記憶力を向上させる作用の薬が有用と考えられる。私がかつて研究留学していた米国ソーク研究所の David Schubert 教授は、cyclohexyl-bisphenol A という化合物に強力な神経保護作用を見出したが、この化合物には毒性があることも知られていた。そこでウコンやターメリックの主成分である curcumin が神経保護、抗酸化、抗炎症作用などを合わせ持っていることに注目し、両化合物を合体させたような化合物として CNB-001 という新薬をデザインし合成した（CNB とは、研究室名である Cellular Neurobiology Laboratory に由来しているらしい）。Schubert 教授の依頼で私も共同研究に参画させてもらい、CNB-001 が海馬におけるシナプス伝達を向上させること、動物に飲ませると記憶力が高まることなどを発見した（Neurobiol. Aging, 31(4):706-709, 2010）。さらに CNB-001 より効果的な化合物を求め、たくさんの誘導体を合成し作用を調べた結果、J147 という新薬の発見に至っている（PLOS One, 6(12):e27865, 2011）。

医薬品の多くは、有機化合物である。体内に存在する物質と何らかの関係を持った化合物を摂取することによって、生体のバランスを整えることが病気の治療につながっている。「生命とは何か」を私たちに問いかけた有機化学は、今では生命を支える医薬品開発に必要不可欠な役割を果たしている。ところが残念なことに、現在、危険ドラッグ市場に新化合物群が出回っているのは、かつての有機化学者が科学の発展や医療への貢献をめざし努力して得た結果を、一部の心ない者たちが悪用した結果である。

私たちが開発中の CNB-001 や J147 には精神作用が認められていないので大丈夫だとは思うが、万が一にも人類を破滅させる道具にされてしまわないことを祈るばかりである。

第 **7** 章

危険ドラッグの
いま

1 » 近年の危険ドラッグの動向

2012～2014年頃に脱法ハーブ等の使用が原因で起こった数々の事故や事件を「記憶にない」という人にとって、**「危険ドラッグ」**という言葉は、単に有害な薬の総称のようにしか聞こえないかもしれない。それくらい今の日本では、「危険ドラッグ」に対する認識が薄れているようだ。しかし、身近なところで、依然として**危険ドラッグの流通が確認**されており、引き続き警戒が必要である。

例えば、2019年3月には、東京都荒川区で行われた社交ダンス同好会のイベントで、50～80歳代の男女7人が体調不良で病院に緊急搬送され、尿から大麻関連成分が検出されたと報道されている。7人はこのイベントで同じチョコレート菓子を食べていたので、このお菓子が原因と考えられた。現在、一部の海外では、大麻の嗜好目的の使用が認められている国や地域があり（参照：『大麻大全』、阿部和穂・著、武蔵野大学出版会）、海外旅行のお土産として買ってきたチョコレート菓子に大麻が入っているのを知ってか知らずか、食べてしまったようだ。厳密に言えば、大麻と危険ドラッグは違うものだが、意図的に入手しようとしなくても、**普通に暮らしている人が危険にさらされる可能性がある**ことに変わりはない。

また、2019年の7月には、「ハーブティー」を飲んだ18歳の大学生2人が、意識を失うなどして緊急搬送された。その「ハーブティー」の説明書には、「DMTが含まれています」「DMTは麻薬です」と記されていたものの、合法だとも説明されていたそうだ。

DMT（ジメチルトリプタミン）は、もともとチャクルーナなどの植物の葉に含まれている成分なので、**「麻薬原料植物」**として指定されていない薬草をお茶として飲用することで「DMTを摂取したとしても、違法

にはならない」と解釈することもできるかもしれない。しかし、DMT そのものは、日本だけでなく多くの国で古くから「麻薬」として規制され、**無許可の製造・販売・譲渡・所持・使用などが禁じられている**うえ、**過剰摂取により健康被害が生じる可能性がある**ので、注意が必要である。

　なお、この「ハーブティー」は、個包装された紅茶のティーバッグのような見かけで、2020 年の 2 月だけでも全国の約 80 人に発送されていたという。得体の知れない成分が、一般家庭にも配られている可能性があると考えるとおそろしい。

●いたちごっこは終わっていない

　繰り返しになるが、本来の**「危険ドラッグ」**とは、危険であるにもかかわらず、**法規制を受けないで市場に出回る新種のドラッグ**を指す。定期的な行政による押収や買い取り調査で市場に出回っていた製品から、それまで規制対象になっていなかった成分が見つかり、必要に応じて動物や細胞を用いた薬理試験を通して、中枢神経作用とその有害性が認められた場合に、その化合物は緊急的措置として**「指定薬物」**に規制されてきた。したがって、指定薬物の動向が、危険ドラッグの現状を知る一つの手がかりとなる。

　私は、前作の**『危険ドラッグ大全』**が発刊された後も続けて、厚生労働省のホームページを定期的にチェックし、新たに指定薬物を指定する省令が公布されるたびに情報を収集してきた。指定薬物制度ができた 2007 年から 2015 年 5 月までに、指定薬物として個別指定された薬物（包括指定を除く）は 261 個にのぼった。それらの指定薬物を化学構造や薬理作用に基づいて分類した表を P25 に記載した。その後の 2015(平成 27) 年 7 月〜 2021 （令和 3) 年 9 月現在までの指定薬物について、まとめたのが表3である。

表3	平成27年7月〜令和3年9月に指定薬物（薬機法）として規制された薬物（137化合物）の内訳			
分類	薬物数	%	備考	
麻薬性鎮痛薬	23	16.8	フェンタニル誘導体が多い	
麻酔薬	10	7.3	PCPやケタミンの誘導体	
コカイン類	1	0.7		
中枢興奮薬	9	6.6	メチルフェニデート、ピプラドール、モダフィニルの誘導体	
フェネチルアミン系、カチノン類	39	28.5		
トリプタミン系	11	8.0	LSD誘導体を含む	
合成カンナビノイド	40	29.2		
その他	4	2.9	分類困難なピペラジン系化合物、一酸化二窒素、クラトム	

この2つの表を比べて、近年の傾向を探ってみよう。

まず総数で比べると、2007〜2015年の9年間で261個（包括指定分は除く）ということは、1年でおよそ30個の指定薬物が加わったのに対して、今回まとめた2015〜2021年の6年間で新たに指定薬物とされた化合物は137個にのぼった。**1年あたり23個のペース**であり、さほど減ったとは思えない。ほぼ恒常的に、**未規制の化合物が市場に供給し続けられている**ことがうかがえる。

次いで、成分を化学構造や薬理作用によって分類してみると、以前と変わらず、覚醒剤に近いフェネチルアミン系やカチノン系の化合物と、合成カンナビノイドが主流であることがわかる。これらで全体の6割近くを占めている。

実は、前回まとめた表2では、フェネチルアミン系とカチノン系を別物として分類したが、今回まとめた表3では、両系の化合物をまとめて集計した。その主な理由は、フェネチルアミン系ともカチノン系ともみなす

ことができ、分類が困難な化合物があったからである。例えば、平成28年3月と平成29年8月に、それぞれ指定薬物とされた4-FPM（4-フルオロフェンメトラジン）と3-FPE（3F-フェネトラジン）は、フェンメトラジンという既知化合物の誘導体で、右図に示したようにアンフェタミンを代表とするフェネチルアミン系とカチノンをミックスしたような化合物である。

アンフェタミン　カチノン

フェンメトラジン

4-FPM
（指定薬物, H28.3-）

3-FPE
（指定薬物, H29.8-）

　もともとフェンメトラジンは、1950年代にドイツのBoehringer-Ingelheim社で開発された医薬品である。覚醒剤であるアンフェタミンの副作用が軽減された食欲抑制薬で、ヨーロッパでは1954年から臨床で用いられるようになった。しかし、覚醒剤ほどではないものの多幸感や覚醒作用が得られることから、一般市民がまるで**「眠気覚ましの強壮剤」**のように使用するようになり、乱用が懸念されたため1965年頃からヨーロッパ諸国で禁止されるようになった。日本では、平成4年に麻薬及び向精神薬取締法の**「特定向精神薬」**に加えられた。

　いずれにしても、フェネチルアミン系とカチノン系は、比較的化学合成が容易であり、「今の技術で合成できそうな化合物を予測して市場に出回る前に規制してしまおう」という**「包括指定制度」**を使っても、新規薬物の流通を防ぐことは実質不可能に思われる。

　合成カンナビノイドについては、37%→29%とやや減少したようにも思えるが、2013年に759個の化合物が包括指定されたにもかかわらず、今なお新規の類似化合物（6年間で40化合物）が次々と市場に

流通しているが見つかったのだから、最も警戒すべき化合物群であることに変わりはない。包括指定は、健康被害等の未然防止に一定の貢献をしたのだろうが、供給元は、その法規制を周知したうえで、そこにない化合物をあえて選んで合成・流通させているとしか思えない。合成カンナビノイドをめぐる**「いたちごっこ」**は終わりそうにない。

CUMYL-PEGACLONE
（指定薬物, R1.8-）
（麻薬, R3.9-）

γ-カルボリンという基本骨格にペンチル基とカルボニル基がついた化合物が、pentyl + gamma-carboline + -one（カルボニル基を意味する接頭）から pegaclone と名付けられ、これにクミル（cumyl）基がさらに導入されたのが本化合物なので、cumyl-pegaclone と命名された。

包括指定に該当せず、新たに見つかり、指定薬物として規制された後、さらに危険性が高いと認められて麻薬に格上げされた合成カンナビノイドには、CUMYL-PEGACLONE、4F-MDMB-BINACA、MDMB-4en-PINACA（いずれも通称）という3個の化合物がある。

4F-MDMB-BINACA
（指定薬物, R2.2-）
（麻薬, R2.7-）

MDMB-4en-PINACA
（指定薬物, R2.11-）
（麻薬, R3.9-）

　東京都の福祉保健局の報道発表資料[*]によると、インターネット試買した「スーパーレモンヘイズヘブン Strong ハーブ状」という名の製品（植物片）1袋から、97 mg の CUMYL-PEGACLONE（合成カンナビノイドの一種）が検出され、製品には、製造者も発送元も記されていなかったそうだ。

　植物など自然由来の製品に見せかけながら、実際には、おそらく人類がかつて摂取したことがなかったような人工合成された新規の薬物が添加されたものが、簡単にインターネットを介して売買されているわけだから、おそろしい。

＊）https://www.metro.tokyo.lg.jp/tosei/hodohappyo/press/2021/04/19/09.html

● しのびよるオピオイドの影

　明らかに以前と異なり、最近の傾向として特筆すべきは、いわゆるオピオイド系の化合物が増えていることである。とくにフェンタニル（P43〜44参照）という強力な麻薬の誘導体が多い。

　表2の通り、平成19〜平成27年6月に指定薬物となったフェンタニル誘導体はわずか1個（アセチルフェンタニルのみ）だった。それが、2015（平成27）年11月に、4-FBF（4-フルオロブチルフェンタニル）という新規のフェンタニル誘導体の市場流通が確認されてからわずか5年弱で、合計19個が見つかっている。そのうち代表的なものを下図に示す。

　一見しただけではどこが違うのかわからないくらい似ている。しかし、一部でも違えば「別物質」と見なされるため、供給元は、法規制をかいくぐるために、意図的に少しずつ異なる薬物を合成しては、バラまいているとしか思えない。

　また、19個のうちのほとんどが指定薬物とされてから1年以内に**「麻薬に格上げ」**指定されている。フェンタニル誘導体がそれだけ危険性が高いと見なされているということだ。

4-FBF
（指定薬物, H27.11-）
（麻薬, R1.6-）

ブチリルフェンタニル
（指定薬物, H29.2-）
（麻薬, H29.7-）

THF-F
（指定薬物, H30.3-）
（麻薬, H30.6-）

4-FIBF
（指定薬物, H30.3-）
（麻薬, H30.6-）

シクロプロピル
フェンタニル
（指定薬物, H30.11-）
（麻薬, R1.6-）

2-フルオロ
フェンタニル
（指定薬物, H31.2-）
（麻薬, R1.6-）

2 » 米国のオピオイド禍と日本の未来

　全世界で薬物の過剰摂取による直接的な影響によって死亡した人の数は、2015 年で約 17 万人というデータがある。そのうち最多の死者を出しているのが米国だ。その数は年々増え続け、2017 年には 7 万人を超えた。2018 ～ 2019 年にわずかながら減少傾向に転じたものの、2020 年には新型コロナウイルス禍の影響で約 30%増加し、過去最多の 9 万 3331 人となった。

　念のため繰り返しておくが、これは「死者数」である。日本の第二次世界大戦敗戦直後の**覚醒剤乱用ブーム**と**法律による規制**によって、1954 年の覚醒剤事犯検挙者数が史上最多の年間 5 万 5664 人に達したときよりも、はるかに多い数である。比較的クリーンな現在の日本にいる我々からすれば、「1 年間で9万人以上（1日平均 256 人）が薬物乱用で死亡した」という米国の現実はとても信じがたいものだ。

● 惨状はいつから始まったか。

　次ページの図は、米国の Centers for Disease Control and Prevention（CDC; 疾病対策センター）が発表している **「薬物過剰摂取による死亡者数」** の統計データに基づいて作成されたものである。今の米国の惨状がいつから始まったのかを振り返ってみよう。

　米国における 1970 ～ 1980 年代の薬物過剰摂取による死者数は、年間 5000 ～ 7000 人程度であまり変化なく推移していた。ところが 1990 年代に入り1万人を超え、2000 年代に入り2万人を超えた。1999 年（図の①）で「第一波」とも言える変化が起こったのは、主にモルヒネやコデインなど、従来より使用されてきたオピオイド系鎮痛薬

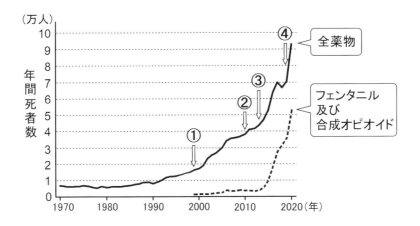

の処方増加を反映したものと考えられている。2010年（図の②）で「第二波」の変化が起こったのは、主にヘロインの使用増加を反映していると考えられている。そして、2013年（図の③）頃から生じた急激な総死者数の増加は、図中の破線で示されたフェンタニル及び合成オピオイドの過剰摂取による死亡者数の推移とほぼ一致しており、フェンタニル及び合成オピオイドが関係していることが明白だ。

　ちなみに、2000年（図の④）に起こった急激な増加は、**新型コロナ禍**を反映したものである。都市封鎖措置や景気後退を受けて、多くの労働者が職を失い、**救いを求めるかのように薬物の過剰摂取が増えた**と考えられる。また、隔離措置による孤独をきっかけとしてメンタルヘルスの問題を抱える人が増えたにもかかわらず、クリニックやカウンセリングといった支援サービスは営業停止、あるいはオンライン対応のみとなってしまったため、救われなかった人がたくさんいたものと思われる。事実、自殺未遂の件数も増えたという。

　2000年に薬物過剰摂取により死亡した人の約4分の3は、オピオイド系薬物が原因で、その数はおよそ7万人（うちフェンタニル及び合成オピオイドがおよそ5万人）と発表されており、コカインの1.7万人、ヘロインの1.5万人と比べものにならないくらい突出している。

●スーパースターたちの死

　医療の進歩によって、多くの国で人の平気寿命は少しずつ延びている。米国もそうだった。ところが、2014年の78.9歳をピークに、米国人の平均寿命は短縮に転じ、2018年には78.6歳となった。その一因と指摘されるのが、働き盛りの20～40代を中心とした**薬物中毒や自殺による死亡件数の増加**である。

　医療の先進国であるはずの米国で、**「薬によって寿命を縮めている」**とも言える事態が起こっていたなんて知らなかったという方が多いだろう。しかし、米国における麻薬汚染の惨状を伝えるニュースは、すでに10年以上前から日本にも入ってきていた。よく記憶をたどってもらうと、数々のスーパースターたちが「薬物の過剰摂取が原因で亡くなった」という訃報を聞いたことがあるはずだ。

　例えば、2009年6月には、歌手の**マイケル・ジャクソン**さんが自宅で心肺停止状態に陥り救急搬送されたものの、間もなく急死した。原因は諸説あるものの、不眠を訴えるジャクソンさんに対して、プロポフォールという麻酔薬を医師が6週間にわたり毎晩投与していたという。また、スーパースターゆえのストレスと闘いながら、過酷な仕事をこなすために、鎮痛剤を習慣的に服用していたとも伝えられている。

　2012年2月には、歌手の**ホイットニー・ヒューストン**さんが急死した。自宅でコカイン使用後に心臓発作を起こして浴室の浴槽で溺死したことが直接の死因とされるが、すでに1990年代から麻薬、処方薬、市販薬、アルコールなど、あらゆる薬物を習慣的に用い、過剰摂取していたと伝えられる。

　2016年6月には、歌手の**プリンス**さんが急死し、死亡当時の体内から異常に高濃度のフェンタニルが検出されたことから、フェンタニルの過剰摂取が死因と考えられた。

　2017年10月に急死したロック・ミュージシャンの**トム・ペティ**さんも、同じフェンタニルの過剰摂取が死因とされる。

また、2015 年6月には、トヨタ自動車の米国人女性常務役員が、国際郵便で麻薬を日本国内に持ち込もうとした疑いで逮捕された。米国ケンタッキー州の空港から発送された国際郵便の荷物の中の袋に、半合成オピオイドであるオキシコドンを含む錠剤 57 錠が隠されているのが、成田空港の東京税関で見つかった。たとえ個人で使用するためだけだったとしても、無許可で麻薬を輸入することは禁じられていることは知っていたであろうに、罪の意識が薄れるくらい、今の米国人にとっては、麻薬を日常的に使用することが当たり前になってしまっているのかもしれない。

● 何がオピオイド禍を招いたのか。

　どうしてこんなことになったのか。日本で同じことが起こらないように未然に防ぐためにも、その原因を探ってみよう。

　第一には、**米国経済の問題**があるかもしれない。米国は、**「自由と平等」**の名のもとに発展してきた多民族国家であるが、それ故に差別や格差の問題を抱え続けてきた。国全体として景気が回復しても、慢性的な不況にあえぎ続けている地域もある。近年の統計によると、低学歴の白人男性で死亡率の上昇が著しく、**経済的困窮**や**将来への悲観**をきっかけに薬物に依存し、最終的に過剰摂取で亡くなった方が相当数いると思われる。加えて、2000 年から襲った**コロナ禍の経済的影響**も、今後の懸念材料となりそうだ。

　第二には、もともと**薬物乱用を生じやすい環境**があったと考えられる。オピオイド過剰摂取による死亡者数の増加が明らかになったのは 1990 年代からであるが、それ以前から米国では大麻やコカインを中心とする別の薬物乱用がすでに起こっていた。何らかの違法薬物を一度でも使用したことがある米国人の割合（生涯経験率）は、1990 年以前からすでに 30 ～ 40％というデータがあり、薬物乱用の危険性に対する意

識が薄かったと思われる。

　カリフォルニア州で、住民投票を経て医療用大麻の使用が認められたのは 1996 年のこと。それ以来、米国の各州では、医療用並びに嗜好用の大麻使用を認める法律が次々と成立している。いわゆる**「大麻合法化」**の流れが起こっている（詳細参照：『大麻大全』、阿部和穂・著、武蔵野大学出版会）。麻薬（オピオイド）と大麻は別物だという意見もあるだろうが、薬物に対して寛容とも言える米国民の意識が、今の**「オピオイド禍」**を生み出す背景にあったと思われる。

　第三には、**オピオイド系薬物の特性**も無視できない。第 1 章で概説したように、いわゆるダウナー系に属するアヘンやモルヒネ類は、身体的依存を最も生じやすい。連用によって身体的依存が形成されてしまうと、薬物の使用を中止した時に耐え難い禁断症状が現れ、それを避けるためには再び薬物を使用するしかなく、**「常に薬物がないとまともにいられない」**という薬漬けの状態から逃れられなくなってしまう。

　モルヒネをヒントに研究が進められ、人工的に作られた合成オピオイドのフェンタニルは、モルヒネの 50 ～ 100 倍の強力な鎮痛効果を発揮する一方で、便秘などの副作用が少ないことや、経皮吸収型製剤（飲み薬と違って薬を含んだテープを皮膚に貼付するだけで効く製剤）が利用できるという点で優れた医薬品である。正しく使えば役立つはずだが、麻薬であり、乱用を生じやすいことに変わりはない。薬物使用に対する危機感が薄い米国民の間に、効果の強い合成オピオイドが蔓延したら、あっという間に健康被害が増加するのは当然だろう。

　第四には、**医薬業界の問題**がある。信じがたいことだが、本来人々の健康に貢献することを目標としているはずの製薬企業、ならびに医師・薬剤師などの医療従事者が、私利私欲のために、必要以上にオピオイドをばらまいたというのだ。

　特に問題視されているのが、「オキシコンチン®」という販売名の鎮

痛剤である。ハカマオニゲシに含まれるテバインを原料として作られる半合成オピオイドの「オキシコドン」を有効成分とする徐放剤で、モルヒネ、フェンタニルと並び、**がん性疼痛の緩和には欠かせない薬**である。もちろんその有用性は認めるべきだが、「製造元のパーデュー・ファーマ社が売り上げを伸ばすために不正を犯したのではないか」という疑惑が持ち上がっている。

　オピオイド系鎮痛薬は、処方箋医薬品であるから、誰もがドラッグストアなどで手軽に買えるものではない。何らかの病気にかわり通院している人が、医師の診断に基づいて書いてもらった処方箋がないと手にすることはできない。**米国には日本のような国民皆保険制度がなく、**4000万人以上が無保険者である。

　また、日本では薬の値段（薬価）を国が定めているので、どの病院や薬局に行っても支払う金額は同じだが、米国では定価がなく、いわゆる**「オープン価格」**で売買され、高騰しがちだ。したがって、無保険で低所得の人々には、高価なオピオイドは縁がないというわけだ。そこで、オキシコンチン®を販売するパーデュー・ファーマ社は、公的保険の対象者が多く住むエリアを狙い、営業戦略を打ち立てた。

　とくに、ボストンとワシントンを結ぶ一帯から、西方にウィスコンシン州東部までの「ラストベルト（Rust Belt、「錆びた地帯」という意味）」と呼ばれる地域には、かつての鉄鋼や自動車、炭鉱などの産業に関わる労働組合がしっかりしていたため、公的保険の加入者が多く、肉体労働で膝や腰を痛めて鎮痛剤を必要とする人も多いだろう。そう考えたパーデュー・ファーマ社は、このエリアの医師にどんどん接待等を行い、オキシコンチン®を積極的に処方するよう誘ったのである。

　ちなみに、オキシコンチン®は、日本でも承認され、2003年から販売されて重要な医薬品として利用されている。ただし、日本で認められているのは、**「中等度から高度の疼痛を伴う各種がんにおける鎮痛」**を目的とした使用だけなので、この薬を与えられるのは一部のがん患者

だけである。しかも、がん性疼痛を抱えている方に麻薬性鎮痛薬（オピオイド）を用いても、身体的依存は形成されにくいことがわかっているので、がん性疼痛の緩和にはオピオイドを積極的に使用することが推奨されている。一方、頭痛や腰痛など日常的な痛みに対しては、アスピリン、イブプロフェン、ジクロフェナクなどのいわゆる「非ステロイド性抗炎症薬（non-steroidal anti-inflammatory drugs; NSAIDs）」が用いられ、麻薬性鎮痛薬が用いられることはない。

　もちろん、米国でも、本来のオキシコンチン®の使用目的としては、がん性疼痛の緩和であったはずだ。ところが、そのような使い方では、処方数が限られるため、「あまり儲からない」と考えたのだろうか。パーデュー・ファーマ社は、患者の求めに応じ、日常的な痛みに対しても、積極的にオキシコンチン®を処方するように医師に働きかけたらしい。また、がん専門の医師ではなく、一般の診療所などの医師に効用を偽って販売していたようである。鎮痛効果は、NSAIDs よりもオピオイドの方が強いのは事実なので、オピオイドを与えられた人々は、一時的に痛みの苦しみから解放されたかもしれない。

　しかし、がん性疼痛を抱えた患者を除き、オピオイドの使用を繰り返すと、身体的依存が形成されてしまう。一度依存症に陥ると、そこから脱却することは至難で、**「負のスパイラル」**にはまってしまう。こうして、ラストベルトを中心に米国では、オピオイドの処方を求め続ける人々 (要するに依存者) がどんどん増えていった。そして、パーデュー・ファーマ社の思惑通り、オキシコンチン®は爆発的に売り上げを伸ばしたというわけだ。

　米国は、過去にも何度か薬物禍を経験している。例えば、アフリカから拉致してきた黒人を奴隷として使いコカインを給料として与えたことに端を発して多数の**コカイン中毒者**を生み出したり、1860 年代の南北戦争で苦痛を和らげるためにモルヒネが多く使用されたりしたことが**モルヒネ依存者**を生み出してきた。しかし、近年のオピオイド禍は明らかに

様相が異なり、どちらかというと薬物依存とは無縁と思われてきた、比較的裕福な白人に拡大している。これは、米国の医師は白人が多く、そこに通う患者も白人が中心であるため、白人から白人へとオピオイドが手渡されてきたためである。さらに、**若年層への拡大と被害も深刻**だ。

米国では学校で行われるスポーツも保険対象となるため、運動中に怪我をした学生が病院に行った際に、痛み止めとしてオキシコンチン®が処方されることもあった。病院に通ううち、その処方量が増えたことがきっかけで、依存症になってしまった青少年も少なくないという。また、大勢の生徒や学生が訪れる学校の指定医は、製薬会社から予め多くのオキシコンチン®の納品を受けるため、使いきれない薬が余ることもある。それを入手した学生たちがパーティで乱用して、さらに被害が拡大したという。

依存症になる前に、オピオイドの過剰投与による急性中毒として呼吸麻痺を生じて死亡した若者も少なくない。

オキシコンチン®徐放錠の特性も、被害拡大に影響したようだ。**「徐放剤」**とは、薬物の放出を遅らせるために高分子化合物でできた皮膜で薬物を覆うなどの製剤学的な工夫が施された薬剤で、少ない服用回数で長時間効果が続くというメリットがある。オキシコンチン®徐放錠も、服用後12時間ほど鎮痛効果が持続する点が最大のセールスポイントだった。ただ、長時間放出し続けるために、錠剤の内部には、従来の製剤よりも多くの薬物が充填されていた。

つまり、普通の錠剤1錠よりも、徐放剤1錠でたくさんの薬が入手できるというわけだ。それを知ってか、徐放剤を砕いて鼻から吸ったり、蒸留水に溶かして自分で注射したりする人が出てきたのだ。また、そのノウハウを他人に指南したり、専用の器具が出回ったりするようになった。正しく使えば「ゆっくりと少しずつ長く効く」はずの薬剤が、「一度に大量に使うことができる」薬剤として扱われるようになってしまったのだ。

パーデュー・ファーマ社は、このようなオキシコンチン®徐放錠の乱用が広まっているとの報告を受けながら、「有効成分のオキシコドン自体の毒性や依存性が他のオピオイド処方薬に比べて弱い」と主張し、販売促進を続けた。同社が、粉砕するとゲル状になるように剤形を変更したのは、問題が表面化してから10年以上が経過してからだった。時すでに遅し。その時点でオピオイド依存者は全米に広まっていた。人々は、より作用の強いオピオイド（フェンタニルなど）へと手を染めていた。

　パーデュー・ファーマ社を経営するサックラー一族は、世界各地の大学や美術館などに巨額の寄付を行ってきたことで知られる。オピオイドの不適切な処方を誘導し多くの依存者を生み出すことでサックラー一族にもたらされた利益は、2008年以降だけで40億ドル（約4000億円）とも伝えられる。汚れたお金を寄付された大学などはどんな思いだろうか。今米国では、何とか死なずに済んだものの、薬害に苦しみ続けている人が何百万人もおり、48の州、500超の市や郡や部族政府がパーデュー社を提訴しているという。
　米国映画では、製薬企業の不正が題材として描かれることが多い。スパイ映画やサスペンス映画でも、大学教授や医師などの黒幕が医薬品がらみの利権で悪事を働いていたといった結末が非常に多く、薬の専門家として人々を救いたいと純粋に考えてきた自分としては、なんとも複雑な気持ちでそういう映画を見てきた。しかし、こうしてオピオイド禍の原因を探るうち、米国では本当に製薬企業の不正が横行している実態をまざまざと知らされた。かねてから、医薬品業界が政治献金を通じて強い力を駆使していると指摘されてきたことは本当で、米国民の感覚としても**「製薬企業＝悪」**というイメージができあがっているのかもしれない。
　パーデュー・ファーマ社（サックラー一族）も、相当な資金をつぎ込んで、行政を揺さぶっていたのかもしれない。

● 問われる医療人の倫理

　米国にオピオイド禍をもたらした第五の要因は、**医師・薬剤師・看護師などの医療従事者の不正**である。製薬会社からの誘いがあったとしても、直接患者に薬を提供する彼らが適切に対応していれば、このようなことにならなかったに違いない。

　2019年4月17日、アメリカ司法省は、オピオイドや危険な麻薬成分を含む薬を違法な処方箋により流布させたとして、31人の医師、7人の薬剤師、8人の看護師を含む60人を訴追したと発表した。訴追されたケースに含まれる処方箋は35万件、医薬品3200万錠にのぼるという。

　報道によると、ケンタッキー州では、医師が予め署名した空欄の処方箋を事務所職員に渡して流出させたり、フェイスブック上の友人たちに処方箋を書いたりしていた。アラバマ州では、中毒状態に陥っている患者に対し、医師が大量のオピオイドを処方し、1回につき50ドル、もしくは年600ドルの料金を取っていたという。

　インターネットで調べると、こんな記事も見つかった。米国のある町で、毎月1回の診療で500ドル（約5万円）ほどを払えば希望する処方薬を何でも出してくれるという医師がいて、そこである男性が月に90〜180錠（1錠15〜30ドル）のオキシコンティン®を処方してもらって入手し、それを1錠80〜120ドルで転売していた。薬物の密売で稼いだお金で、家も買ったという。

　先述のように、**米国では薬価が決まっていない**ため、**製薬会社が過剰な利益追求**に走ったり、一般人でも気軽に**転売**したり、**密売**が横行してしまうのかもしれない。

　いずれにしても、本来患者を救うはずの医師・薬剤師などが、悪事に加担していたとは情けない限りである。

● 厄介な贈り物

オピオイド禍が表面化し、2017 年 10 月に米国のドナルド・トランプ大統領は公衆衛生上の国家非常事態として「**オピオイド危機**（Opioid Crisis）」を宣言した。そして、2018 年 12 月にアルゼンチンのブエノスアイレスで開催された 20 カ国・地域首脳会議（G20）後に、トランプ大統領と中国の習近平国家主席が、米南部フロリダ州パームビーチで 2 日間にわたる初の首脳会談を行った。日本の報道では、核軍縮や経済関連のことしか伝えられていないようだが、この会談後にホワイトハウスが出した声明文では、最大の焦点だった貿易交渉の結果よりも先に、中国におけるフェンタニルの規制強化が書かれていた。

第6章で概説したように、**日本で出回っている危険ドラッグの大部分が、中国で製造されたもの**だと言われている。米国も同じで、中国の工場で製造された薬物が、闇のルートを経て、どんどん持ち込まれているのだ。**アメリカ麻薬取締局**（Drug Enforcement Administration; DEA）によると、中国の業者が大量生産し、偽装して米国に送り込んだ化合物や薬は、数年間で数十万にも及ぶという。その多くが「普通郵便」を利用したものらしい。とりわけフェンタニルは、無臭なので麻薬探知で犬に発見されにくいため、郵便で送りやすいと言われている。また、中国から直接米国に発送される以外にも、いったんメキシコやカナダに渡ったものが米国に持ち込まれたケースもある。

中国の製薬市場は 2016 年に世界2位に浮上した。市場規模は 2018 年に 1370 億ドル（約 14 兆円）まで達した。中国政府も、社会安定のために医薬品は必要不可欠なものと考え、ハイテク産業育成策「中国製造 2025」の一つに医薬品を掲げて、製薬産業の改革に力を入れている。しかしその一方で、麻薬、覚醒剤そして危険ドラッグなどの原料となりうる化学物質を作る「秘密工場」が、あちらこちらにあるらしい。一定の教育を受け化学合成の知識と技術を得た者が中心

となり、お金儲けのために工場を作り、秘密裏にせっせと薬品を作り続けているのだ。

　もちろん中国政府もそのことを把握しており、自国が長年にわたって麻薬に苦しめられた歴史をもつだけに、薬物犯罪にはとりわけ厳しいはずだ。日本と同じように、中国国内でも、市場に出回る未知の薬物を調査しては規制する対応が取られている。2015年の1年間だけでも、フェンタニル関連薬を含む100種類以上の合成化学物質が、規制対象リストに加えられたという。しかし、化学合成に使う原料や反応条件を少し変えただけで、わずかに構造の違う化合物を作り出せば「規制対象外」となるため、次々と新しい薬物が出回る**「いたちごっこ」**が中国国内でも続いているようである。そして、それらが米国へと流入している事態を重く見たトランプ大統領が、習近平国家主席に改善を直訴したというわけだ。

　ただ、中国だけが悪いのではない。もちろん中国で製造されたフェンタニルなどが直接米国民の手にわたっているケースもあるが、多くの場合は、中国製の原材料をもとにさらに加工されたものが出回っているようである。

　フェンタニルの製品には、さまざまな剤形のものがある。がん性疼痛の緩和には、注射液やテープのような貼付剤が用いられることが多いが、錠剤もある。上述したように、米国では医師の処方箋さえあれば、フェンタニルの錠剤をいくらでも入手でき、それを砕けば粉末として扱うことができる。また、中国から輸入されたフェンタニルの粉末を手に入れることもできる。インターネット上でフェンタニルを販売する中国の業者が、USPS（米国郵便公社）の郵便配達を使って、米国内300カ所以上に数百パッケージを郵送していたという報告もある。また、中国から送られた原材料をもとに、メキシコの密売人が大量のフェンタニルを製造し、それを米国に送り込んでいたケースもあるという。

　また、米国内で押収された偽造薬の中に、ヒドロコドンとフェンタニル

が混ざったものが見つかっている。ヒドロコドン（hydrocodone）は、アヘンに含まれるコデインから合成される半合成オピオイドであり、米国では解熱性鎮痛薬であるアセトアミノフェンとの合剤（販売名「バイコディン®」）が有名である。激しい痛みを和らげるために頻繁に利用されているが、2017 年5月29日にプロゴルファーの**タイガー・ウッズ**選手が、道路の右車線に車を止めたまま眠っていて逮捕されたときに、服用していたとされる麻薬性鎮痛剤である。このように普及しているバイコディン® に似せるつもりだったかどうかは分からないが、ヒドロコドンにフェンタニルの粉末を少し混ぜて、より強い麻薬を作って売ろうとした者がいたということだ。フェンタニルは、非常に強力な麻薬で、ごく少量が混ざっているだけでも強く効くため、バイコディン® と同じように扱うのは非常に危険である。

　さらに恐ろしいことに、メキシコでは、中国から入手した原料をもとに作られたフェンタニルとヘロインを混ぜた麻薬も作られているそうだ。**最悪の麻薬**と恐れられ、医学的な使用を含め一切禁止されているヘロインに、さらに強力なフェンタニルを加えた錠剤を不用意に使っているとしたら……。考えただけでぞっとする。

　加えて、フェンタニルそのもの以外にも、少しずつ化学構造を変えたフェンタニル誘導体の流通も懸念される。危険ドラッグ製造者は、法の規制を逃れようと、**新しい類似麻薬を次々と作っており、規制する行政はそのスピードに追いついていない**のだが現状だ。

　ここで素朴な疑問が湧く。どうしてそこまでして、危険ドラッグを作り続けるのか。世界中の人々を殺そうなどという悪の野望があるわけではない。

　答えは簡単。「儲かる」からである。「じゃんじゃん買ってくれる人がいる」からである。他人がどうなろうと関係なく、単に私利私欲のためである。**薬を求め続ける依存者がいる限り、製造者も密売人も無限に儲かる**というわけだ。

米国のオピオイド禍の引き金になったとされている「オキシコンチン®徐放錠」の販売戦略も、結局は「私利私欲」のためであった。それが、多数の依存者を生み出し、そこに中国からの厄介な贈り物「危険ドラッグ」がはまり、出口の見えない**「無限ループ地獄」**を作り出してしまったのだ。

　人間とはなんと愚かな生き物か。

● 日本はどうなる？

　米国のオピオイド禍は、決して対岸の火事ではない。この先日本でも同じことが起こらないとも限らない。

　米国と異なり、現在の日本では、麻薬、覚醒剤、大麻など法的に規制されている薬物に関する対策は一定の効果をあげ、多くの依存者を生み出すまでには至っていないと言える。しかし、近年懸念されているのが、正式に使用が認められ医師の処方箋に基づいて提供された医薬品の利用によってもたらされる**「処方薬依存」**である。特に「ベンゾジアゼピン系」と分類される睡眠薬や、抗不安薬の不適切な使用による薬物依存が問題視されている。

　睡眠薬や抗不安薬は、精神的に不安定で眠れないといった不調を訴える方にとっては、救いとなるはずの医薬品である。古くは、アヘンが眠り薬として用いられたこともあるが、本格的な睡眠薬といえるのは、1904 年にドイツのメルク社とバイエル社から発売された「ベロナール®（有効成分：バルビタール）」であろう。その後、同類の化合物が次々と合成・開発され、「バルビツール酸系」と総称され、広く使用されるようになった。しかし、バルビツール酸系には、いくつかの欠点があった。強く効きすぎると、日中まで眠気が残ったり、ふらつきを生じたりしやすい。呼吸抑制が現れ、死に至ることもある。睡眠の質を変えてしまう（服薬によりもたらされる睡眠は自然の睡眠とは異なる）ため、服用を中止

すると悪夢を見たり、精神不安定に陥ったりすることもある。そして何よりも依存性が高かった。繰り返し使用しているうちにだんだんと効き目が実感できなくなり、眠りたいと思うとどうしても薬の量や服用の頻度が増えてしまい、結果的に**「薬がないとダメ」**という悪循環に陥ってしまう。

　こうしたバルビツール酸系に代わり、比較的安全だという触れ込みで登場したのが「ベンゾジアゼピン系薬物」である。

　最初のベンゾジアゼピン系薬物は、ポーランド系ユダヤ人化学者のレオ・ヘンリック・スターンバックが、米国のホフマン・ラ・ロシュ社で行った一連の研究から見出した、「クロルジアゼポキシド」という薬であった。

　さらにその後、スターンバックは、ジアゼパム、ニトラゼパム、フルラゼパムなどの類似薬を見出し、催眠作用だけでなく、抗不安作用、抗痙攣作用も有することから、睡眠薬、抗不安薬、抗けいれん薬として幅広く有用な医薬品と評価され、一気に世界中の注目を集めることとなった。

　日本でも、1960年以降は、バルビツール酸系に代わりベンゾジアゼピン系が普及していった。1970年代になると、「トリアゾラム」という速効性の催眠薬が見出され、日本でも「ハルシオン®」という販売名で知られる製品が「寝つきの悪い」人に対して数多く処方されるようになった。さらには「エチゾラム」という新薬（厳密にはベンゾジアゼピン系ではなくチエノジアゼピン系）が見出され、1984年に発売されて以来、もっとも汎用される抗不安薬となった（日本での販売名は「デパス®」）。

　デパス®は、以前のバルビツール酸系に比べると安全性が高いという触れ込みだった。呼吸抑制作用も弱く、依存性も少ない。そのため、多くの人が、気分がすぐれないとき、よく寝付けないときに比較的気軽に利用した。

　精神科や心療内科の医師にとって、精神的なトラブルを抱えた患者に

相談されたとき、カウンセリング等の精神療法だけでは限界がある。患者に「きちんと診てもらえた」と実感してもらうためには、薬の処方が手っ取り早い。とくに、デパス®は患者がその効果を実感しやすかったこともあり、患者の求めに応じて、医師はどんどん処方を繰り返した。

　ただし、安全性が高いといっても、それは正しい用法・用量を守っていればの話である。依存性が少ないといっても、まったくないわけではなく、使い方によっては依存症を生じてしまうことに変わりない。患者も医師も、そうした危険性を十分認識することなくデパス®を利用し続けた結果、依存症に陥る方が出てきてしまったのだ。

　こうして過剰処方による薬物依存が表面化し、エチゾラムは2016年から向精神薬に指定され、規制されるようになった。しかし、問題は、エチゾラムに限ったことではない。別の薬に切り替えたとしても、ベンゾジアゼピン系薬物は共通して、バルビツール酸系よりは弱いが依存性があることに変わりはないので、薬剤を切り替えても薬物乱用を防ぐことにはならない点に注意しなければならない。

　さらに、薬物依存で最も留意しなければならないのは、薬の種類を問わない点だ。睡眠薬に対する依存を無くすには、睡眠薬をやめればいいというものではない。心の不安を解消するために「薬に頼る」ことを覚えてしまった方にとって、薬の種類は関係ない。「薬」という物に対する漠然とした依存は、次々と別の薬へと手を出すきっかけとなってしまう。

　先述したように、以前はほとんど出回っていなかったフェンタニル誘導体が、近年日本の市場調査でも見つかっている。中国から入手した原薬をもとに、危険ドラッグを製造する個人や業者が日本国内にもいるという情報もある。ほとんどの危険ドラッグ製品には製造元が記されていないし、販売業者はインターネットやSNSを利用し、ホームページの開設と削除を繰り返すことで雲隠れしてしまうため、製造や販売ルートの実体がわからない。2012〜2014年に存在していた実販売店舗はなく

なったとしても、危険ドラッグ問題は、暗闇に隠れただけで、何も解決していないのだ。

　米国と日本ではかなり状況が違うという意見もあろう。しかし、今の日米には共通点がある。米国のオピオイド禍のきっかけは**「処方薬依存」**であり、そこに危険ドラッグが絡んで、被害が拡大した。そして、日本にも、処方薬依存と危険ドラッグという危険因子が組み合わさった社会状況が現存している。「地獄への入り口」は既に開いているのだ。

「ダメ。ゼッタイ。」

　この効果のおかげか、日本では安易に違法薬物に手を出す人は非常に少ない。しかし、その裏で、薬に対して無知な人も多い。「怖いものは知らなくていい」という考えの人も多いだろう。しかし、何も知らないまま、突然自分が被害者になる可能性もある。
　自分の身を守るためには、正しい理解と知識を身につけ、**「正しく怖がる」**ことが改めて求められていると言える。

おわりに

「薬」という漢字が、「艹」(くさかんむり)に「楽」(らく)と書くように、**「くすり」**とは草木に由来して私たちの体を楽にしてくれるありがたいものである。

ところが、「クスリ」とカタカナで書き表すと、体に効きそうだけど何か怖い感じがする。逆さに読んでみると「リスク」。使い方を誤ると、体にrisk(危険)が及ぶことを暗示しているようだ。

英語で薬は、medicineとかdrugといわれる。Medicineは病気を治して癒やしてくれるもの、drugは体に悪影響を及ぼす化学薬品というニュアンスだ。ところがドラッグには、「麻薬や覚醒剤」を意味することもあるので、かぜ薬を求めて薬局に行って、"I'm looking for drugs.(私はドラッグを探しています)"といったら、大変なことになる。

私たちは「危険性のない安全でよく効く薬」を望んでいるが、極端にいえば、**副作用のない薬はない。**

薬が病気を治してくれるのは、体のどこかに作用して変化させることができるからであって、副作用がまったくないということは「体にまったく作用しない」ことを意味する。副作用があることは、薬が本当に効いている証拠でもあるのだ。

かつて「副作用がなく安全」とのふれこみで発売された医薬品が、実はまったく効かないものだったことが判明し、その後発売が中止されたものがこれまでにも多数ある。

薬には、良い面と悪い面が必ずある。

大切なのは、そのバランスだ。重い病気で生死に関わるとき、多少の

悪い作用があったとしても命が助かるならば、積極的に使うメリットがある。一方、病気が治っても漫然と飲み続けることは、副作用ばかり現れて、デメリットになる。**メリットとデメリットのバランスを考え、上手に薬を使うことが大切なのだ。**

　新たに発見した化合物を、医薬品として役立てるか、**「危険ドラッグ」**として有害なものにしてしまうかは、私たち自身にかかっているということだ。

　本書を通して、できるだけ多くの人がこのことを学んでくれることを期待したい。

令和3年12月　阿部和穂

《 索 引 》

著者紹介　**阿部和穂** (Abe Kazuho)

1963 年愛媛県今治市生まれ。東京大学薬学部卒業後、東京大学大学院
薬学系研究科修士課程修了。東京大学薬学部助手、米国カリフォルニア
州ソーク研究所博士研究員、星薬科大学講師を経て、武蔵野大学薬学部
教授。薬学博士。専門は脳と薬。著書に『大麻大全』『認知症 いま本当
に知りたいこと 101』『認知症 もっと知りたいこと 99』『薬名【語源】
事典』（すべて武蔵野大学出版会）など。

装丁・本文デザイン ● 三枝未央
本文イラスト ● 阿部和穂
編集 ● 斎藤晃（武蔵野大学出版会）

〈増補版〉危険ドラッグ大全

発行日 2021 年 12 月 24 日　初版第 1 刷

著　者　阿部和穂
発　行　武蔵野大学出版会
　　　　〒202-8585 東京都西東京市新町 1-1-20
　　　　武蔵野大学構内
Tel. 042-468-3003　Fax. 042-468-3004

印刷 株式会社ルナテック

©Kazuho Abe 2021 Printed in Japan
ISBN 978-4-903281-52-0

武蔵野大学出版会ホームページ
https://mubs.jp/syuppan/

「大麻大全」

武蔵野大学 薬学部教授
阿部和穂 [著]

税込み価格3300円　A5判・並製408頁

武蔵野大学 薬学部教授
阿部和穂

大麻大全

由来から
その功罪まで

From origin to
merits & demerits

あなたは大麻を本当に理解していますか？

「大麻なるほどいうことと」という風潮がどこかにあるように感じる。そこで、今こそ、大麻についてすべての人が正しく理解したうえで、きちんと議論すべきだと考え、大麻問題だけに絞った本書を執筆することにした。（「はじめに」により）

武蔵野大学出版会

大麻は本当にダメなものなのか？

大麻は本当はいいものなのか？

あなたは大麻についてどこまで理解していますか？

大麻の歴史から、メリット＆デメリット、諸外国の現状など、薬学部の教授が大麻のすべてを豊富な図版を使ってわかりやすく解説！

武蔵野大学出版会

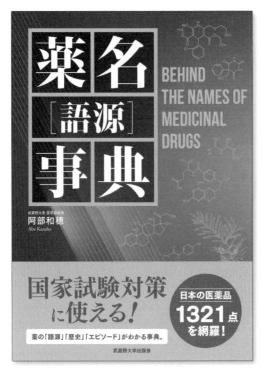

「薬名[語源]事典」

武蔵野大学 薬学部教授　阿部和穂[著]

税込み価格7480円　B5判・並製760頁

その薬はなぜその名前がついたのか？

「語源」「歴史」「エピソード」から
薬名の由来を解説。
日本の医薬品1321点を網羅した、
薬剤師国家試験対策にも最適な一冊！

武蔵野大学出版会